Kunstepochen

"Die Evolution der darstellenden Künste"

In
einfachen Worten
zusammengefasst

Copyright© **Books4NiuBees** Verlag, Augsburg

#books4niubees

2024

Inhaltsverzeichnis

Vorwort	7
Antike Kunst	8
Griechische Skulptur	8
Römische Architektur	11
Etruskische Malerei	14
Ägyptische Hieroglyphen	16
Byzantinische Mosaiken	18
Persische Miniaturen	21
Mesopotamische Reliefkunst	23
Indische Tempelarchitektur	25
Chinesische Tuschmalerei	28
Mesoamerikanische Skulptur	30
Mittelalterliche Kunst	**34**
Gotische Kathedralen	34
Buchmalerei im Mittelalter	36
Ikonenmalerei	38
Islamische Kalligrafie	41
Romanische Skulptur	43
Wikingerkunst	45
Karolingische Buchmalerei	47
Angelsächsische Kunst	49
Mosaike der Hagia Sophia	51
Maya-Kunst und -Architektur	53
Renaissance	**56**
Leonardo da Vincis Werke	56
Michelangelos Fresken	58
Raffaels Madonnenbilder	60

Donatellos Skulpturen	62
Botticellis Malerei	63
Die Architektur von Brunelleschi	65
Caravaggios Chiaroscuro-Technik	67
Tizians Porträtkunst	69
Die Schule von Athen	71
Die Kunst von El Greco	73
Barock	**75**
Berninis Skulpturen	75
Rubens' Gemälde	77
Die Architektur von Versailles	78
Rembrandts Tenebrismus	80
Die Kirchenmalerei von Murillo	83
Velázquez' Porträts	85
Die Opernkunst des Barock	87
Die Skulpturen von Fragonard	89
Caravaggios Einfluss auf den Barock	91
Barocke Gartenkunst	93
Rokoko	**96**
Fragonards Verspielte Malerei	96
Die Architektur von Rococo Paris	98
Watteaus Fêtes Galantes	100
Boucher und die Erotik im Rokoko	102
Tiepolos Fresken	104
Die Möbelkunst des Rokoko	105
Gainsboroughs Porträts	107
Die Porzellanmanufakturen des Rokoko	110
Die Skulpturen von Falconet	114
Die Opern von Mozart	116

Klassizismus 119

Jacques-Louis Davids Neoklassizismus 119
Die Architektur von Palladio 121
Ingres' Historienmalerei 123
Canovas Marmorskulpturen 125
Die Gartenkunst von Capability Brown 127
Friedrichs Romantische Landschaften 129
Houdons Porträts 130
Die Musik von Beethoven 132
Die Opern von Gluck 134
Winckelmann und die Antike 136

Romantik 139

Goyas Schwarze Gemälde 139
Turners Landschaftsmalerei 141
Delacroix' Historienbilder 143
Die Gedichte von Byron 145
Caspar David Friedrichs Einsame Figuren 147
Die Musik von Schubert 149
Die Romane von Hugo 151
Die Opern von Rossini 153
Die Naturstudien von Constable 155
Die Architektur des Neugotik 157

Realismus 160

Courbets Malerei des Alltags 160
Die Fotografie von Daguerre 162
Millets Bauernmotive 164
Die Literatur von Flaubert 166
Die Opern von Verdi 168
Whistlers Nocturnes 170

Die Architektur von Haussmanns Paris	172
Die Skulpturen von Rodin	173
Die sozialkritischen Werke von Daumier	175
Die Musik von Brahms	177
Impressionismus	**180**
Monets Seerosenbilder	180
Die Ballettszenen von Degas	182
Renoirs Gesellschaftsporträts	184
Pissarros Landschaften	186
Die Musik von Debussy	187
Die Gedichte von Rimbaud	189
Sisleys Flusslandschaften	191
Morisots Intime Szenen	192
Cézannes Stillleben	194
Die Architektur des Haussmannschen Paris	196
Expressionismus	**198**
Die Gemälde von Munch	198
Die Dramen von Strindberg	201
Marcs Abstrakte Kunst	203
Die Filme von Murnau	205
Die Musik von Schoenberg	207
Die Skulpturen von Barlach	209
Kirchners Straßenszenen	212
Die Literatur von Kafka	214
Die Gedichte von Rilke	216
Die Architektur von Gropius	218
Kubismus	**222**
Picassos kubistische Porträts	222
Braques analytischer Kubismus	224

Die Kubistische Skulptur von Lipchitz	227
Gris' konstruktiver Kubismus	229
Légers mechanische Malerei	232
Architektur des kubistischen Raumes	234
Delaunays Orphismus	236
Kubistische Collagen von Schwitters	239
Kandinskys abstrakte Kubismus	241
Die literarische Einflüsse auf den Kubismus	244
Surrealismus	**247**
Dalís Traumwelten	247
Magrittes surrealistische Bilderwelten	250
Die Automatismus-Technik der Surrealisten	252
Die Collagen von Ernst	254
Die Skulpturen von Giacometti	257
Die surrealistische Literatur von Breton	259
Tanguys imaginäre Landschaften	262
Die Photographie der Surrealisten	264
Die surrealistischen Filme von Buñuel	267
Surrealistische Architektur und Design	269

Vorwort

Es ist mir eine große Freude, Ihnen dieses Buch über Kunstepochen vorstellen zu dürfen. In den folgenden Seiten werden Sie auf eine faszinierende Reise durch die Geschichte der Kunst geführt, angefangen von den prähistorischen Höhlenmalereien bis hin zur modernen zeitgenössischen Kunst. Kunstepochen sind nicht nur eine Abfolge von Zeiträumen, sondern auch ein Spiegelbild der menschlichen Geschichte, Kultur, Gesellschaft und individuellen Schöpfungskraft.

Die Kunst hat im Laufe der Jahrhunderte unzählige Formen angenommen, von primitiven Skulpturen bis hin zu avantgardistischen Installationen. Jede Epoche brachte ihre eigenen Stile, Techniken, Themen und Künstler hervor, die die Kunstlandschaft geprägt haben. Durch die Analyse und das Verständnis dieser Epochen können wir nicht nur die Entwicklung der Kunst besser nachvollziehen, sondern auch tiefer in die Gedanken und Emotionen der Menschen eintauchen, die sie geschaffen haben.

Dieses Buch bietet einen umfassenden Überblick über die wichtigsten Kunstepochen der Menschheitsgeschichte. Es beleuchtet die Merkmale, Schlüsselwerke und Einflüsse jeder Epoche und lädt Sie ein, sich von der Vielfalt und Schönheit der Kunst inspirieren zu lassen. Ob Sie ein Kunstliebhaber, Student, Lehrer oder einfach nur neugierig sind, ich hoffe, dass dieses Buch Ihnen dabei helfen wird, ein tieferes Verständnis für die Kunst und ihre kulturelle Bedeutung zu entwickeln.

Ich danke allen, die an der Entstehung dieses Buches beteiligt waren, sowie den Künstlern und Kunstschaffenden, die uns mit ihren Werken bereichert haben. Möge dieses Buch dazu beitragen, die Faszination und den Wert der Kunst für uns alle zu erkunden und zu schätzen.

Michael Anger

Antike Kunst

Die antike Kunst umfasst einen Zeitraum von etwa 3000 v. Chr. bis zum 5. Jahrhundert n. Chr. und erstreckt sich über verschiedene Kulturen und Zivilisationen, darunter die griechische, römische, ägyptische und mesopotamische Kunst. In der griechischen Kunst erreichte die Skulptur während der klassischen Periode (ca. 480-323 v. Chr.) ihren Höhepunkt, während die römische Architektur ihre Blütezeit im 1. Jahrhundert v. Chr. erlebte. Die ägyptische Kunst, gekennzeichnet durch monumentale Bauwerke wie die Pyramiden von Gizeh, erstreckte sich über Jahrtausende von der prädynastischen Periode bis zum Ende der pharaonischen Herrschaft im 4. Jahrhundert n. Chr. Die Kunst des alten Mesopotamien, geprägt von Reliefdarstellungen und Tontafeln mit Keilschrift, erstreckte sich von den frühen Zivilisationen der Sumerer bis zur assyrischen und babylonischen Herrschaft. Die indische Tempelarchitektur blühte während verschiedener Dynastien wie den Mauryas, Guptas und Cholas zwischen dem 3. Jahrhundert v. Chr. und dem 12. Jahrhundert n. Chr. Die chinesische Tuschmalerei, eine traditionelle Kunstform, hat eine lange Geschichte, die bis in die antike Zeit zurückreicht, und hat sich im Laufe der Jahrhunderte entwickelt, wobei die Blütezeit während der Tang- und Song-Dynastien im 7. bis 13. Jahrhundert n. Chr. lag.

Griechische Skulptur
Die griechische Skulptur gilt als eine der bedeutendsten und einflussreichsten Formen der Bildhauerkunst in der Geschichte der westlichen Zivilisation. Mit ihren meisterhaften Werken und ihrem raffinierten Verständnis für Anatomie, Ausdruck und Proportion haben die griechischen Bildhauer das Fundament für die Entwicklung der Skulptur gelegt und einen unvergesslichen Einfluss auf die Kunstgeschichte ausgeübt. Die griechische Skulptur erstreckt sich über einen Zeitraum von mehreren Jahrhunderten, beginnend im archaischen Griechenland bis zur hellenistischen Periode, und spiegelt dabei die kulturelle und politische Entwicklung der griechischen Zivilisation wider.

Die archaische Periode (ca. 700-480 v. Chr.) markiert den Beginn der griechischen Skulptur als eigenständige Kunstform. In dieser Zeit entstanden die berühmten kouros- und kore-Statuen, die als männliche und weibliche Figuren dargestellt wurden und oft als Grabmale oder Weihegaben in Heiligtümern verwendet wurden. Die kouroi, die typischerweise in aufrechter Position mit steifen, frontalen Blicken dargestellt wurden, zeigen die charakteristischen Merkmale der archaischen Kunst, darunter ein angespanntes Lächeln und eine formelhafte Darstellung des menschlichen Körpers. Ein herausragendes Beispiel für diese frühen kouroi ist der sogenannte Kroisos aus der Mitte des 6. Jahrhunderts v. Chr., der in Anavyssos gefunden wurde und durch seine aufrechte Haltung und die fein gearbeiteten muskulären Details beeindruckt.

Während der archaischen Periode entwickelten die griechischen Bildhauer auch die korai, weibliche Statuen, die oft in reich verzierten Gewändern dargestellt wurden und eine ätherische Schönheit und Anmut verkörperten. Ein ikonisches Beispiel für diese korai ist die Peplos-Kore aus der Akropolis von Athen, die durch ihre elegante Pose und die meisterhafte Darstellung des faltenreichen Gewandes bekannt ist. Diese frühen Beispiele der griechischen Skulptur zeugen von einem wachsenden Interesse der Künstler an der Darstellung des menschlichen Körpers und einer zunehmenden Realismus in der Gestaltung der Figuren.

Die klassische Periode (ca. 480-323 v. Chr.) markiert den Höhepunkt der griechischen Skulptur und wird oft als das goldene Zeitalter der griechischen Kunst betrachtet. Während dieser Zeit erreichte die Bildhauerei ein nie zuvor erreichtes Maß an Perfektion und Ausdruckskraft, und Künstler wie Phidias, Polyklet und Myron schufen einige der berühmtesten Werke der antiken Welt. Ein herausragendes Beispiel für die klassische griechische Skulptur ist die Statue der Athena Parthenos im Parthenon von Athen, die von Phidias entworfen wurde. Diese monumentale Statue, die die Göttin Athena darstellt, ist ein Meisterwerk der Bildhauerkunst und zeigt Phidias' meisterhafte Beherrschung von Proportionen, Ausdruck und Bewegung.

Ein weiteres berühmtes Beispiel für die klassische griechische Skulptur ist die Statue des Diskobolos (Diskuswerfers) von Myron, die einen Athleten inmitten einer dynamischen Bewegung darstellt, während er den Diskus wirft. Diese Statue verkörpert die idealisierte Darstellung des menschlichen Körpers und demonstriert Myrons Fähigkeit, Bewegung und Anatomie auf meisterhafte Weise darzustellen. Ebenfalls bemerkenswert ist der Doryphoros (Speerträger) von Polyklet, eine Statue, die die Perfektion der klassischen Proportionen verkörpert und als Prototyp des idealen männlichen Körpers gilt.

Während der klassischen Periode erlebte die griechische Skulptur auch eine zunehmende Spezialisierung und Diversifizierung, wobei Künstler sich auf verschiedene Genres wie Porträts, Grabmale und architektonische Skulpturen konzentrierten. Porträtbüsten wie die des Perikles von Kresilas zeigen eine realistische Darstellung der individuellen Züge und Persönlichkeit des Dargestellten, während Grabreliefs wie das von Lysippides und Kephalos aus dem Kerameikos in Athen Szenen aus dem täglichen Leben und dem Totenkult darstellen.

Die hellenistische Periode (ca. 323-31 v. Chr.) war geprägt von einem erweiterten künstlerischen Horizont und einer Vielfalt von Stilen und Techniken in der griechischen Skulptur. Während dieser Zeit erlebte die Bildhauerei eine zunehmende Realismus und Emotionalität, wobei Künstler wie Praxiteles, Lysipp und Skopas neue Wege der Ausdrucksform und Komposition erkundeten. Ein bemerkenswertes Beispiel für die hellenistische griechische Skulptur ist die Venus von Milo, eine Statue, die die Göttin Aphrodite darstellt und durch ihre grazile Schönheit und Anmut beeindruckt. Diese Statue, die um 100 v. Chr. entstand, ist ein herausragendes Beispiel für die virtuose Beherrschung von Form und Ausdruck in der hellenistischen Kunst.

Ein weiteres bedeutendes Werk der hellenistischen griechischen Skulptur ist die Laokoon-Gruppe, eine Skulptur, die die Szene der Tötung des Laokoon und seiner Söhne durch Schlangen darstellt.

Diese dramatische Darstellung von Schmerz und Leid demonstriert die Fähigkeit der hellenistischen Künstler, menschliche Emotionen und psychologische Tiefe auf beeindruckende Weise darzustellen. Die hellenistische Periode war auch durch eine zunehmende Experimentierfreude und Innovation in der Bildhauerei gekennzeichnet, wobei Künstler neue Materialien wie Marmor und Bronze sowie neue Techniken wie das Gravieren und die Kombination von verschiedenen Materialien einsetzten, um ihre Visionen zu realisieren.

Insgesamt hat die griechische Skulptur einen unvergesslichen Einfluss auf die Kunstgeschichte ausgeübt und bleibt bis heute eine Quelle der Inspiration und Bewunderung für Kunstliebhaber auf der ganzen Welt. Durch ihre meisterhafte Beherrschung von Form, Ausdruck und Bewegung haben die griechischen Bildhauer das Fundament für die Entwicklung der Skulptur gelegt und einen unvergesslichen Beitrag zur kulturellen und intellektuellen Entwicklung der westlichen Zivilisation geleistet. Von den monumentalen Statuen der klassischen Periode bis zu den expressiven Werken der hellenistischen Periode haben die griechischen Bildhauer eine unvergessliche Erbschaft hinterlassen, die für immer in der Geschichte der Kunst verankert sein wird.

Römische Architektur
Die römische Architektur ist eine der prägendsten und einflussreichsten architektonischen Traditionen der Weltgeschichte. Sie erstreckte sich über eine Zeitspanne von über tausend Jahren und trug maßgeblich zur Entwicklung und Verbreitung von Baustilen, Techniken und Ideen bei, die bis in die heutige Zeit hineinreichen. Von den monumentalen Bauwerken des Römischen Reiches bis zu den späteren Entwicklungen in der Spätantike und dem Mittelalter hinterließ die römische Architektur ein beeindruckendes Erbe, das bis heute bewundert und studiert wird.

Die frühesten Anfänge der römischen Architektur sind eng mit der Entwicklung der Stadt Rom verbunden. Die archäologischen Überreste der römischen Königszeit, die bis ins 8. Jahrhundert v.Chr. zurückreichen, deuten auf einfache Holz- und Lehmbauten hin, die den Bedürfnissen einer kleinen Siedlung gerecht wurden.

Mit der Gründung der Republik im 6. Jahrhundert v. Chr. begann eine Phase des Wachstums und der Urbanisierung, die zu einer zunehmenden Komplexität und Raffinesse in der römischen Architektur führte.

Eine der bedeutendsten Errungenschaften der römischen Architektur war zweifellos die Entwicklung des Betons als Baumaterial. Die Römer perfektionierten die Technik des Betongusses und nutzten sie für den Bau von beeindruckenden Strukturen wie Aquädukten, Brücken und Amphitheatern. Der Einsatz von Beton ermöglichte es den Römern, große und komplexe Bauwerke zu errichten, die sowohl funktional als auch ästhetisch ansprechend waren. Ein bemerkenswertes Beispiel für die Nutzung von Beton in der römischen Architektur ist das Pantheon in Rom, eine der am besten erhaltenen antiken Gebäude der Stadt. Das Pantheon wurde im 2. Jahrhundert n. Chr. erbaut und zeichnet sich durch seine monumentale Kuppel aus Beton aus, die bis heute als technisches Meisterwerk gilt.

Ein weiteres herausragendes Merkmal der römischen Architektur war ihre Fähigkeit, verschiedene architektonische Stile und Traditionen zu vereinen und zu transformieren. Die Römer übernahmen und adaptierten Elemente aus der griechischen, etruskischen und orientalischen Architektur und integrierten sie in ihre eigenen Bauwerke. Dies führte zu einer Vielfalt von Baustilen und -typen, die die römische Architektur zu einem einzigartigen und vielseitigen Ausdruck menschlicher Kreativität machten.

Die römische Architektur war auch stark von den Bedürfnissen des Römischen Reiches geprägt, das sich über weite Teile Europas, Nordafrikas und des Nahen Ostens erstreckte. Die Römer errichteten beeindruckende Bauwerke wie Foren, Märkte, Tempel, Bäder und Theater, die als Mittelpunkte des städtischen Lebens dienten und die Macht und den Reichtum des Reiches zum Ausdruck brachten. Ein herausragendes Beispiel für die städtische Planung und Architektur des Römischen Reiches ist die Stadt Pompeji, die durch den Ausbruch des Vesuvs im Jahr 79 n. Chr. konserviert wurde und ein faszinierendes Einblick in das tägliche Leben der antiken Welt bietet.

Die römische Architektur erreichte ihren Höhepunkt während der Kaiserzeit, als das Reich eine Phase des Friedens und des Wohlstands erlebte. Unter Kaisern wie Augustus, Hadrian und Trajan wurden einige der prächtigsten Bauwerke der antiken Welt errichtet, darunter das Kolosseum, das Forum Romanum und die Trajanssäule. Diese monumentalen Strukturen dienten nicht nur praktischen Zwecken, sondern waren auch Ausdruck des römischen Imperialismus und dienten der Verherrlichung der Herrscher und des Staates.

Ein wichtiger Aspekt der römischen Architektur war auch ihre Rolle als Instrument der politischen und kulturellen Propaganda. Die Römer nutzten Architektur und Städtebau, um ihre Herrschaft zu legitimieren und ihre Ideale von Ordnung, Macht und Zivilisation zu verbreiten. Monumentale Bauwerke wie Triumphbögen, Siegesdenkmäler und Kaiserforen wurden errichtet, um die militärischen Erfolge und die Macht der Kaiser zu feiern und die Einheit und Stabilität des Reiches zu symbolisieren.

Mit dem Niedergang des Römischen Reiches im 5. Jahrhundert n. Chr. ging auch die Blütezeit der römischen Architektur zu Ende. Die politischen, wirtschaftlichen und sozialen Umwälzungen dieser Zeit führten zu einem Rückgang des Bauprogramms und einer Verarmung der Bautechniken und -stile. Dennoch hinterließ die römische Architektur ein bleibendes Erbe, das sich in den nachfolgenden Jahrhunderten in der Architektur und Kunst Europas fortsetzte.

In der Spätantike und im frühen Mittelalter wurden viele der römischen Bauwerke wiederverwendet und umgebaut, um den Bedürfnissen einer sich verändernden Gesellschaft gerecht zu werden. Die Basilika des heiligen Petrus in Rom, erbaut auf den Ruinen des antiken Circus des Nero, ist ein beeindruckendes Beispiel für die Weiterentwicklung der römischen Architektur zu einer neuen Form des christlichen Sakralbaus. Die Verwendung von antiken Materialien und Bautechniken sowie die Integration von römischen Formen und Motiven prägen den Stil der frühchristlichen und mittelalterlichen Architektur in Europa.

Insgesamt hat die römische Architektur einen tiefgreifenden Einfluss auf die Entwicklung der Architekturgeschichte ausgeübt und bleibt bis heute eine Quelle der Inspiration und Bewunderung für Architekten, Künstler und Historiker auf der ganzen Welt. Durch ihre technische Raffinesse, ästhetische Schönheit und kulturelle Bedeutung hat die römische Architektur das Erbe der Menschheit bereichert und ihre Spuren in den Städten und Landschaften Europas hinterlassen. Von den majestätischen Tempeln und Amphitheatern des antiken Rom bis zu den prächtigen Basiliken und Kathedralen des Mittelalters ist die römische Architektur ein lebendiges Zeugnis für die kreative Genialität und das kulturelle Erbe der antiken Welt.

Etruskische Malerei
Die etruskische Malerei ist eine faszinierende künstlerische Tradition, die im antiken Italien florisierte und einen wichtigen Beitrag zur Geschichte der Kunst leistete. Die Etrusker, ein Volk, das zwischen dem 8. und dem 4. Jahrhundert v. Chr. in der Region Etrurien im heutigen Mittelitalien lebte, entwickelten eine einzigartige visuelle Sprache, die durch ihre Malerei und Wandmalerei zum Ausdruck gebracht wurde. Obwohl viele ihrer monumentalen Werke im Laufe der Zeit verloren gegangen sind, haben archäologische Funde und Überreste einen Einblick in die künstlerische Praxis und ästhetische Vorlieben der Etrusker ermöglicht.

Die etruskische Malerei war stark von den kulturellen Einflüssen des Mittelmeerraums geprägt, insbesondere von der griechischen Kunst. Bereits im 7. Jahrhundert v. Chr. begannen die Etrusker, griechische Künstler und Handwerker nach Etrurien zu importieren, und übernahmen viele ihrer Techniken und Motive. Griechische Vasenmalerei und Wandmalerei hatten einen großen Einfluss auf die Entwicklung der etruskischen Malerei, insbesondere in Bezug auf die Darstellung von mythologischen Szenen, religiösen Ritualen und Alltagsleben.

Ein herausragendes Merkmal der etruskischen Malerei war ihre Verwendung von Fresken, einer Technik, bei der Farbe auf frischen Kalk aufgetragen wird, wodurch ein dauerhaftes und lebendiges

Bild entsteht. Die Etrusker nutzten Fresken, um Wände von Grabkammern, Tempeln, Palästen und öffentlichen Gebäuden zu schmücken, und schufen dabei komplexe und farbenfrohe Kompositionen, die die ganze Bandbreite ihrer künstlerischen Fähigkeiten zeigten.

Ein bemerkenswertes Beispiel für etruskische Wandmalerei ist das sogenannte "Tomba dei Leones" (Grab der Löwen) in der Nekropole von Tarquinia. Diese bemalte Grabkammer, die im 4. Jahrhundert v. Chr. entstand, ist bekannt für ihre lebendigen Darstellungen von Jagdszenen, Banketten und rituellen Tänzen, die von einem stilisierten Fries aus Löwenköpfen gerahmt werden. Die Farbpalette reicht von leuchtenden Rottönen bis zu kräftigen Blautönen und Gelbtönen, wodurch ein intensives und dynamisches visuelles Erlebnis entsteht.

Die etruskische Malerei zeigte auch eine Vorliebe für die Darstellung menschlicher Figuren und Gesichter, wobei oft Porträts von verstorbenen Personen in den Gräbern gemalt wurden. Diese Porträts, bekannt als "Totenmasken", zeigten die Verstorbenen in lebensechten Posen und Ausdrücken und dienten als Erinnerung an ihr Leben und ihren sozialen Status. Ein berühmtes Beispiel für diese Totenmasken ist die sogenannte "Tomba dei Rilievi" (Grab der Reliefs) in der Nekropole von Cerveteri, wo zahlreiche bemalte Sarkophage mit Porträts von Verstorbenen gefunden wurden.

Die etruskische Malerei war auch eng mit religiösen und rituellen Praktiken verbunden, wobei viele ihrer Fresken mythologische Themen und Gottheiten darstellten. Ein häufig wiederkehrendes Motiv in der etruskischen Kunst war die Darstellung von Gottheiten wie Tinia (Jupiter), Uni (Hera) und Menrva (Minerva), die oft in einem prächtigen Pantheon von Figuren und Symbolen erschienen. Diese Darstellungen dienten dazu, die Macht und den Einfluss der Götter zu verherrlichen und den Schutz und die Gunst der Göttlichen für die Lebenden und die Toten zu erbitten.

Obwohl viele Werke der etruskischen Malerei im Laufe der Zeit verloren gegangen sind oder durch Grabräuberei und Plünderungen beschädigt wurden, haben archäologische

Ausgrabungen und Restaurierungsarbeiten dazu beigetragen, ein besseres Verständnis dieser faszinierenden künstlerischen Tradition zu gewinnen. Die etruskische Malerei bleibt ein faszinierendes und unverzichtbares Element der antiken Kunstgeschichte, das uns Einblicke in das künstlerische und kulturelle Erbe eines der faszinierendsten Völker der Antike bietet.

Ägyptische Hieroglyphen
Die ägyptischen Hieroglyphen stellen eines der faszinierendsten Schriftsysteme der Antike dar und sind ein wesentlicher Bestandteil der ägyptischen Kultur und Zivilisation. Über Jahrtausende hinweg dienten sie als Mittel zur Kommunikation, Verwaltung und religiösen Praxis in Ägypten. Ihre Entschlüsselung und Erforschung haben nicht nur Einblicke in die Geschichte und Kultur des alten Ägypten ermöglicht, sondern auch zur Entstehung der modernen Ägyptologie beigetragen.

Die Geschichte der ägyptischen Hieroglyphen reicht bis in die früheste Zeit der ägyptischen Zivilisation zurück. Die ältesten bekannten Hieroglyphen stammen aus der prädynastischen Periode, etwa 3300 v. Chr., und wurden auf Tonscherben und steinernen Artefakten gefunden. Diese frühen Inschriften bestehen aus vereinfachten Bildern von Menschen, Tieren, Pflanzen und geometrischen Formen und dienten wahrscheinlich magischen oder religiösen Zwecken. Im Laufe der Zeit entwickelten sich die Hieroglyphen zu einem komplexen Schriftsystem mit über 700 Zeichen, das eine Vielzahl von Wörtern, Laute und Ideen repräsentierte.

Die Hieroglyphen wurden auf verschiedenen Materialien geschrieben, darunter Stein, Papyrus, Holz und Ton. Steininschriften wurden oft auf Monumenten, Tempeln und Gräbern verwendet und sind eine wichtige Quelle für die Erforschung der ägyptischen Geschichte. Papyrusrollen wurden für literarische und administrative Texte verwendet und sind eine der wichtigsten Quellen für unser Verständnis der ägyptischen Literatur, Religion und Geschichte. Ton wurde für temporäre Inschriften wie Töpfereizeichen und Siegel verwendet und bietet Einblicke in die alltäglichen Aktivitäten und Wirtschaft des alten Ägypten.

Die Hieroglyphen bestehen aus drei Hauptarten von Zeichen: Bildzeichen, phonetischen Zeichen und determinativen Zeichen. Bildzeichen repräsentieren konkrete Objekte oder Ideen und werden oft als Piktogramme bezeichnet. Sie können als einzelne Zeichen oder in Kombination mit anderen Zeichen verwendet werden, um komplexe Konzepte auszudrücken. Phonetische Zeichen repräsentieren Laute oder Konsonanten und werden verwendet, um Wörter zu schreiben, die nicht direkt durch Bildzeichen dargestellt werden können. Determinative Zeichen sind spezielle Zeichen, die verwendet werden, um die Bedeutung eines Wortes zu klären oder zu erweitern, indem sie Informationen über seine Kategorie oder Bedeutung liefern.

Das Entziffern der Hieroglyphen war lange Zeit eine Herausforderung für Wissenschaftler und Gelehrte, da das Schriftsystem für Jahrhunderte unverstanden blieb. Die entscheidende Wendung kam im Jahr 1799, als der französische Soldat und Sprachwissenschaftler Jean-François Champollion die berühmte Stele von Rosette entzifferte, eine Inschrift in drei verschiedenen Schriftsystemen, darunter Hieroglyphen, Demotisch und Altgriechisch. Champollion erkannte, dass die Hieroglyphen nicht nur ideografisch, sondern auch phonetisch waren, und entwickelte eine Methode zur Entzifferung der Hieroglyphen, die es ermöglichte, die ägyptische Sprache zu lesen und zu verstehen.

Die Entzifferung der Hieroglyphen ermöglichte es den Gelehrten, ein tieferes Verständnis der ägyptischen Geschichte, Kultur und Religion zu gewinnen. Sie lieferten wertvolle Informationen über die Herrscher, Dynastien und Ereignisse des alten Ägypten sowie über die täglichen Aktivitäten, religiösen Praktiken und künstlerischen Errungenschaften der alten Ägypter. Die Hieroglyphen waren auch ein wichtiges Mittel zur Verbreitung der ägyptischen Religion und Mythologie, da sie religiöse Texte, Gebete und Zaubersprüche aufzeichneten, die den Glauben und die Praxis der alten Ägypter widerspiegelten.

Die Hieroglyphen spielten eine zentrale Rolle in der ägyptischen Kunst und Architektur und wurden oft in Verbindung mit Bildern, Reliefs und Inschriften verwendet, um religiöse Tempel, Grabmäler und Monumente zu schmücken. Sie wurden auch auf Alltagsgegenständen wie Keramik, Schmuck und Werkzeugen verwendet, um sie zu dekorieren und zu kennzeichnen. Die Verwendung von Hieroglyphen in der ägyptischen Kunst trug zur Entwicklung eines einzigartigen ägyptischen Stils bei, der durch Symmetrie, Hierarchie und Symbolismus gekennzeichnet war und bis heute als ein Kennzeichen der ägyptischen Kultur gilt.

Obwohl die Hieroglyphen nach der römischen Eroberung Ägyptens im Jahr 30 v. Chr. allmählich außer Gebrauch kamen, blieben sie als Schriftsystem bis in die christliche Ära in Gebrauch. Sie wurden schließlich durch das koptische Alphabet ersetzt, das auf dem griechischen Alphabet basierte und weiterhin in der christlichen Liturgie und Schrift verwendet wird. Dennoch haben die Hieroglyphen als Kunstform und kulturelles Erbe Ägyptens bis heute überlebt und sind ein faszinierendes Beispiel für die Macht und Ausdruckskraft der menschlichen Sprache und Kreativität. Ihre Entzifferung und Erforschung haben nicht nur unsere Kenntnisse über die antike Welt erweitert, sondern auch zu einem tieferen Verständnis der menschlichen Geschichte und Kultur beigetragen.

Byzantinische Mosaiken
Die byzantinischen Mosaiken repräsentieren eine der herausragenden künstlerischen Leistungen der byzantinischen Kunst und haben einen unvergesslichen Einfluss auf die Entwicklung der sakralen Kunst und Architektur ausgeübt. Über Jahrhunderte hinweg dienten diese Mosaiken als zentrale Ausdrucksform der byzantinischen Kultur und Religion, und ihre Brillanz und Schönheit haben bis heute Bewunderung und Inspiration hervorgerufen.

Die Geschichte der byzantinischen Mosaiken reicht zurück bis in die frühen Anfänge des Byzantinischen Reiches im 4. Jahrhundert n. Chr., als das Christentum zur Staatsreligion erklärt wurde und Kirchen und Basiliken als Zentren des religiösen Lebens dienten. Die ersten byzantinischen Mosaiken entstanden in den frühchristlichen Kirchen und Mausoleen von Konstantinopel (dem heutigen Istanbul) und zeigten Szenen aus dem Leben Christi, Heiligenlegenden und biblischen Ereignissen. Diese frühen

Mosaiken waren oft einfach und stilisiert, aber dennoch ausdrucksstark und spirituell, und dienten dazu, die Gläubigen zu inspirieren und zu erheben.

Im Laufe der Zeit entwickelte sich die Technik der Mosaikkunst weiter, und die byzantinischen Künstler perfektionierten die Kunst des Mosaikens, indem sie feinere Materialien und raffiniertere Techniken einsetzten. Die meisten byzantinischen Mosaiken wurden aus kleinen Glasstücken, sogenannten Tesserae, hergestellt, die in verschiedenen Farben und Schattierungen gefärbt waren und dann zu komplexen Bildern und Designs zusammengefügt wurden. Diese Tesserae wurden auf einem Untergrund aus Mörtel oder Putz angebracht und bildeten so ein dauerhaftes und strukturiertes Kunstwerk.

Ein herausragendes Merkmal der byzantinischen Mosaiken war ihre Verwendung in den byzantinischen Kirchen und Basiliken als Mittel zur Verzierung und Verherrlichung des Göttlichen. Die Mosaiken wurden oft in den Apsiden, Kuppeln, Bögen und Gewölben der Kirchen platziert und zeigten Szenen aus dem Leben Jesu, den Heiligen und Engeln sowie biblische Ereignisse und Symbole des christlichen Glaubens. Diese Mosaiken dienten nicht nur als dekorative Elemente, sondern hatten auch eine spirituelle und liturgische Bedeutung, da sie die Gläubigen in das himmlische Reich führten und sie in die Gegenwart Gottes versetzten.

Ein bemerkenswertes Beispiel für die byzantinische Mosaikkunst ist die Hagia Sophia in Konstantinopel, die im 6. Jahrhundert n. Chr. erbaut wurde und als Meisterwerk der byzantinischen Architektur gilt. Die Kuppel der Hagia Sophia ist mit einem atemberaubenden Mosaik des Pantokrator (Christus als Weltenherrscher) geschmückt, das die majestätische Präsenz und Herrschaft Christi über das Universum verkörpert. Dieses Mosaik, das als eines der größten und bedeutendsten Mosaiken der byzantinischen Kunst gilt, zeigt die künstlerische Raffinesse und spirituelle Tiefe, die die byzantinischen Mosaiken auszeichnen.

Die byzantinischen Mosaiken wurden nicht nur in Konstantinopel, sondern auch in den Provinzen des Byzantinischen Reiches verbreitet und beeinflussten die Kunst und Architektur in ganz Europa und dem Mittelmeerraum. Von Ravenna in Italien bis nach Syrien und Ägypten schmückten byzantinische Mosaiken die Kirchen, Paläste und öffentlichen Gebäude des Reiches und trugen zur Verbreitung des christlichen Glaubens und der byzantinischen Kultur bei.

Ein weiteres bemerkenswertes Beispiel für die byzantinische Mosaikkunst sind die Mosaiken von San Vitale in Ravenna, Italien, die im 6. Jahrhundert n. Chr. entstanden und als eines der bedeutendsten Beispiele für byzantinische Kunst außerhalb des Byzantinischen Reiches gelten. Diese Mosaiken zeigen Szenen aus dem Leben Christi, den Heiligen und Engeln, sowie Porträts der Kaiser Justinian und Theodora, die die Macht und Autorität des byzantinischen Reiches verkörpern. Die Mosaiken von San Vitale sind bekannt für ihre feinen Details, lebendigen Farben und tiefen spirituellen Ausdruck und sind ein faszinierendes Zeugnis für die künstlerische Meisterschaft und religiöse Hingabe der byzantinischen Künstler.

Die byzantinischen Mosaiken spielten auch eine wichtige Rolle in der Ikonographie und Hagiographie des orthodoxen Christentums und beeinflussten die Entwicklung der religiösen Kunst und Ikonenmalerei in Byzanz und darüber hinaus. Die Mosaiken dienten als Vorlage und Inspiration für die Ikonenmaler, die in ganz Byzanz tätig waren und die heiligen Bilder und Symbole des christlichen Glaubens schufen. Die Ikonenmalerei wurde zu einer der wichtigsten Ausdrucksformen der byzantinischen Kunst und hatte einen nachhaltigen Einfluss auf die religiöse Kunst und Kultur Europas und des Nahen Ostens.

Mit dem Niedergang des Byzantinischen Reiches im 15. Jahrhundert n. Chr. ging auch die Blütezeit der byzantinischen Mosaikkunst zu Ende, und viele der prächtigen Mosaiken wurden zerstört oder beschädigt. Dennoch haben einige der bedeutendsten Mosaiken die Jahrhunderte überdauert und sind bis heute erhalten geblieben, darunter die Mosaiken der Hagia Sophia, von San Vitale und anderen bedeutenden byzantinischen Kirchen und Klöstern. Diese Mosaiken sind nicht nur Meisterwerke der

Kunst und Architektur, sondern auch ein lebendiges Zeugnis für die tiefe spirituelle und kulturelle Erbe des byzantinischen Reiches, das bis heute in der orthodoxen Christenheit und darüber hinaus weiterlebt.

Persische Miniaturen
Die persischen Miniaturen repräsentieren eine der faszinierendsten und beeindruckendsten Formen der bildenden Kunst im Nahen Osten. Über Jahrhunderte hinweg dienten diese kunstvollen Gemälde als Ausdruck der reichen Kultur, Geschichte und Religion des Persischen Reiches und haben bis heute eine bedeutende künstlerische und kulturelle Bedeutung.

Die Geschichte der persischen Miniaturen reicht zurück bis in die frühe islamische Zeit im 7. Jahrhundert n. Chr., als der Islam nach Persien kam und das Land unter muslimische Herrschaft fiel. Die persischen Künstler und Miniaturmaler übernahmen die Techniken und Stile der vorislamischen persischen Kunst und passten sie an die neuen religiösen und kulturellen Gegebenheiten an. Im Laufe der Zeit entwickelten sie eine einzigartige Form der Miniaturmalerei, die sowohl islamische als auch persische Elemente vereinte und eine unverwechselbare Tradition der persischen Kunst schuf.

Die persischen Miniaturen wurden oft in Büchern, Manuskripten und historischen Dokumenten verwendet und dienten dazu, Geschichten, Gedichte, religiöse Texte und historische Ereignisse zu illustrieren und zu veranschaulichen. Sie wurden von hoch qualifizierten Künstlern und Miniaturmalern geschaffen, die mit großer Sorgfalt und Präzision arbeiteten, um detailreiche und kunstvolle Gemälde zu schaffen, die oft nur wenige Zentimeter groß waren.

Ein charakteristisches Merkmal der persischen Miniaturen ist ihre Verwendung von lebendigen Farben, elaborierten Designs und feinen Details, die oft mit Gold- und Silberfarben verziert wurden. Die Künstler verwendeten eine Vielzahl von Pigmenten und Farbstoffen, darunter Mineralien, Pflanzen und tierische Produkte, um eine breite Palette von Farben und Tönen zu erzeugen, die den Gemälden Lebendigkeit und Realismus verliehen. Die Miniaturen wurden oft auf hochwertigem Pergament oder Papier gemalt und waren häufig mit kostbaren Materialien wie Gold, Silber und Edelsteinen verziert, um ihren Wert und ihre Schönheit zu steigern.

Ein bemerkenswertes Beispiel für die persischen Miniaturen ist das "Shahnameh" oder "Buch der Könige", ein episches Gedicht des persischen Dichters Ferdowsi aus dem 10. Jahrhundert n. Chr., das die Geschichte des antiken Persien von den mythischen Anfängen bis zur arabischen Eroberung im 7. Jahrhundert n. Chr. erzählt. Das "Shahnameh" wurde von zahlreichen persischen Herrschern und Dynastien in Auftrag gegeben und von den talentiertesten Künstlern und Miniaturmalern der Zeit illustriert. Die Miniaturen des "Shahnameh" zeichnen sich durch ihre epischen Darstellungen von Schlachten, Helden und Legenden aus und bieten einen faszinierenden Einblick in die Geschichte und Kultur des antiken Persien.

Die persischen Miniaturen waren nicht nur eine Form der künstlerischen Ausdrucksform, sondern auch ein Mittel zur Verbreitung von Wissen, Kultur und Religion. Sie wurden oft in religiösen Texten wie dem Koran und den Hadithen verwendet, um die Botschaften des Islam zu veranschaulichen und zu erklären. Sie wurden auch in historischen Werken, philosophischen Abhandlungen und medizinischen Texten verwendet, um komplexe Ideen und Konzepte auf verständliche Weise zu vermitteln. Die Miniaturen dienten auch als Mittel der Unterhaltung und Erbauung und wurden oft in Märchen, Fabeln und Gedichten verwendet, um die Fantasie und Vorstellungskraft der Betrachter zu stimulieren.

Ein weiteres wichtiges Merkmal der persischen Miniaturen ist ihre Verwendung als Mittel der politischen Propaganda und Herrscherrepräsentation. Die persischen Herrscher und Dynastien nutzten die Miniaturen, um ihre Macht, Autorität und Herrschaft zu legitimieren und zu verherrlichen. Sie ließen sich oft in königlichen Manuskripten und Palastdekorationen abbilden, um ihre königliche Pracht und Pracht zu demonstrieren und ihre dynastische Kontinuität und Herrschaft zu betonen.

Mit dem Niedergang des persischen Reiches im 15. Jahrhundert n. Chr. ging auch die Blütezeit der persischen Miniaturen zu Ende, und die Tradition der Miniaturmalerei erlebte einen Rückgang. Dennoch haben einige der bedeutendsten Miniaturen die Jahrhunderte überdauert und sind bis heute erhalten geblieben, darunter die Miniaturen des "Shahnameh", des "Divan" des Hafis und anderer berühmter persischer Manuskripte. Diese Miniaturen sind nicht nur Meisterwerke der Kunst und Kultur, sondern auch ein faszinierendes Zeugnis für die reiche Geschichte und Tradition der persischen Zivilisation, die bis heute in der Kunst, Literatur und Kultur des modernen Iran weiterlebt.

Mesopotamische Reliefkunst
Die mesopotamische Reliefkunst ist eine der faszinierendsten und bedeutendsten Formen der bildenden Kunst in der antiken Welt. Sie repräsentiert das künstlerische Erbe und die kulturelle Vielfalt der Zivilisationen, die im fruchtbaren Zweistromland des alten Mesopotamien blühten. Über Jahrtausende hinweg haben die mesopotamischen Künstler mit bemerkenswerter Geschicklichkeit und Raffinesse Reliefbilder geschaffen, die nicht nur ästhetisch beeindruckend sind, sondern auch tiefgreifende Einblicke in die Geschichte, Religion und Gesellschaft des antiken Mesopotamien bieten.

Die Geschichte der mesopotamischen Reliefkunst reicht bis in die frühesten Zivilisationen des Zweistromlandes zurück, darunter die sumerische, akkadische, babylonische und assyrische Kultur. Die mesopotamischen Künstler begannen bereits im 4. Jahrtausend v. Chr., Reliefbilder auf verschiedenen Materialien wie Stein, Ton und Metall zu schaffen, um ihre kulturellen und religiösen Überzeugungen darzustellen und zu vermitteln. Diese frühen Reliefdarstellungen waren oft stark stilisiert und symbolisch und zeigten göttliche Figuren, mythische Wesen, rituelle Szenen und opfernde Handlungen.

Ein charakteristisches Merkmal der mesopotamischen Reliefkunst ist ihre Verwendung von Symbolen, Hieroglyphen und ikonografischen Motiven, um komplexe Ideen und Konzepte darzustellen. Die Künstler verwendeten eine Vielzahl von Bildern und Symbolen, um göttliche Kräfte, himmlische Sphären, kosmische Ordnung und das ewige Leben zu veranschaulichen. Sie schufen auch allegorische Darstellungen von Königen, Herrschern und Helden, um ihre Macht, Autorität und Legitimität zu betonen und zu verherrlichen.

Die mesopotamische Reliefkunst erreichte ihren Höhepunkt während der Herrschaft der assyrischen Könige im 1. Jahrtausend v. Chr., als das assyrische Reich eines der mächtigsten und expansivsten Reiche der antiken Welt war. Die assyrischen Künstler schufen einige der beeindruckendsten und monumentalsten Reliefbilder der Geschichte, die oft ganze Paläste, Tempel und Festungen schmückten. Diese Reliefbilder, die auf den Wänden und Friesen der Gebäude angebracht waren, zeigten epische Szenen von Kriegen, Eroberungen, Jagden und religiösen Zeremonien und waren dafür bekannt, dass sie die Macht und Herrlichkeit der assyrischen Herrscher und die Stärke ihres Reiches verherrlichten.

Ein herausragendes Beispiel für die assyrische Reliefkunst ist der Palast des assyrischen Königs Assurnasirpal II. in Nimrud, der im 9. Jahrhundert v. Chr. erbaut wurde und zu den bedeutendsten archäologischen Entdeckungen des antiken Mesopotamiens gehört. Die Wände des Palastes waren mit Reliefbildern geschmückt, die Szenen von königlichen Empfängen, militärischen Siegen und göttlichen Interventionen darstellten. Diese Reliefbilder waren von bemerkenswerter Größe und Detailtreue und zeigten die Kunstfertigkeit und technische Raffinesse der assyrischen Künstler.

Die assyrischen Reliefbilder waren nicht nur eine Form der künstlerischen Darstellung, sondern auch ein Mittel der politischen Propaganda und Herrscherrepräsentation. Die assyrischen Könige nutzten die Reliefbilder, um ihre Macht, Autorität und Herrschaft zu legitimieren und zu verherrlichen. Sie ließen sich oft in königlichen Gewändern und Rüstungen abbilden, um ihre königliche Pracht und Stärke zu demonstrieren und ihre dynastische Kontinuität und Herrschaft zu betonen. Die Reliefbilder dienten auch dazu, die Feinde des Reiches zu erschrecken und abzuschrecken und die Untertanen des Reiches zu beeindrucken und zu unterwerfen.

Ein weiteres bemerkenswertes Beispiel für die mesopotamische Reliefkunst ist der Ischtar-Tor-Komplex in Babylon, der im 6. Jahrhundert v. Chr. unter der Herrschaft des babylonischen Königs Nebukadnezar II. errichtet wurde. Das Ischtar-Tor war eines der eindrucksvollsten Bauwerke der antiken Welt und wurde mit kunstvollen Reliefbildern geschmückt, die Szenen von mythischen Kreaturen, Tierkämpfen und religiösen Zeremonien darstellten.

Diese Reliefbilder waren von großer Schönheit und Eleganz und zeigten die künstlerische Raffinesse und meisterhafte Handwerkskunst der babylonischen Künstler.

Die mesopotamische Reliefkunst war auch eine wichtige Quelle für die Erforschung der Geschichte, Kultur und Religion des antiken Mesopotamiens. Die Reliefbilder lieferten wertvolle Informationen über die Lebensweise, die Gesellschaftsstruktur und die politischen Institutionen der mesopotamischen Zivilisationen sowie über ihre religiösen Überzeugungen, Rituale und Glaubenspraktiken. Sie waren auch eine wichtige Quelle für die Erforschung der mesopotamischen Sprachen, Hieroglyphen und Schriften und trugen zur Entschlüsselung und Übersetzung der mesopotamischen Texte bei.

Obwohl viele der mesopotamischen Reliefbilder im Laufe der Jahrhunderte verloren gegangen sind oder zerstört wurden, haben einige der bedeutendsten Beispiele die Jahrtausende überdauert und sind bis heute erhalten geblieben, darunter die Reliefbilder von Nimrud, Babylon, Persepolis und anderen wichtigen Stätten des antiken Mesopotamiens. Diese Reliefbilder sind nicht nur Meisterwerke der Kunst und Architektur, sondern auch ein faszinierendes Zeugnis für die reiche Geschichte und Kultur der mesopotamischen Zivilisationen, die bis heute in der Kunst, Literatur und Kultur des Nahen Ostens weiterlebt.

Indische Tempelarchitektur
Die indische Tempelarchitektur repräsentiert eine der faszinierendsten und beeindruckendsten Formen der Baukunst in der Geschichte der Menschheit. Über Jahrtausende hinweg haben die indischen Architekten mit einer erstaunlichen Vielfalt an Stilen,

Techniken und Materialien Tempel erbaut, die nicht nur religiöse Stätten waren, sondern auch Zeugnisse für die kulturelle und spirituelle Blüte Indiens.

Die Geschichte der indischen Tempelarchitektur reicht bis in die Antike zurück und umfasst eine Vielzahl von regionalen Stilen und Traditionen, die sich im Laufe der Zeit entwickelt haben. Die frühesten indischen Tempel stammen aus der vedischen Zeit (1500-500 v. Chr.) und waren einfache Strukturen aus Holz oder Lehm, die für Opferzeremonien und religiöse Rituale genutzt wurden. Im Laufe der Zeit entwickelten sich die Tempel zu komplexeren und monumentaleren Strukturen aus Stein, die mit aufwändigen Skulpturen, Reliefs und Dekorationen geschmückt waren und oft als Zentren des religiösen und kulturellen Lebens dienten.

Ein charakteristisches Merkmal der indischen Tempelarchitektur ist ihre Vielfalt an Baustilen und Formen, die von Region zu Region und von Zeit zu Zeit variieren. Die indischen Tempel können in verschiedene Kategorien eingeteilt werden, darunter Nagara-Stil (Nordindien), Dravida-Stil (Südindien), Vesara-Stil (Zentralindien) und Vesara-Stil (Westindien). Jeder Stil hat seine eigenen Merkmale und Charakteristika, die durch die kulturellen, religiösen und geografischen Unterschiede der Regionen geprägt sind.

Ein herausragendes Beispiel für die indische Tempelarchitektur ist der Tempelkomplex von Khajuraho in Madhya Pradesh, der im 10. bis 12. Jahrhundert n. Chr. erbaut wurde und zu den bedeutendsten architektonischen Schätzen Indiens gehört. Die Tempel von Khajuraho sind bekannt für ihre beeindruckenden Skulpturen, die erotische Szenen, mythologische Figuren und göttliche Wesen darstellen und für ihre einzigartige Kombination aus Nagara- und Dravida-Architekturstilen. Diese Tempel sind ein faszinierendes Beispiel für die künstlerische Raffinesse und spirituelle Hingabe der indischen Baumeister und Künstler.

Die indischen Tempel sind oft so konzipiert, dass sie den kosmologischen Vorstellungen der hinduistischen Religion entsprechen und eine Verbindung zwischen Himmel und Erde herstellen. Sie sind in der Regel nach einem strengen architektonischen Plan angeordnet, der auf den vedischen Schriften und religiösen Lehren basiert und den Göttern geweiht ist. Die Tempel sind oft von einem ummauerten Hof umgeben und haben eine Reihe von Strukturen, darunter einen Turm (Shikhara), einen Säulengang (Mandapa), ein Heiligtum (Garbhagriha) und einen Opferaltar (Yajna Shala), die für verschiedene religiöse Zeremonien und Rituale genutzt werden.

Die indischen Tempel sind auch berühmt für ihre aufwändigen Skulpturen, Reliefs und Dekorationen, die oft religiöse Themen, mythologische Geschichten und göttliche Wesen darstellen. Die Tempelskulpturen zeigen eine erstaunliche Vielfalt an Stilen, Techniken und Motiven und spiegeln die künstlerische und spirituelle Vielfalt Indiens wider. Sie sind oft aus Stein, Marmor, Sandstein oder Granit gefertigt und wurden von hoch qualifizierten Handwerkern und Künstlern geschaffen, die mit großer Sorgfalt und Präzision arbeiteten, um lebendige und ausdrucksstarke Kunstwerke zu schaffen.

Ein bemerkenswertes Beispiel für die indische Tempelarchitektur ist der Tempel von Brihadeshwara in Thanjavur, Tamil Nadu, der im 11. Jahrhundert n. Chr. erbaut wurde und zu den größten Tempeln Südindiens gehört. Der Tempel von Brihadeshwara ist bekannt für seine monumentale Größe, seine beeindruckende Architektur und seine aufwändigen Skulpturen, die Szenen aus dem Leben von Shiva, dem Hindu-Gott der Zerstörung, darstellen. Dieser Tempel ist ein Meisterwerk der indischen Baukunst und ein faszinierendes Beispiel für die kulturelle und religiöse Bedeutung der Tempel in Indien.

Die indische Tempelarchitektur war nicht nur eine Form der religiösen Verehrung, sondern auch ein Mittel zur Förderung von Kunst, Kultur und Gemeinschaft. Die Tempel dienten oft als Zentren des religiösen, kulturellen und sozialen Lebens und waren wichtige Orte für Feste, Feiern, Musik, Tanz und Theater. Sie waren auch Orte der Bildung und des Lernens, an denen Schüler und Gelehrte sich versammelten, um religiöse Texte zu studieren, philosophische Debatten zu führen und spirituelle Praktiken zu praktizieren.

Mit dem Niedergang der hinduistischen Dynastien und der Ausbreitung des Islam im 12. Jahrhundert n. Chr. ging auch die Blütezeit der indischen Tempelarchitektur zu Ende, und viele der prächtigen Tempel wurden zerstört oder beschädigt. Dennoch haben einige der bedeutendsten Tempel die Jahrhunderte überdauert und sind bis heute erhalten geblieben, darunter der Tempel von Brihadeshwara, der Tempel von Khajuraho und der Tempel von Konark. Diese Tempel sind nicht nur Meisterwerke der Kunst und Architektur, sondern auch lebendige Zeugnisse für die reiche Geschichte und Kultur Indiens, die bis heute in der Kunst, Literatur und Religion des Landes weiterlebt.

Chinesische Tuschmalerei
Die chinesische Tuschmalerei, auch bekannt als "Shuimohua" (Wasser-Tinte-Bild), ist eine der ältesten und einflussreichsten Kunstrichtungen der chinesischen Kultur. Sie hat eine reiche Geschichte, die sich über Jahrtausende erstreckt, und hat einen nachhaltigen Einfluss auf die Kunst und Kultur nicht nur in China, sondern auch in der ganzen Welt.

Die Ursprünge der chinesischen Tuschmalerei lassen sich bis in die frühe chinesische Antike zurückverfolgen, bis zu den Anfängen der chinesischen Zivilisation vor über 3000 Jahren. Schon in der Shang-Dynastie (ca. 1600-1046 v. Chr.) wurden erste Spuren von Tuschmalerei auf Bronzegefäßen und Keramiken gefunden, die als Vorläufer der späteren Tuschmalerei gelten können. Während der folgenden Dynastien, wie der Zhou-, Qin- und Han-Dynastie, entwickelte sich die Tuschmalerei weiter und wurde zu einer eigenständigen Kunstform, die von Dichtung, Kalligraphie und Philosophie beeinflusst war.

Ein Schlüsselaspekt der chinesischen Tuschmalerei ist die Verwendung von Tinte, Wasser und Papier als Hauptmaterialien. Die Künstler verwenden spezielle Tuschpinsel, die aus verschiedenen Tierhaaren gefertigt sind und eine breite Palette von Strichen und Linien erzeugen können, um ihre Werke zu gestalten. Die Tinte wird aus Ruß, Harzen und Wasser hergestellt und auf speziell behandeltem Papier aufgetragen, um feine Linien, Schattierungen und Texturen zu erzeugen.

Die chinesische Tuschmalerei zeichnet sich durch ihre expressiven und subtilen Eigenschaften aus, die es den Künstlern ermöglichen, eine breite Palette von Themen und Emotionen darzustellen. Die Künstler verwenden oft leere Räume, um die Vorstellungskraft des Betrachters anzuregen und eine Verbindung zwischen dem Bild und dem Geist des Betrachters herzustellen. Die Tuschmalerei ist stark von der Philosophie des Taoismus und des Konfuzianismus beeinflusst und betont die Schönheit der Natur, die Harmonie zwischen Mensch und Natur und die Vergänglichkeit aller Dinge.

Ein wichtiger Aspekt der chinesischen Tuschmalerei ist die Rolle der Kalligraphie, der Kunst des schönen Schreibens. Kalligraphie und Tuschmalerei sind eng miteinander verbunden und teilen viele gemeinsame Techniken und Prinzipien. Die Künstler verwenden oft kalligraphische Techniken wie Pinselstriche, Tuschflecken und Schattierungen, um ihre Bilder zu gestalten und ihre Emotionen und Gedanken auszudrücken. Die Tuschmalerei wird oft als eine Form der visuellen Kalligraphie betrachtet, die die Schönheit der chinesischen Schrift mit der Kunst des Malens verbindet.

Die chinesische Tuschmalerei umfasst eine breite Palette von Themen und Motiven, darunter Landschaften, Blumen und Vögel, Tiere, Menschen und mythologische Wesen. Die Landschaftsmalerei, auch bekannt als "Shanshuihua" (Berg-Wasser-Bild), ist eine der beliebtesten und bekanntesten Genres der Tuschmalerei und hat eine lange Tradition in der chinesischen Kunst. Die Künstler verwenden oft einfache Pinselstriche und Tuschflecken, um eine abstrakte und poetische Darstellung von Bergen, Flüssen, Bäumen und Wolken zu schaffen, die die natürliche Schönheit und Harmonie der Landschaft betont.

Ein weiteres wichtiges Genre der chinesischen Tuschmalerei ist die Blumen- und Vogelmalerei, auch bekannt als "Huaniaohua" (Blumen-Vögel-Bild). Die Künstler verwenden eine Vielzahl von Pinselstrichen und Tuschflecken, um detaillierte und lebendige Darstellungen von Blumen, Vögeln und Insekten zu schaffen, die die Schönheit und Vielfalt der Natur widerspiegeln. Die Blumen- und Vogelmalerei hat eine lange Tradition in der chinesischen Kunst und war ein beliebtes Thema unter den Künstlern der Song-, Yuan- und Ming-Dynastien.

Die chinesische Tuschmalerei hat auch eine lange Tradition der Malerei von Menschen und mythologischen Wesen, die als "Renwu" (Menschenbild) und "Shenhua" (Götterbild) bekannt sind. Die Künstler verwenden oft subtile Pinselstriche und Tuschflecken, um lebendige und ausdrucksstarke Porträts von Menschen, Göttern, Dämonen und Drachen zu schaffen, die die menschliche Natur und die mythologische Welt der chinesischen Kultur darstellen. Diese Bilder sind oft von spiritueller Bedeutung und zeigen die Beziehung zwischen Mensch und Göttlichkeit in der chinesischen Weltanschauung.

Ein bemerkenswertes Merkmal der chinesischen Tuschmalerei ist ihre Fähigkeit, Emotionen und Stimmungen mit einfachen Pinselstrichen und Tuschflecken darzustellen. Die Künstler verwenden oft subtile Techniken wie Linien, Schattierungen und Kontraste, um eine breite Palette von Gefühlen und Empfindungen wie Freude, Trauer, Liebe, Einsamkeit und Sehnsucht auszudrücken. Die Tuschmalerei ist bekannt für ihre Fähigkeit, die Essenz und den Geist der Dinge einzufangen und eine tiefe Verbindung zwischen dem Künstler, dem Bild und dem Betrachter herzustellen.

Die chinesische Tuschmalerei hat im Laufe der Jahrhunderte eine wichtige Rolle in der chinesischen Kunst und Kultur gespielt und einen bedeutenden Einfluss auf die Entwicklung der Malerei, Kalligraphie, Literatur und Philosophie in China gehabt. Die Tuschmalerei hat eine reiche Tradition und eine lebendige Gegenwart in der chinesischen Kunstszene und wird auch heute noch von Künstlern auf der ganzen Welt geschätzt und praktiziert. Sie ist ein faszinierendes Beispiel für die künstlerische Raffinesse und spirituelle Tiefe der chinesischen Kultur und ein wichtiges Erbe, das bis heute weiterlebt und inspiriert.

Mesoamerikanische Skulptur
Mesoamerika, eine Region, die sich über Teile Mexikos, Guatemalas, Belizes, Hondurass, El Salvadors und Nicaraguas

erstreckt, beheimatete eine der faszinierendsten und kulturell reichsten Zivilisationen der antiken Welt. Die Kunst dieser Zivilisationen spiegelt nicht nur ihre komplexen Glaubenssysteme und sozialen Strukturen wider, sondern auch ihre technologischen Errungenschaften und ihre Beziehung zur Natur und Kosmos. Mesoamerikanische Skulptur ist ein herausragendes Beispiel für die künstlerische Brillanz dieser Kulturen und bietet einen faszinierenden Einblick in ihre Weltanschauung, Geschichte und Spiritualität.

Die mesoamerikanische Skulptur hat ihre Wurzeln in den frühen Hochkulturen dieser Region, darunter die Olmeken, Zapoteken, Maya, Teotihuacan, Tolteken und Azteken. Diese Kulturen lebten in einer engen Verbindung zur Natur und entwickelten komplexe religiöse und kosmologische Vorstellungen, die in ihrer Kunst zum Ausdruck kamen. Die mesoamerikanischen Künstler verwendeten eine Vielzahl von Materialien, darunter Stein, Ton, Holz, Jade und Obsidian, um ihre Skulpturen zu schaffen, die oft monumentale Ausmaße erreichten und für religiöse Zeremonien, Rituale und Opfergaben genutzt wurden.

Die Olmeken, die als die "Ursprungskultur" Mesoamerikas gelten, schufen einige der frühesten und beeindruckendsten Skulpturen dieser Region. Sie sind bekannt für ihre massiven Steinmonumente, darunter die berühmten "Olmek-Köpfe", die riesige menschliche Gesichter darstellen und als Symbole der Macht und Autorität der Olmeken interpretiert werden. Die Olmeken-Skulpturen zeugen von einem hohen Maß an künstlerischer Fähigkeit und technischem Können und zeigen eine bemerkenswerte Präzision und Detailtreue.

Die Maya-Kultur, eine der bekanntesten und einflussreichsten Zivilisationen Mesoamerikas, schuf eine Vielzahl von Skulpturen, die eine breite Palette von Themen und Motiven darstellen. Die Maya-Skulpturen umfassen monumentale Steinskulpturen, Stelen, Altäre, Reliefbilder, Keramiken und Tonfiguren, die oft religiöse und mythologische Szenen, Herrscherporträts, Götter und Dämonen, Opfer und Rituale darstellen. Die Maya-Künstler waren Meister der

Form und Komposition und schufen Skulpturen von großer Schönheit und Ausdruckskraft.

Ein bemerkenswertes Beispiel für die Maya-Skulptur ist der Tempel der Inschriften in Palenque, Mexiko, der im 7. Jahrhundert n. Chr. erbaut wurde und zu den bedeutendsten archäologischen Entdeckungen der Maya-Zivilisation gehört. Der Tempel der Inschriften ist bekannt für seine aufwändigen Reliefs und Inschriften, die Szenen aus dem Leben des Herrschers Pacal dem Großen darstellen und eine faszinierende Einblick in die Geschichte und Kultur der Maya bieten.

Die Azteken, eine spätere mesoamerikanische Zivilisation, schufen ebenfalls eine Vielzahl von Skulpturen, die für ihre religiösen und zeremoniellen Zwecke verwendet wurden. Die Azteken waren bekannt für ihre monumentalen Steinmonumente, darunter die berühmte "Sonnenstein" oder "Kalenderstein", der als Symbol für die kosmische Ordnung und den Zyklus der Zeit interpretiert wird. Die Azteken-Skulpturen zeigen oft Götter, Helden, Krieger, Opferrituale und mythologische Szenen und sind von großer künstlerischer Raffinesse und technischer Fertigkeit.

Die mesoamerikanische Skulptur war nicht nur eine Form der künstlerischen Darstellung, sondern auch ein Mittel zur Kommunikation, Erinnerung und Verehrung. Die Skulpturen wurden oft in religiösen Tempeln, Palästen, Plätzen und Zeremonienstätten aufgestellt und dienten als Mittel zur Verbindung mit den Göttern, zur Erinnerung an vergangene Ereignisse und zur Festigung sozialer und politischer Strukturen. Die Skulpturen wurden auch als Opfergaben verwendet, um den Göttern Tribut zu zollen und göttlichen Schutz und Segen zu erbitten.

Ein bemerkenswertes Merkmal der mesoamerikanischen Skulptur ist ihre enge Verbindung zur Natur und Kosmos. Die Skulpturen zeigen oft Tiere, Pflanzen, Himmelskörper und mythologische Wesen, die eine zentrale Rolle im Glauben und Leben der mesoamerikanischen Kulturen spielten. Die Künstler verwendeten eine Vielzahl von Symbolen, Hieroglyphen und ikonografischen Motiven, um komplexe Ideen und Konzepte darzustellen und zu vermitteln und eine tiefe Verbindung zwischen Mensch, Natur und Kosmos herzustellen.

Obwohl viele der mesoamerikanischen Skulpturen im Laufe der Jahrhunderte verloren gegangen sind oder zerstört wurden, haben einige der bedeutendsten Beispiele die Jahrhunderte überdauert und sind bis heute erhalten geblieben, darunter die Monumente von Palenque, Tikal, Teotihuacan und Tenochtitlan. Diese Skulpturen sind nicht nur Meisterwerke der Kunst und Architektur, sondern auch lebendige Zeugnisse für die reiche Geschichte und Kultur Mesoamerikas, die bis heute in der Kunst, Literatur und Religion dieser Region weiterlebt. Die mesoamerikanische Skulptur ist ein faszinierendes Beispiel für die künstlerische Vielfalt und spirituelle Tiefe der antiken Welt und ein wichtiges Erbe, das bis heute weiterlebt und inspiriert.

Mittelalterliche Kunst

Die mittelalterliche Kunst erstreckt sich über einen Zeitraum vom 5. bis zum 15. Jahrhundert und umfasst verschiedene Stile und Strömungen in Europa. Während des Frühmittelalters (ca. 500-1000 n. Chr.) dominierte die christliche Kunst, die vor allem in Form von Wandmalereien in Kirchen und Klöstern sowie in der Buchmalerei zum Ausdruck kam. Während der Romanik (ca. 11. bis 12. Jahrhundert) erlebte die Architektur eine Blütezeit mit beeindruckenden romanischen Kathedralen und Klöstern, gekennzeichnet durch massive Steinmauern, Rundbögen und Gewölbe. Die Gotik (ca. 12. bis 15. Jahrhundert) brachte eine revolutionäre Veränderung in der Architektur mit sich, wobei Kathedralen wie Notre-Dame de Paris und der Kölner Dom als Höhepunkte dieses Stils gelten. Die gotische Kunst zeichnet sich durch filigrane Steinmetzarbeiten, farbenfrohe Glasfenster und realistische Skulpturen aus. Während des Spätmittelalters (ca. 14. bis 15. Jahrhundert) begannen sich neue Kunstformen wie die gotische Malerei und Bildhauerei zu entwickeln, die den Übergang zur Renaissance einleiteten.

Gotische Kathedralen

Gotische Kathedralen sind nicht nur architektonische Meisterwerke, sondern auch Symbolträger für die Blütezeit der mittelalterlichen Kunst und Architektur. Diese imposanten Bauwerke, die oft über Jahrhunderte hinweg errichtet wurden, repräsentieren die Höhe des menschlichen Schaffens und die tiefe Religiosität der damaligen Gesellschaft. Von den majestätischen Türmen bis hin zu den kunstvollen Skulpturen und Glasfenstern sind gotische Kathedralen ein faszinierendes Fenster in die Vergangenheit, das uns viel über die Zeit und die Menschen, die sie erbaut haben, erzählt.

Der Beginn der gotischen Architektur wird oft mit dem Bau der Abteikirche von Saint-Denis bei Paris in der ersten Hälfte des 12. Jahrhunderts verbunden. Diese Kirche, die von Abt Suger in Auftrag gegeben wurde, gilt als eines der ersten Beispiele für gotische Architektur und war wegweisend für die Entwicklung dieses Baustils. Charakteristisch für die gotische Architektur sind die hohen spitzbogigen Gewölbe, die es ermöglichten, große Innenräume zu schaffen, und die Verwendung von Strebepfeilern, die das Gewicht des Daches nach außen ableiteten und es ermöglichten, große Glasfenster einzusetzen.

Eine der berühmtesten gotischen Kathedralen ist die Kathedrale von Chartres in Frankreich, die im 13. Jahrhundert erbaut wurde und zu den herausragenden Beispielen gotischer Architektur gehört. Die Kathedrale von Chartres zeichnet sich durch ihre imposante Westfassade, ihre hohen Türme und ihre kunstvoll gestalteten Portale aus und beherbergt eine Vielzahl von mittelalterlichen Kunstwerken, darunter Skulpturen, Glasfenster und Wandmalereien.

Ein weiteres herausragendes Beispiel für gotische Architektur ist die Kathedrale von Notre-Dame in Paris, deren Bau im 12. Jahrhundert begann und über 200 Jahre dauerte. Die Kathedrale von Notre- Dame ist berühmt für ihre imposante Westfassade, ihre zwei hohen Türme und ihr beeindruckendes Innere mit seinen hohen Gewölben und seinen kunstvollen Glasfenstern. Die Kathedrale von Notre- Dame war auch Schauplatz vieler bedeutender historischer Ereignisse, darunter die Krönung von Napoleon Bonaparte zum Kaiser von Frankreich im Jahr 1804 und die Befreiung von Paris im Jahr 1944.

Neben Chartres und Notre-Dame gibt es in ganz Europa eine Vielzahl weiterer beeindruckender gotischer Kathedralen, darunter die Kathedralen von Reims, Amiens, Salisbury und Köln. Jede dieser Kathedralen hat ihre eigenen einzigartigen Merkmale und Besonderheiten, aber sie alle teilen die charakteristischen Eigenschaften der gotischen Architektur, darunter hohe Gewölbe, spitzbogige Fenster und kunstvoll gestaltete Skulpturen.

Ein herausragendes Merkmal vieler gotischer Kathedralen sind ihre kunstvoll gestalteten Glasfenster, die oft biblische Geschichten und religiöse Symbole darstellen. Diese Fenster waren nicht nur dazu gedacht, Licht in die Kirchen zu lassen, sondern auch, um den Gläubigen religiöse Lehren und Geschichten zu vermitteln. Die Fenster der Kathedrale von Chartres sind besonders berühmt für ihre leuchtenden Farben und ihre kunstvollen Darstellungen biblischer Szenen und Heiliger.

Ein weiteres charakteristisches Merkmal vieler gotischer Kathedralen sind ihre kunstvoll gestalteten Skulpturen und Verzierungen, die oft an den Außenwänden der Kirchen zu finden sind. Diese Skulpturen zeigen eine Vielzahl von religiösen Motiven und sind oft meisterhaft in ihrer Ausführung. Einige der berühmtesten gotischen Skulpturen sind die Figuren der Könige und Königinnen an der Westfassade der Kathedrale von Chartres und die berühmten Wasserspeier an der Kathedrale von Notre-Dame in Paris.

Gotische Kathedralen sind nicht nur beeindruckende architektonische Bauwerke, sondern auch wichtige religiöse und kulturelle Symbole. Sie waren das Zentrum des religiösen Lebens im Mittelalter und spielten eine wichtige Rolle im Alltag der Menschen, indem sie als Orte des Gebets, der Anbetung und der spirituellen Kontemplation dienten. Auch heute noch üben gotische Kathedralen eine starke Anziehungskraft auf Besucher aus der ganzen Welt aus und sind wichtige Denkmäler der europäischen Geschichte und Kultur.

Buchmalerei im Mittelalter
Die Buchmalerei im Mittelalter war eine bedeutende Kunstform, die eng mit der Entwicklung des Buches und der Verbreitung des Christentums in Europa verbunden war. Von den frühen illuminierten Handschriften der Spätantike bis hin zu den prächtigen mittelalterlichen Manuskripten der Gotik und Renaissance war die Buchmalerei ein zentraler Bestandteil der europäischen Kultur und Bildung. Diese kunstvollen Bücher waren nicht nur religiöse Texte, sondern auch wichtige kulturelle Artefakte, die Wissen, Glauben und Kunst vereinten.

Die Anfänge der Buchmalerei reichen bis in die spätantike Zeit zurück, als das Christentum sich als bedeutende Religion im Römischen Reich etablierte. Frühe christliche Handschriften, wie das berühmte Vergilius Vaticanus, zeigten bereits Ansätze von Illumination, indem sie einzelne Buchstaben oder Abschnitte mit kunstvollen Verzierungen schmückten. Diese Handschriften dienten nicht nur als religiöse Texte, sondern auch als künstlerische Ausdrucksformen, die den Glauben und die Spiritualität der frühen Christen zum Ausdruck brachten.

Mit dem Aufstieg des mittelalterlichen Europas und der Verbreitung des Christentums wurde die Buchmalerei zu einer wichtigen kulturellen Praxis. Klöster spielten eine entscheidende Rolle in der Erhaltung und Verbreitung von Wissen und Bildung, und Mönche waren oft für die Herstellung von Handschriften verantwortlich. Diese Handschriften wurden sorgfältig von Hand kopiert und von Mönchen mit kunstvollen Illustrationen und Verzierungen versehen. Einige der berühmtesten Beispiele für mittelalterliche Buchmalerei stammen aus dieser Zeit, darunter das Book of Kells und das Lindisfarne-Evangelium, die beide im frühen Mittelalter in irischen Klöstern entstanden.

Im Laufe des Mittelalters entwickelte sich die Buchmalerei weiter und wurde zu einer hoch entwickelten Kunstform. Während zunächst nur einzelne Buchstaben oder Abschnitte mit Verzierungen geschmückt wurden, wurden später ganze Seiten mit kunstvollen Illustrationen und Miniaturen versehen. Diese Miniaturen waren oft mit Gold und leuchtenden Farben verziert und zeigten Szenen aus der Bibel, Heilige, Märtyrer und andere religiöse Motive. Sie dienten nicht nur dazu, den Text zu illustrieren, sondern auch, um den Gläubigen zu inspirieren und zu erziehen.

Die Buchmalerei erreichte im Hochmittelalter während der Romanik und Gotik ihren Höhepunkt. Während der Romanik wurden viele prächtige handschriftliche Bücher geschaffen, darunter Psalter, Evangelien und liturgische Texte. Diese Bücher wurden oft für Klöster, Kathedralen und Adlige hergestellt und waren prächtig verziert mit Miniaturen, Initialen und Bordüren. Einige der berühmtesten Beispiele für romanische Buchmalerei stammen aus Klöstern wie Cluny, Canterbury und Monte Cassino.

Die Gotik brachte eine weitere Entwicklung der Buchmalerei mit sich, wobei die Bücher immer prächtiger und kunstvoller gestaltet wurden. Die Miniaturen wurden größer und detaillierter, und es wurden neue Techniken wie die Verwendung von Perspektive und Schattierung eingeführt. Einige der berühmtesten gotischen Handschriften stammen aus dieser Zeit, darunter das Stundenbuch von Jeanne d'Evreux und die Très Riches Heures du Duc de Berry, die beide im 14. und 15. Jahrhundert entstanden.

Die Buchmalerei war jedoch nicht nur auf religiöse Texte beschränkt. Während des Mittelalters wurden auch viele weltliche Bücher hergestellt, darunter Romane, Gedichte und historische Werke. Diese Bücher wurden oft für Adlige und wohlhabende Bürger hergestellt und waren ebenfalls prächtig verziert mit Miniaturen und Verzierungen. Einige der berühmtesten Beispiele für mittelalterliche Buchmalerei sind die Canterbury Tales von Geoffrey Chaucer und das Roman de la Rose, ein mittelalterliches Liebesgedicht.

Die Buchmalerei hatte einen tiefgreifenden Einfluss auf die mittelalterliche Kultur und Bildung und trug dazu bei, das Wissen und die Kunst des Mittelalters zu bewahren und zu verbreiten. Diese kunstvollen Bücher waren nicht nur wichtige religiöse Artefakte, sondern auch wichtige kulturelle Symbole, die den Glauben und die Spiritualität der mittelalterlichen Gesellschaft zum Ausdruck brachten. Bis heute sind die prächtigen Handschriften des Mittelalters faszinierende Zeugnisse einer vergangenen Ära und ein beeindruckendes Beispiel für die Kunstfertigkeit und Hingabe der Menschen, die sie geschaffen haben.

Ikonenmalerei
Die Ikonenmalerei ist eine Form der religiösen Kunst, die seit Jahrhunderten in der orthodoxen christlichen Tradition praktiziert wird. Diese kunstvollen Gemälde, die oft auf Holztafeln gemalt werden, spielen eine zentrale Rolle im religiösen Leben vieler orthodoxer Christen und werden als heilige Objekte verehrt. Die Ikonenmalerei hat eine lange und reiche Geschichte, die bis in die frühen Jahrhunderte des Christentums zurückreicht, und hat im Laufe der Zeit eine Vielzahl von Stilen, Techniken und Symbolen entwickelt.

Die Anfänge der Ikonenmalerei lassen sich bis in die frühchristliche Zeit zurückverfolgen, als das Christentum sich als eine bedeutende Religion im Römischen Reich etablierte. Die frühesten christlichen Ikonen stammen aus dieser Zeit und zeigen oft einfache Darstellungen von Christus, der Jungfrau Maria und den Heiligen. Diese frühen Ikonen waren meist in Katakomben, Gräbern und Hauskirchen zu finden und dienten als Mittel zur Verehrung und Anbetung der Heiligen.

Im Laufe der Zeit entwickelte sich die Ikonenmalerei weiter und wurde zu einer wichtigen Kunstform in der orthodoxen Kirche. Während des Byzantinischen Reiches (4. bis 15. Jahrhundert) erlebte die Ikonenmalerei eine Blütezeit und erreichte einen Höhepunkt in der Kunst und Spiritualität. Byzantinische Ikonen zeichnen sich durch ihre leuchtenden Farben, goldene Hintergründe und strenge Formen aus und zeigen oft eine spirituelle Welt jenseits der materiellen Realität.

Einige der bekanntesten Beispiele für byzantinische Ikonen stammen aus dem Katharinenkloster auf dem Berg Sinai, das eine der ältesten Sammlungen christlicher Ikonen der Welt beherbergt. Diese Ikonen, die oft auf Holztafeln gemalt wurden und Heilige, Engel und biblische Szenen darstellen, sind Meisterwerke der byzantinischen Kunst und haben einen großen Einfluss auf die Entwicklung der Ikonenmalerei gehabt.

Im Mittelalter und in der Renaissance wurde die Ikonenmalerei weiterhin in der orthodoxen Kirche praktiziert, wobei jede Region ihre eigenen Stile und Techniken entwickelte. Während in Russland die Ikonenmalerei besonders blühte und zu einem wichtigen Bestandteil der russischen Kultur wurde, wurden in Griechenland, Ägypten und anderen orthodoxen Ländern ebenfalls bedeutende Ikonen geschaffen.

Ein charakteristisches Merkmal der Ikonenmalerei ist ihre Symbolik und Spiritualität. Jede Figur und jedes Symbol in einer Ikone hat eine spezielle Bedeutung und verweist auf biblische Ereignisse, theologische Konzepte oder spirituelle Wahrheiten. Christus wird oft als Pantokrator dargestellt, der Weltenherrscher, der über das

Universum herrscht, während die Jungfrau Maria und die Heiligen oft mit Nimbus dargestellt werden, um ihre Heiligkeit zu kennzeichnen.

Die Techniken der Ikonenmalerei sind ebenso faszinierend wie ihre Symbolik. Traditionell werden Ikonen mit Eitempera-Farben auf Holz gemalt, wobei jede Farbe eine spezielle Bedeutung hat. Gold wird oft verwendet, um die Göttlichkeit der dargestellten Figuren zu betonen, während rote Farbe für das Blut Christi steht und blau für die Jungfrau Maria. Die Maler verwenden oft viele dünne Schichten von Farbe, um eine lebendige und lebensechte Wirkung zu erzielen, und verbringen oft Stunden damit, jedes Detail sorgfältig auszuarbeiten.

Die Bedeutung der Ikonenmalerei geht jedoch weit über ihre künstlerische und ästhetische Dimension hinaus. Ikonen werden von vielen orthodoxen Christen als heilige Objekte betrachtet, die eine Verbindung zur göttlichen Welt herstellen und als Vermittler zwischen dem Gläubigen und Gott dienen. Gläubige betrachten Ikonen oft als Fenster zur geistlichen Welt und verwenden sie als Mittel zur Anbetung, Meditation und Gebet.

Die Ikonenmalerei hat auch einen großen Einfluss auf die westliche Kunst und Kultur gehabt und hat viele Künstler und Kunstbewegungen inspiriert. Die klaren Linien, leuchtenden Farben und spirituellen Motive der Ikonen sind in Werken vieler westlicher Künstler zu finden, darunter Duccio, Giotto, Fra Angelico und El Greco.

In der modernen Welt erlebt die Ikonenmalerei eine Renaissance, da immer mehr Menschen nach spirituellen Praktiken suchen, die tiefe Bedeutung und Sinn vermitteln. In vielen orthodoxen Gemeinden wird die traditionelle Ikonenmalerei weiterhin praktiziert, und es entstehen auch neue Formen der Ikonenmalerei, die zeitgenössische Themen und Stile umfassen.

Insgesamt ist die Ikonenmalerei ein faszinierendes Fenster in die Welt des orthodoxen Christentums und eine wichtige kulturelle und religiöse Tradition, die seit Jahrhunderten die Herzen und Köpfe der

Menschen berührt. Ihre tiefe Symbolik, spirituelle Bedeutung und künstlerische Schönheit machen die Ikonenmalerei zu einem einzigartigen und bewegenden Ausdruck des Glaubens und der menschlichen Spiritualität.

Islamische Kalligrafie

Islamische Kalligrafie, auch bekannt als "Khat", ist eine kunstvolle Schreibform, die eine zentrale Rolle in der islamischen Kunst und Kultur spielt. Von den frühesten Tagen des Islam bis in die heutige Zeit hat die Kalligrafie eine wichtige Rolle als künstlerische Ausdrucksform, dekoratives Element und spirituelle Praxis gespielt. Die islamische Kalligrafie ist geprägt von ihrer Schönheit, Vielfalt und symbolischen Bedeutung und hat im Laufe der Jahrhunderte eine beeindruckende Vielzahl von Stilen, Techniken und Schriften hervorgebracht.

Die Wurzeln der islamischen Kalligrafie reichen zurück bis in die Anfangszeit des Islam im 7. Jahrhundert, als der Prophet Mohammed den Koran offenbarte. Schon früh erkannten die Muslime die Bedeutung des geschriebenen Wortes und begannen, den Koran in kunstvoller Schrift zu kopieren und zu dekorieren. Diese frühen Handschriften wurden oft auf Pergament oder Papier geschrieben und mit eleganten Verzierungen und Illuminationen versehen.

Im Laufe der Zeit entwickelte sich die islamische Kalligrafie zu einer eigenständigen Kunstform, die eine breite Palette von Stilen und Schriften umfasste. Verschiedene Regionen und Kulturen innerhalb der islamischen Welt entwickelten ihre eigenen einzigartigen Kalligrafie-Stile, die oft von lokalen Traditionen, Sprachen und Ästhetik beeinflusst wurden. Zu den bekanntesten Stilen der islamischen Kalligrafie gehören die Kufi, Thuluth, Naskh, Diwani, Ruq'ah und Nasta'liq.

Die Kufi-Schrift ist eine der ältesten und bekanntesten Schriften der islamischen Kalligrafie und wurde nach der Stadt Kufa im Irak benannt, wo sie im 7. Jahrhundert entstand. Die Kufi-Schrift zeichnet sich durch ihre kantigen, geometrischen Formen aus und wurde oft für Inschriften auf Monumenten, Münzen und Moscheen verwendet. Sie ist bekannt für ihre Eleganz und Einfachheit und wird oft für dekorative Zwecke verwendet.

Die Thuluth-Schrift ist eine der schönsten und elegantesten Schriften der islamischen Kalligrafie und wird oft für Koran-Manuskripte und künstlerische Werke verwendet. Sie zeichnet sich durch ihre geschwungenen Linien und runden Formen aus und wird oft für lange Textpassagen und Gedichte verwendet. Die Thuluth- Schrift ist bekannt für ihre Anmut und Harmonie und wird oft mit spiritueller und ästhetischer Schönheit in Verbindung gebracht.

Die Naskh-Schrift ist eine der vielseitigsten und leicht zu lesenden Schriften der islamischen Kalligrafie und wird oft für Drucke und Veröffentlichungen verwendet. Sie zeichnet sich durch ihre klaren, geraden Linien und gut definierten Buchstaben aus und wird oft für den täglichen Gebrauch und formelle Dokumente verwendet. Die Naskh-Schrift ist bekannt für ihre Klarheit und Lesbarkeit und wird oft für koranische Texte und offizielle Dokumente verwendet.

Die Diwani-Schrift ist eine der ornamentierten und dekorativsten Schriften der islamischen Kalligrafie und wird oft für offizielle und zeremonielle Zwecke verwendet. Sie zeichnet sich durch ihre komplexen, geschwungenen Linien und ornamentalen Verzierungen aus und wird oft für Urkunden, Einladungen und kunstvolle Werke verwendet. Die Diwani-Schrift ist bekannt für ihre Pracht und Opulenz und wird oft mit königlichem und zeremoniellem Luxus in Verbindung gebracht.

Die Ruq'ah-Schrift ist eine der einfachsten und schnellsten Schriften der islamischen Kalligrafie und wird oft für den täglichen Gebrauch und informelle Zwecke verwendet. Sie zeichnet sich durch ihre klaren, geraden Linien und schnellen Striche aus und wird oft für Notizen, Briefe und andere informelle Texte verwendet. Die Ruq'ah- Schrift ist bekannt für ihre Einfachheit und Lesbarkeit und wird oft für schnelles Schreiben und handschriftliche Notizen verwendet.

Die Nasta'liq-Schrift ist eine der elegantesten und kunstvollsten Schriften der islamischen Kalligrafie und wird oft für Poesie und literarische Werke verwendet. Sie zeichnet sich durch ihre geschwungenen, kurvigen Linien und raffinierten Verzierungen aus und wird oft für künstlerische und ästhetische Zwecke verwendet. Die Nasta'liq-Schrift ist bekannt für ihre Schönheit und Anmut und wird oft mit Poesie und Literatur in Verbindung gebracht.

Die islamische Kalligrafie hat nicht nur eine ästhetische Funktion, sondern ist auch ein spirituelles und religiöses Symbol. Für viele Muslime ist das Schreiben und Lesen des Korans eine heilige Handlung, die eine Verbindung zur göttlichen Offenbarung herstellt. Die kunstvolle Gestaltung von koranischen Texten und religiösen Zitaten ist daher ein Akt der Hingabe und Verehrung, der sowohl den Gläubigen als auch den Kalligrafen spirituelle Erfüllung bringt.

Darüber hinaus dient die islamische Kalligrafie auch als Mittel zur Verbreitung von Wissen, Bildung und Kultur. Koran-Manuskripte, literarische Werke und historische Dokumente wurden oft in kunstvoller Schrift geschrieben und dienten als wichtige kulturelle Artefakte und Bildungsmittel. Die Verzierung von Gebetsnischen, Moscheen und anderen religiösen Gebäuden mit kalligrafischen Inschriften war auch eine Möglichkeit, den Glauben und die Spiritualität in der islamischen Gemeinschaft zu fördern.

In der heutigen Zeit wird die islamische Kalligrafie weiterhin praktiziert und geschätzt, sowohl in muslimischen Ländern als auch auf der ganzen Welt. Kalligrafen verwenden traditionelle Techniken und Stile, um koranische Texte, religiöse Zitate und poetische Werke zu schreiben und zu gestalten, während sie auch neue Formen und Ausdrucksformen erforschen. Die islamische Kalligrafie hat eine reiche und vielfältige Tradition, die weiterhin Menschen auf der ganzen Welt inspiriert und bewegt.

Romanische Skulptur
Die romanische Skulptur ist ein bedeutender Bestandteil der mittelalterlichen Kunst, der sich im Zeitraum etwa zwischen dem 11. und dem 12. Jahrhundert in Europa entwickelte. Diese Kunstform war eng mit der Architektur der romanischen Kirchen

verbunden und diente dazu, die religiösen Ideen und Lehren der Zeit zu veranschaulichen und zu verbreiten. Die Skulpturen dieser Epoche zeugen von einer tiefen Religiosität, aber auch von einer zunehmenden Selbständigkeit der Bildhauerkunst gegenüber der Architektur.

Ein charakteristisches Merkmal der romanischen Skulptur ist ihre enge Verbindung zur Architektur. Die Skulpturen wurden oft in die Architektur integriert, sei es als Teil von Portalen, Kapitellen, Fassaden oder als freistehende Figuren in den Innenräumen der Kirchen. Diese Integration diente nicht nur dazu, den religiösen Raum zu schmücken, sondern auch dazu, die Gläubigen zu erziehen und zu inspirieren.

Die romanische Skulptur war in erster Linie religiöser Natur und diente dazu, biblische Geschichten, Heiligenlegenden und religiöse Symbole darzustellen. Die Figuren waren oft stilisiert und abstrakt, mit starren, geometrischen Formen und wenig Ausdruck in den Gesichtern. Die Künstler dieser Zeit waren weniger an realistischer Darstellung interessiert als vielmehr an der Vermittlung von spirituellen und religiösen Botschaften.

Ein prominentes Beispiel für die romanische Skulptur sind die Tympana der Kathedralen. Diese halbkreisförmigen Reliefs über den Portalen der Kirchen waren oft mit Szenen aus dem Leben Christi, der Jungfrau Maria oder den Heiligen geschmückt. Die Figuren waren stark stilisiert und überladen mit Symbolik, die für die Gläubigen der damaligen Zeit leicht zu interpretieren war.

Ein weiteres wichtiges Element der romanischen Skulptur waren die Kapitelle. Diese dekorativen Elemente befanden sich oft an den Spitzen der Säulen in den Kirchen und waren oft mit religiösen Motiven wie Engeln, Heiligen und Dämonen verziert. Die Kapitelle waren oft sehr detailliert und kunstvoll gearbeitet und dienten dazu, die Gläubigen zu erziehen und zu inspirieren.

Neben den religiösen Motiven gab es auch eine Vielzahl von profanen Motiven in der romanischen Skulptur, darunter Tierfiguren, Pflanzenmotive und mythologische Wesen. Diese

Motive wurden oft in den Architraven, Friesen und anderen dekorativen Elementen der Kirchen verwendet und dienten dazu, den religiösen Raum zu schmücken und zu beleben.

Die romanische Skulptur war auch eng mit der Bildhauerkunst anderer Kulturen verbunden, insbesondere mit der antiken römischen und byzantinischen Kunst. Viele der Techniken und Motive der romanischen Skulptur wurden aus diesen Traditionen übernommen und weiterentwickelt, um den Bedürfnissen der christlichen Kirche gerecht zu werden.

Insgesamt war die romanische Skulptur eine wichtige Phase in der Entwicklung der europäischen Kunst, die sowohl die religiösen Ideen als auch die künstlerischen Techniken ihrer Zeit widerspiegelt. Ihre Skulpturen sind nicht nur beeindruckende künstlerische Leistungen, sondern auch wichtige historische und religiöse Dokumente, die uns helfen, die geistige Welt des mittelalterlichen Europas zu verstehen.

Wikingerkunst
Die Wikinger, bekannt für ihre kriegerischen Aktivitäten und ihre Seefahrerfähigkeiten, hinterließen auch ein Erbe in der Kunst, das trotz ihrer oft rauen und barbarischen Darstellung eine bemerkenswerte Raffinesse und kulturelle Bedeutung aufweist. Die Wikingerkunst, die hauptsächlich in Skandinavien und den von den Wikingern besiedelten Gebieten während des 8. bis 11. Jahrhunderts entstand, ist ein faszinierendes Zeugnis einer Gesellschaft, die oft als wild und ungezügelt wahrgenommen wird, aber auch über ein hohes Maß an handwerklichem Geschick und künstlerischer Kreativität verfügte.

Die Kunst der Wikinger manifestierte sich auf vielfältige Weise, einschließlich Metallarbeiten, Holzschnitzereien, Textilien, Schmuck und Runensteinen. Jedes dieser Medien trug dazu bei, die Geschichte, Kultur und Weltanschauung der Wikinger zu vermitteln, und bot gleichzeitig einen Einblick in ihre technischen Fähigkeiten und ästhetischen Vorlieben.

Eine der bemerkenswertesten Formen der Wikingerkunst ist die Metallbearbeitung, insbesondere die Schmiedekunst. Die Wikinger waren hochqualifizierte Metallarbeiter und schufen eine Vielzahl von kunstvollen Objekten, darunter Waffen, Schmuck, Werkzeuge und Hausgeräte. Diese Objekte waren oft mit komplexen Mustern, Tiermotiven und mythologischen Figuren verziert, die typisch für die Wikingerkunst waren.

Ein herausragendes Beispiel für die Metallbearbeitung der Wikinger ist die Herstellung von Schwertern und Dolchen. Diese Waffen wurden nicht nur für den Kampf verwendet, sondern auch als Statussymbole und künstlerische Ausdrucksformen betrachtet. Die Wikinger verzierten ihre Schwerter oft mit eingravierten Mustern, die mythologische Szenen, Tiersymbole oder geometrische Designs darstellten.

Ein weiteres wichtiges Element der Wikingerkunst ist die Holzschnitzerei. Die Wikinger waren geschickte Holzschnitzer und schufen eine Vielzahl von kunstvollen Objekten, darunter Schiffe, Möbel, Hausrat und religiöse Statuen. Viele dieser Objekte waren mit komplexen Schnitzereien und Verzierungen verziert, die typisch für die Wikingerkunst waren.

Ein herausragendes Beispiel für die Holzschnitzerei der Wikinger sind die Wikingerschiffe. Diese waren nicht nur funktionale Transportmittel, sondern auch kunstvolle Kunstwerke, die oft mit aufwändigen Schnitzereien und Verzierungen versehen waren. Die Wikinger glaubten, dass ihre Schiffe magische Kräfte besaßen, und schmückten sie daher oft mit Schutzsymbolen und anderen religiösen Motiven.

Die Wikingerkunst war auch eng mit ihrer Religion und Mythologie verbunden. Viele der kunstvollen Objekte der Wikinger, darunter Schmuck, Waffen und religiöse Artefakte, waren mit Symbolen und Motiven verziert, die den Glauben der Wikinger an die Götter und die Naturwelt widerspiegelten. Typische Motive waren Thorshammer, Odin-Rabe und der Weltenbaum Yggdrasil.

Eine einzigartige Form der Wikingerkunst sind die Runensteine. Diese großen, aufwändig verzierten Steine wurden oft mit Inschriften in der altnordischen Runenschrift versehen, die Informationen über den Bauherren des Steins, seine Taten und sein Schicksal enthielten. Die Runensteine dienten nicht nur als Denkmäler für die Verstorbenen, sondern auch als Mittel zur Verbreitung von Informationen und zur Bewahrung der Geschichte. Die Wikingerkunst war auch stark von ihren Handels- und Beutezügen beeinflusst, bei denen sie in Kontakt mit anderen Kulturen und Völkern kamen. Dies führte zu einem Austausch von Ideen, Techniken und Motiven, die die Wikingerkunst weiterentwickelten und bereicherten.

Obwohl die Wikinger oft als Krieger und Plünderer dargestellt werden, war ihre Kunst ein wichtiger Ausdruck ihrer Kultur und Identität. Die Kunst der Wikinger spiegelt ihre Werte, ihre Religion und ihre Lebensweise wider und zeigt, dass sie nicht nur mutige Krieger, sondern auch begabte Künstler und Handwerker waren.

Karolingische Buchmalerei
Die karolingische Buchmalerei, auch als "karolingische Renaissance" bekannt, war eine bedeutende Periode in der Geschichte der europäischen Kunst und Kultur, die während der Herrschaft der Karolinger-Dynastie (ca. 8. bis 9. Jahrhundert) in Europa aufblühte. Diese Epoche war von einem bemerkenswerten Wiederaufleben des kulturellen und intellektuellen Lebens geprägt, das eng mit der Förderung des Christentums und der Bemühungen um Bildung und Schriftlichkeit verbunden war.

Die karolingische Buchmalerei war eng mit der karolingischen Renaissance verbunden, einer Wiederbelebung des Lernens und der Künste unter der Herrschaft von Karl dem Großen und seinen Nachfolgern. Diese kulturelle Erneuerung war stark von den Idealen des Christentums geprägt und zielte darauf ab, das geistige Leben in Europa zu beleben und zu bereichern.

Ein bedeutendes Merkmal der karolingischen Buchmalerei war die Produktion von prächtig gestalteten Manuskripten, die oft als "karolingische Handschriften" bezeichnet werden. Diese

Manuskripte wurden von hochqualifizierten Mönchen in den Skriptorien der Klöster hergestellt und dienten dazu, religiöse Texte, Liturgien, Bibeln und andere wichtige Werke zu illustrieren und zu verbreiten.

Ein herausragendes Beispiel für die karolingische Buchmalerei ist das sogenannte "Lorscher Arzneibuch", ein medizinisches Manuskript aus dem frühen 9. Jahrhundert, das im Kloster Lorsch in Deutschland entstand. Dieses Manuskript ist berühmt für seine kunstvollen Illustrationen von Heilpflanzen und medizinischen Instrumenten, die sowohl dekorativ als auch informativ sind.

Ein weiteres wichtiges Beispiel für die karolingische Buchmalerei ist das "Evangeliar des Einhard", ein Evangelienbuch, das um das Jahr 830 entstand und nach dem berühmten Gelehrten und Biographen von Karl dem Großen, Einhard, benannt ist. Dieses Manuskript ist bekannt für seine elaborierten Miniaturen und Buchmalereien, die biblische Szenen und Heiligendarstellungen darstellen.

Die karolingische Buchmalerei zeichnete sich durch ihre lebendigen Farben, ihre detaillierten Illustrationen und ihre kunstvollen Verzierungen aus. Die Künstler der karolingischen Ära verwendeten eine Vielzahl von Materialien und Techniken, darunter Pergament, Tinte, Goldfarbe und Purpur, um ihre Manuskripte zu gestalten und zu schmücken.

Ein charakteristisches Merkmal der karolingischen Buchmalerei war die Verwendung von stilisierten Figuren und geometrischen Mustern, die oft von der antiken römischen Kunst beeinflusst waren. Die Miniaturen und Verzierungen in den karolingischen Manuskripten waren oft von religiösen Motiven und Symbolen geprägt, die den Glauben und die Spiritualität der Zeit reflektierten.

Die karolingische Buchmalerei hatte einen tiefgreifenden Einfluss auf die Entwicklung der europäischen Kunst und Kultur. Sie trug dazu bei, das Wissen und die Bildung in Europa zu verbreiten, indem sie wichtige religiöse und philosophische Texte illustrierte und verbreitete. Darüber hinaus trug die karolingische Buchmalerei zur Entwicklung der künstlerischen Techniken und Stile bei, die später in der gotischen und romanischen Kunst weiterentwickelt wurden.

Die karolingische Buchmalerei war nicht nur ein wichtiger künstlerischer Ausdruck, sondern auch ein bedeutendes Mittel zur Verbreitung von Wissen und Kultur in Europa. Ihre prächtig gestalteten Manuskripte zeugen von der kreativen und intellektuellen Blütezeit der karolingischen Ära und bleiben bis heute ein wichtiges Erbe der europäischen Kunstgeschichte.

Angelsächsische Kunst
Die angelsächsische Kunst, eine bemerkenswerte Periode der Kunstgeschichte, umfasst den Zeitraum von etwa 500 bis 1066 n. Chr. und erstreckt sich über die angelsächsische Ära in Britannien. Diese Epoche ist durch eine faszinierende Vielfalt an künstlerischen Ausdrucksformen gekennzeichnet, die von der Buchmalerei über Metallarbeiten bis hin zu Steinbildhauerei reicht. Die angelsächsische Kunst zeichnet sich durch ihre einzigartigen Stilelemente, ihre reiche Symbolik und ihre enge Verbindung zur christlichen Spiritualität aus.

Ein bedeutendes Merkmal der angelsächsischen Kunst ist die Buchmalerei, insbesondere die kunstvoll gestalteten Manuskripte, die oft als "insulare Manuskripte" bezeichnet werden. Diese Manuskripte wurden von Mönchen in den Klöstern Britanniens und Irlands handgeschrieben und illustriert. Sie sind berühmt für ihre komplexen Muster, lebendigen Farben und kunstvollen Verzierungen.

Ein herausragendes Beispiel für die angelsächsische Buchmalerei ist das "Lindisfarne-Evangelium", das um das Jahr 700 in der Abtei Lindisfarne auf der Insel Holy Island vor der Küste von Northumberland entstand. Dieses prächtige Manuskript ist berühmt für seine kunstvollen Miniaturen, die biblische Szenen und Heiligenbilder darstellen, sowie für seine aufwendigen Initialen und Verzierungen.

Die angelsächsische Metallkunst ist eine weitere bedeutende Facette der angelsächsischen Kunst und umfasst eine Vielzahl von Objekten wie Schmuck, Waffen, religiöse Artefakte und Hausgeräte. Diese Objekte wurden oft aus Gold, Silber, Bronze und anderen Metallen gefertigt und mit komplexen Mustern, Tiermotiven und religiösen Symbolen verziert.

Ein herausragendes Beispiel für die angelsächsische Metallkunst sind die "Staffordshire-Horten", eine Sammlung von Schatzfunden, die in den 1930er Jahren in Staffordshire, England, entdeckt wurden. Diese Schätze bestehen aus einer Vielzahl von Objekten, darunter Schmuck, Waffen und religiöse Artefakte, die reich mit filigranen Verzierungen und Tiermotiven verziert sind.

Die angelsächsische Kunst ist auch durch ihre einzigartige Form der Steinbildhauerei bekannt, die sich in den "Angelsächsischen Kreuzen" manifestiert. Diese monumentalen Steinkreuze wurden oft als Grabmale oder Gedenkstätten errichtet und sind bekannt für ihre kunstvollen Reliefs, die biblische Szenen, Heiligenbilder und symbolische Motive darstellen.

Ein herausragendes Beispiel für ein angelsächsisches Kreuz ist das "Ruthwell-Kreuz" in Schottland, das um das Jahr 700 entstand. Dieses Kreuz ist berühmt für seine komplexen Reliefs, die Szenen aus dem Leben Christi darstellen, sowie für seine Inschriften in altenglischer Runenschrift, die Gedichte und religiöse Texte enthalten.

Die angelsächsische Kunst war eng mit dem Aufstieg des Christentums in Britannien verbunden und diente dazu, die Botschaft des Evangeliums zu verbreiten und die Gläubigen zu inspirieren. Viele der kunstvollen Objekte der angelsächsischen Ära, darunter die insularen Manuskripte, die Metallarbeiten und die Steinkreuze, tragen religiöse Motive und Symbole, die den Glauben und die Spiritualität der Zeit reflektieren.

Darüber hinaus war die angelsächsische Kunst auch eng mit den kulturellen und politischen Entwicklungen der Zeit verbunden. Sie wurde von den Traditionen der angelsächsischen Stämme, den

Einflüssen der römischen Kunst und den künstlerischen Strömungen des frühen Mittelalters geprägt.

Die angelsächsische Kunst hatte einen tiefgreifenden Einfluss auf die Entwicklung der europäischen Kunst und Kultur und hinterließ ein reiches Erbe, das bis heute bewundert und studiert wird. Ihre kunstvollen Manuskripte, Metallarbeiten und Steinbildhauereien zeugen von der Kreativität, dem handwerklichen Geschick und der spirituellen Tiefe der angelsächsischen Zivilisation.

Mosaike der Hagia Sophia
Die Mosaike der Hagia Sophia stellen eine der prächtigsten und bedeutendsten Kunstschätze der byzantinischen Ära dar und zeugen von der künstlerischen Meisterschaft und dem kulturellen Reichtum des Byzantinischen Reiches. Die Hagia Sophia, eine monumentale Kirche in Konstantinopel (heute Istanbul), wurde im 6. Jahrhundert unter der Herrschaft von Kaiser Justinian I. erbaut und gilt als eines der großartigsten architektonischen Meisterwerke der Welt. Ihre Mosaike, die verschiedene religiöse Themen und biblische Geschichten darstellen, sind ein herausragendes Beispiel für die byzantinische Kunst und haben einen enormen Einfluss auf die Entwicklung der Kunst und Architektur ausgeübt.

Die Mosaike der Hagia Sophia sind in erster Linie für ihre beeindruckende Schönheit, ihre künstlerische Raffinesse und ihre spirituelle Bedeutung bekannt. Sie bedecken die Wände, Kuppeln und Bögen der Kirche und erstrecken sich über eine Fläche von mehreren tausend Quadratmetern. Diese kunstvollen Mosaike wurden von hochqualifizierten Handwerkern und Künstlern geschaffen, die mit den neuesten Techniken und Materialien ihrer Zeit vertraut waren.

Einige der berühmtesten Mosaike der Hagia Sophia befinden sich in der Hauptkuppel der Kirche, die den Christus Pantokrator (Alles-Herrscher) darstellen. Dieses beeindruckende Mosaik zeigt Christus in majestätischer Haltung, umgeben von einem goldenen Nimbus und umgeben von Engeln, Heiligen und Aposteln. Christus wird oft mit einer Handbewegung dargestellt, die den Segen oder die göttliche Macht symbolisiert, und seine Augen werden oft als

Fenster zur Seele betrachtet, die den Gläubigen Trost und Erleuchtung bieten.

Ein weiteres herausragendes Mosaik der Hagia Sophia ist das Deësis-Mosaik, das Christus, die Jungfrau Maria und Johannes den Täufer darstellt. Diese ikonische Darstellung, die oft als "Deësis" oder "Fürbitte" bezeichnet wird, zeigt Christus als Richter und Erlöser, der von Maria und Johannes umgeben ist, die als Fürsprecher für die Gläubigen fungieren. Dieses Mosaik ist ein eindringliches Zeugnis für die zentrale Rolle von Christus im christlichen Glauben und seine Funktion als Mittler zwischen Gott und den Menschen.

Weitere wichtige Mosaike der Hagia Sophia umfassen Szenen aus dem Leben Jesu Christi, wie seine Geburt, Taufe, Kreuzigung und Auferstehung, sowie Darstellungen von Heiligen, Engeln, Propheten und Märtyrern. Diese Mosaike dienen nicht nur der religiösen Verehrung, sondern auch der künstlerischen Darstellung und Vermittlung biblischer Geschichten und moralischer Lehren.

Die Mosaike der Hagia Sophia zeugen von der reichen Symbolik und Spiritualität des byzantinischen Christentums und sind ein wichtiger Ausdruck der theologischen und künstlerischen Traditionen dieser Epoche. Sie spiegeln die Glaubensüberzeugungen und kulturellen Werte der damaligen Zeit wider und sind ein lebendiges Zeugnis für den Glauben und die Spiritualität der Gläubigen.

Die Mosaike der Hagia Sophia hatten nicht nur eine religiöse Funktion, sondern dienten auch dazu, die Herrschaft und den Einfluss des byzantinischen Reiches zu symbolisieren und zu zelebrieren. Sie wurden als Ausdruck der göttlichen Unterstützung und des Schutzes für das Reich betrachtet und dienten dazu, die Gläubigen zu inspirieren und zu ermutigen.

Die Mosaike der Hagia Sophia haben im Laufe der Jahrhunderte zahlreiche Veränderungen und Restaurierungen erlebt, sowohl durch natürliche Alterung als auch durch menschliche Eingriffe und politische Umwälzungen. Während der osmanischen Ära wurden einige der Mosaike übermalt oder beschädigt, um sie den muslimischen Glaubensvorstellungen anzupassen. Im 20. Jahrhundert wurden jedoch umfangreiche Restaurierungsarbeiten durchgeführt, um die Mosaike zu erhalten und ihr kulturelles Erbe zu bewahren.

Heute sind die Mosaike der Hagia Sophia eine der wichtigsten Touristenattraktionen in Istanbul und ein UNESCO-Weltkulturerbe. Sie ziehen Besucher aus der ganzen Welt an und dienen als Symbol für die reiche kulturelle und religiöse Vielfalt der Region. Die Mosaike der Hagia Sophia bleiben ein faszinierendes Zeugnis für die Kunst und Spiritualität des byzantinischen Reiches und werden weiterhin bewundert und studiert für ihre Schönheit, ihre Komplexität und ihre historische Bedeutung.

Maya-Kunst und -Architektur
Die Kunst und Architektur der Maya-Zivilisation sind eine faszinierende Darstellung einer der bedeutendsten antiken Kulturen in Mesoamerika. Die Maya, die zwischen dem 3. Jahrhundert v. Chr. und dem 9. Jahrhundert n. Chr. blühten, hinterließen ein Erbe von monumentalen Bauwerken, kunstvollen Skulpturen, farbenfrohen Fresken und komplexen Schriftsystemen, die bis heute bewundert und studiert werden.

Die Architektur der Maya ist bekannt für ihre monumentalen Pyramiden, Tempel, Paläste und Observatorien, die oft als Zentren für religiöse Zeremonien, politische Versammlungen und astronomische Beobachtungen dienten. Diese Strukturen wurden aus Stein gebaut und mit aufwendigen Reliefdarstellungen und Inschriften verziert, die Geschichten von Göttern, Königen, Kriegen und Ritualen erzählen.

Ein herausragendes Beispiel für die Maya-Architektur ist die Stadt Tikal in Guatemala, die eine der größten und bedeutendsten Maya-Städte war. Tikal war das politische, religiöse und kulturelle Zentrum der Maya-Zivilisation und beherbergt eine Vielzahl von beeindruckenden Bauwerken, darunter die Tempelpyramiden von Tempel I und II, den Palast der Großen Akropolis und die Ballspielplätze von Tempel III und IV.

Die Tempelpyramiden von Tikal sind beeindruckende Bauwerke, die oft mehr als 60 Meter hoch sind und von steilen Treppen und terrassierten Plattformen gekrönt werden. Sie wurden als monumentale Monumente für Götter und Herrscher erbaut und dienten als Zentren für religiöse Rituale und Opferzeremonien. Die Pyramiden waren mit Reliefdarstellungen von Göttern und Königen verziert und oft von einer umliegenden Stadtanlage umgeben, die Wohnhäuser, Werkstätten und Marktplätze umfasste.

Die Paläste der Maya waren prächtige Gebäudekomplexe, die von den Herrschern und Adligen bewohnt wurden und oft luxuriöse Innenhöfe, Bankettsäle und Empfangshallen enthielten. Diese Paläste waren mit kunstvollen Stuckarbeiten, Wandmalereien und Schnitzereien verziert, die das Leben und die Herrschaft der Maya-Eliten feierten.

Die Maya-Architektur zeichnet sich auch durch ihre fortschrittliche Bauweise aus, die eine genaue Ausrichtung auf die kosmischen Ereignisse und den Jahreslauf ermöglichte. Viele Maya-Tempel und Pyramiden wurden so konstruiert, dass sie den Lauf der Sonne, des Mondes und der Sterne nachverfolgen konnten und als astronomische Observatorien fungierten. Dies spiegelt die tief verwurzelte Verbindung der Maya mit dem Himmel und der Natur wider und zeigt ihre fortgeschrittenen Kenntnisse in Astronomie und Mathematik.

Die Maya-Kunst ist ebenfalls bemerkenswert für ihre Vielfalt, Raffinesse und Schönheit. Zu den bekanntesten Kunstformen gehören Skulpturen, Keramik, Wandmalereien, Reliefdarstellungen und Schmuckstücke, die oft religiöse, mythologische und historische Motive darstellen.

Skulpturen spielten eine bedeutende Rolle in der Maya-Kunst und wurden häufig für religiöse Zwecke und Zeremonien verwendet. Viele Maya-Skulpturen zeigen Götter, Herrscher und mythische Figuren in lebhaften Posen und mit ausdrucksstarken Gesichtszügen. Diese Skulpturen wurden oft aus Stein, Holz oder Ton gefertigt und mit aufwendigen Verzierungen und Inschriften versehen, die ihre spirituelle Bedeutung unterstreichen.

Die Maya-Keramik ist eine weitere wichtige Kunstform und umfasst eine Vielzahl von Objekten wie Vasen, Schalen, Krüge und Figurinen. Diese Keramikwaren wurden oft mit komplexen Mustern, Tiermotiven und mythologischen Szenen verziert und dienten sowohl praktischen als auch rituellen Zwecken.

Wandmalereien waren eine beliebte Kunstform in den Maya-Städten und wurden oft in den Tempeln, Palästen und öffentlichen Gebäuden gefunden. Diese Malereien waren oft bunt und detailliert und zeigten religiöse Zeremonien, historische Ereignisse und mythologische Szenen. Viele Wandmalereien wurden in der Freskotechnik ausgeführt, bei der Farben auf frischen Kalk aufgetragen wurden, um eine dauerhafte Verbindung mit dem Untergrund zu bilden.

Reliefdarstellungen waren ebenfalls eine wichtige Kunstform der Maya und wurden häufig in Stein gemeißelt oder gegossen. Diese Reliefs zeigen oft komplexe Szenen von Göttern, Herrschern, Kriegen und Opferzeremonien und waren oft Teil von Tempelfassaden, Altären und Stelen.

Schmuckstücke spielten eine bedeutende Rolle im Leben der Maya und wurden oft aus kostbaren Materialien wie Gold, Silber, Jade und Türkis hergestellt. Diese Schmuckstücke wurden von den Maya-Eliten getragen und dienten als Statussymbole, religiöse Insignien und Opfergaben.

Die Maya-Kunst und Architektur sind nicht nur ein Spiegelbild der Kultur und Religion der Maya-Zivilisation, sondern auch ein wichtiger Beitrag zur Weltkunstgeschichte. Ihre monumentalen Bauwerke, kunstvollen Skulpturen und farbenfrohen Wandmalereien zeugen von der kreativen und spirituellen Kraft dieser faszinierenden Zivilisation und inspirieren bis heute Künstler und Forscher auf der ganzen Welt.

Renaissance

Die Renaissance war eine kulturelle Bewegung, die im 14. Jahrhundert in Italien begann und sich bis zum 17. Jahrhundert in ganz Europa verbreitete. Sie markierte eine Wiederbelebung des Interesses an antiken griechischen und römischen Idealen und war geprägt von einem neuen Verständnis für die menschliche Natur, Wissenschaft, Kunst und Literatur. Die Renaissance begann etwa im 14. Jahrhundert in Florenz, Italien, und erreichte ihren Höhepunkt im 15. und frühen 16. Jahrhundert. Künstler wie Leonardo da Vinci, Michelangelo und Raphael schufen Meisterwerke der Malerei, Skulptur und Architektur, die die Ideale der Renaissance verkörperten. Die Renaissance war auch eine Zeit großer Entdeckungen und Erfindungen, einschließlich der astronomischen Entdeckungen von Nikolaus Kopernikus und Galileo Galilei sowie der Erfindung des Buchdrucks durch Johannes Gutenberg. Bis zum Ende des 16. Jahrhunderts hatte die Renaissance Europa grundlegend verändert und den Übergang zur Frühen Neuzeit eingeleitet.

Leonardo da Vincis Werke
Leonardo da Vinci gilt als einer der bedeutendsten Künstler der Renaissance und als eine der einflussreichsten Persönlichkeiten der Menschheitsgeschichte. Seine Werke umfassen eine breite Palette von Gemälden, Skulpturen, Zeichnungen, Anatomiestudien, Erfindungen und Schriften, die sein umfassendes Genie und seine multidisziplinären Interessen widerspiegeln.

Leonardo wurde 1452 in Vinci, einer kleinen Stadt in der Toskana, geboren und erhielt seine Ausbildung als Künstler in Florenz, einem der kulturellen Zentren der Renaissance. Schon früh zeigte er ein außergewöhnliches Talent für Kunst und Wissenschaft, das von seinem unermüdlichen Forschergeist und seiner Neugierde angetrieben wurde.

Eines von Leonardos berühmtesten Werken ist zweifellos die "Mona Lisa", ein Porträt der jungen Frau Lisa Gherardini, das zwischen 1503 und 1506 gemalt wurde. Das Gemälde, das heute im Louvre in Paris zu sehen ist, ist bekannt für sein rätselhaftes

Lächeln und seine subtile Darstellung von Licht und Schatten. Es ist ein Meisterwerk der Porträtmalerei und ein ikonisches Symbol der Renaissancekunst.

Ein weiteres bekanntes Gemälde von Leonardo ist das "Abendmahl", das sich in der Kirche Santa Maria delle Grazie in Mailand befindet. Das Fresko zeigt den Moment, als Jesus mit seinen Jüngern das letzte Abendmahl einnimmt, und ist berühmt für seine dramatische Komposition und Ausdruckskraft. Leonardos innovative Verwendung von Perspektive und Licht machte das Gemälde zu einem Meilenstein der Renaissancemalerei.

Zu Leonardos bedeutendsten Gemälden gehört auch "Die Verkündigung", das eine biblische Szene darstellt, in der der Erzengel Gabriel der Jungfrau Maria die Geburt Jesu verkündet. Das Gemälde, das zwischen 1472 und 1475 entstand, ist ein frühes Beispiel für Leonardos meisterhafte Beherrschung von Komposition, Farbe und Licht.

Neben seinen Gemälden war Leonardo auch ein talentierter Bildhauer, dessen Skulpturen jedoch weniger bekannt sind. Zu seinen Skulpturen gehört das berühmte Reiterstandbild von Francesco Sforza, das jedoch nie vollendet wurde. Trotzdem zeugen seine zahlreichen Skizzen und Entwürfe von seinem innovativen Denken und seiner Vorstellungskraft als Bildhauer.

Leonardo war nicht nur ein herausragender Künstler, sondern auch ein visionärer Erfinder und Ingenieur, der zahlreiche bahnbrechende Konzepte und Entwürfe entwickelte. Zu seinen Erfindungen gehören Flugmaschinen, Tauchanzüge, hydraulische Pumpen, Kriegsmaschinen und vieles mehr. Viele seiner Entwürfe waren ihrer Zeit weit voraus und wurden erst Jahrhunderte später realisiert.

Darüber hinaus war Leonardo auch ein Pionier auf dem Gebiet der Anatomie und führte ausführliche Studien des menschlichen Körpers durch. Seine anatomischen Skizzen und Zeichnungen sind bis heute für ihre Präzision und Detailtreue bewundert und haben einen bedeutenden Beitrag zum Verständnis der menschlichen Anatomie geleistet.

Leonardos künstlerisches Genie und seine multidisziplinären Interessen machen ihn zu einer einzigartigen Figur in der Geschichte der Kunst und Wissenschaft. Seine Werke sind nicht nur Meisterwerke der Renaissancekunst, sondern auch Quellen der Inspiration und Bewunderung für Generationen von Künstlern, Wissenschaftlern und Denkern auf der ganzen Welt.

Michelangelos Fresken
Michelangelo Buonarroti, einer der größten Künstler der Renaissance, hinterließ der Welt ein beeindruckendes Erbe von Fresken, die als Meisterwerke der Kunstgeschichte gelten. Seine Fresken zieren einige der bekanntesten religiösen Gebäude in Italien und zeugen von seinem außergewöhnlichen Talent, seiner künstlerischen Vision und seinem Streben nach Perfektion.

Eines der berühmtesten Fresken von Michelangelo ist zweifellos die Decke der Sixtinischen Kapelle im Vatikan. In den Jahren 1508 bis 1512 schuf Michelangelo dieses monumentale Werk, das zu einem Höhepunkt der Renaissancekunst wurde. Die Decke erstreckt sich über eine Fläche von rund 500 Quadratmetern und ist mit neun Szenen aus der Genesis sowie zahlreichen Propheten und Sibyllen verziert.

Das zentrale Motiv der Decke ist die Erschaffung Adams, eine Szene, die den Moment darstellt, in dem Gott Adam das Leben einhaucht. Diese ikonische Darstellung, die die Berührung von Adams und Gottes Händen zeigt, ist zu einem Symbol der Menschheit und der göttlichen Schöpfung geworden. Michelangelos virtuose Beherrschung von Anatomie, Bewegung und Ausdruck verleiht der Szene eine überwältigende emotionale Intensität.

Die Fresken der Sixtinischen Kapelle sind jedoch nicht nur für ihre ikonographische Bedeutung bekannt, sondern auch für ihre technische Raffinesse und künstlerische Brillanz. Michelangelo wandte eine Technik namens Buon Fresco an, bei der die Farbe auf einen frischen Kalkputz aufgetragen wird, wodurch eine dauerhafte Verbindung zwischen Farbe und Untergrund entsteht. Diese Technik erforderte ein hohes Maß an Geschicklichkeit und

Präzision, da die Farbe schnell trocknete und keine Korrekturen möglich waren.

Die Decke der Sixtinischen Kapelle ist auch für ihre illusionistische Architektur bekannt, die den Eindruck erweckt, als ob der Himmel geöffnet wäre und der Betrachter in den Raum der göttlichen Schöpfung eintauchen würde. Michelangelo nutzte Licht und Schatten geschickt, um eine dramatische Tiefenwirkung zu erzielen und den Raum mit Leben zu füllen.

Ein weiteres bedeutendes Fresko von Michelangelo ist das Jüngste Gericht, das die Altarwand der Sixtinischen Kapelle schmückt. In den Jahren 1536 bis 1541 schuf Michelangelo dieses monumentale Werk, das die Wiederkunft Christi und das Endgericht darstellt. Das Fresko ist berühmt für seine dramatische Darstellung von Himmel und Hölle sowie für die lebendigen Porträts der geretteten und verurteilten Seelen.

Das Jüngste Gericht ist ein Meisterwerk der narrativen Kunst, das eine Vielzahl von Figuren und Szenen aus der christlichen Mythologie und dem Neuen Testament zeigt. Michelangelo verlieh den Figuren eine beeindruckende Ausdruckskraft und Dramatik, wodurch das Fresko zu einem visuellen Spektakel wird, das die Betrachter in seinen Bann zieht.

Michelangelos Fresken sind nicht nur Meisterwerke der Malerei, sondern auch Ausdruck seiner tiefen spirituellen Überzeugungen und seiner theologischen Reflexionen. Seine Darstellungen von biblischen Szenen und religiösen Motiven zeugen von seinem Glauben an die göttliche Ordnung und die ewige Wahrheit des Evangeliums.

Darüber hinaus sind Michelangelos Fresken auch ein Zeugnis seiner künstlerischen Revolution und seines unermüdlichen Strebens nach Perfektion. Seine einzigartige Interpretation von Licht, Raum und Bewegung setzte neue Maßstäbe für die Malerei und beeinflusste Generationen von Künstlern in der Renaissance und darüber hinaus.

Michelangelos Fresken sind somit nicht nur ein integraler Bestandteil der italienischen Kunstgeschichte, sondern auch ein Erbe von universellem Wert, das die Menschheit für immer bereichert und inspiriert hat. Ihre zeitlose Schönheit und künstlerische Bedeutung machen sie zu einem unverzichtbaren Teil des kulturellen Erbes der Welt.

Raffaels Madonnenbilder
Die Madonnenbilder von Raffael gehören zu den faszinierendsten und ikonischsten Werken der italienischen Renaissance. Raffael, dessen vollständiger Name Raffaello Sanzio da Urbino lautet, war ein außergewöhnlicher Künstler, der im 16. Jahrhundert in Italien lebte und wirkte. Seine Madonnenbilder zeichnen sich durch ihre Anmut, Schönheit und spirituelle Tiefe aus und haben die Kunstgeschichte nachhaltig geprägt.

Eine der bekanntesten Darstellungen der Jungfrau Maria von Raffael ist das Gemälde "Die Sixtinische Madonna". Dieses Meisterwerk wurde zwischen 1513 und 1514 gemalt und zeigt die Madonna mit dem Kind, umgeben von Engeln. Das Gemälde ist berühmt für seine erhabene Schönheit, die sanfte Ausdruckskraft der Madonna und die zarte Zuneigung zwischen Mutter und Kind. Es strahlt eine Aura der Ruhe und Spiritualität aus, die den Betrachter in ihren Bann zieht.

Ein weiteres bedeutendes Madonnenbild von Raffael ist das Gemälde "Die Madonna im Grünen", das zwischen 1505 und 1506 entstand. Auf diesem Gemälde ist die Madonna mit dem Kind dargestellt, umgeben von einer malerischen Landschaft mit üppiger Vegetation. Die Madonna strahlt eine natürliche Anmut und Grazie aus, während das Kind mit einer anmutigen Geste auf dem Schoß seiner Mutter sitzt. Das Gemälde verkörpert die Harmonie zwischen Mensch und Natur und vermittelt ein Gefühl der Geborgenheit und des Friedens.

Raffael schuf auch eine Reihe von Madonnenbildern, die speziell für private Andachtszwecke bestimmt waren. Ein Beispiel dafür ist das Gemälde "Die kleine Madonna", das um 1505 entstand. Auf diesem intimen Gemälde ist die Madonna mit dem Kind in einem intimen Moment der Zärtlichkeit und Verbundenheit dargestellt. Die beiden Figuren sind in warme Farben getaucht und strahlen eine innige Nähe und Liebe zueinander aus. Das Gemälde lädt den Betrachter ein, an diesem intimen Moment der Andacht und Anbetung teilzunehmen.

Eine weitere bemerkenswerte Darstellung der Jungfrau Maria von Raffael ist das Gemälde "Die Madonna del Prato" oder "Die Madonna im Grünen", das zwischen 1505 und 1506 entstand. Dieses Gemälde zeigt die Madonna mit dem Kind, umgeben von einer idyllischen Landschaft mit einem Fluss, Bäumen und Blumen. Die Madonna sitzt auf einer Wiese, während das Kind auf ihrem Schoß spielt. Die Szene strahlt eine Atmosphäre der Ruhe und Gelassenheit aus und lädt den Betrachter ein, sich in die friedliche Stimmung der Szene zu vertiefen.

Raffaels Madonnenbilder sind nicht nur für ihre künstlerische Schönheit bekannt, sondern auch für ihre religiöse und spirituelle Bedeutung. Die Darstellungen der Jungfrau Maria und des Kindes vermitteln eine tiefe Ehrfurcht und Verehrung für die heilige Mutter Gottes und den Erlöser. Sie laden den Betrachter ein, über die menschliche Dimension hinauszugehen und das Göttliche in der Welt zu erkennen.

Darüber hinaus zeugen Raffaels Madonnenbilder von seinem außergewöhnlichen künstlerischen Talent und seiner technischen Meisterschaft. Seine meisterhafte Beherrschung von Komposition, Farbe, Licht und Schatten verleiht den Gemälden eine einzigartige Schönheit und Ausdruckskraft. Die Figuren wirken lebendig und menschlich, und ihre Gesichtsausdrücke und Gesten vermitteln eine Vielzahl von Emotionen und Gefühlen.

Raffaels Madonnenbilder haben die Kunstgeschichte nachhaltig geprägt und sind bis heute Quellen der Inspiration und Bewunderung. Ihre zeitlose Schönheit und spirituelle Tiefe machen sie zu einem unverzichtbaren Teil des kulturellen Erbes der Welt. Sie laden den Betrachter ein, sich in die Welt der Spiritualität und Schönheit zu vertiefen und die göttliche Gegenwart in der Kunst zu erkennen.

Donatellos Skulpturen
Donatello, einer der bedeutendsten Bildhauer der italienischen Renaissance, hinterließ der Welt ein reiches Erbe an Skulpturen, die für ihre technische Meisterschaft, künstlerische Innovation und emotionale Ausdruckskraft bekannt sind. Seine Werke prägten nicht nur die Kunst seiner Zeit, sondern hatten auch einen enormen Einfluss auf die Entwicklung der Bildhauerei in den folgenden Jahrhunderten.

Donatellos Karriere begann im Florenz des 15. Jahrhunderts, einer Zeit großer kultureller Blüte und künstlerischer Innovation. Er lernte sein Handwerk in der Werkstatt von Lorenzo Ghiberti, einem der führenden Bildhauer seiner Zeit, und entwickelte schnell seinen eigenen unverwechselbaren Stil. Donatello wurde für seine Fähigkeit gelobt, lebendige und ausdrucksstarke Figuren zu schaffen, die die menschliche Erfahrung auf eindringliche Weise darstellten.

Eine seiner frühesten bekannten Arbeiten ist die Statue des Heiligen Georg, die um 1416 entstand. Diese Statue, die heute in der Kirche Orsanmichele in Florenz zu sehen ist, zeigt den Heiligen Georg in Rüstung, wie er einen Drachen bekämpft. Donatello brachte dem Heiligen Georg eine beispiellose Vitalität und Dynamik, wodurch er zu einer lebendigen und kraftvollen Figur wurde. Die Statue ist ein Meisterwerk der Renaissance-Skulptur und zeigt Donatellos außergewöhnliches Talent für Anatomie, Bewegung und Ausdruck.

Ein weiteres bedeutendes Werk von Donatello ist die Statue des David, die zwischen 1440 und 1460 entstand. Diese Statue, die sich heute im Museo Nazionale del Bargello in Florenz befindet, zeigt den biblischen Helden David, wie er den Goliath besiegt. Donatellos Darstellung von David ist revolutionär, da sie den jugendlichen Helden als nackten Jüngling darstellt, der mit einem selbstbewussten und entschlossenen Blick dargestellt ist. Die Statue ist ein Meisterwerk der Antike und gilt als eines der wichtigsten Werke der Renaissance-Skulptur.

Ein weiteres herausragendes Werk von Donatello ist das Grabmal des Herzogs von Urbino, das zwischen 1453 und 1456 entstand. Dieses Grabmal, das sich in der Basilika von San Domenico in Urbino befindet, zeigt den Herzog in voller Rüstung, wie er in einem Moment der Andacht kniet. Die Statue ist ein Meisterwerk der Bildhauerei und zeigt Donatellos außergewöhnliche Fähigkeit, den menschlichen Körper in Bewegung und Ruhe darzustellen.

Donatellos Skulpturen zeichnen sich durch ihre feine Detailarbeit, ihre dynamische Komposition und ihre emotionale Tiefe aus. Seine Fähigkeit, die menschliche Form mit solcher Präzision und Ausdruckskraft zu erfassen, machte ihn zu einem der führenden Bildhauer seiner Zeit und begründete seinen Ruf als Meister der Renaissancekunst.

Darüber hinaus war Donatello auch für seine innovativen Techniken und Materialien bekannt. Er experimentierte mit verschiedenen Arten von Marmor, Bronze und Holz und entwickelte neue Methoden der Bildhauerei, die es ihm ermöglichten, seine künstlerische Vision umzusetzen. Sein Einsatz von Licht und Schatten, seine Beherrschung von Relief und Plastik sowie seine Fähigkeit, Bewegung und Ruhe zu vereinen, machten seine Skulpturen zu Meisterwerken der Bildhauerei und setzten neue Maßstäbe für die Kunst seiner Zeit.

Donatellos Einfluss auf die Bildhauerei war enorm und reichte weit über seine Zeit hinaus. Seine Werke inspirierten Generationen von Künstlern und prägten die Entwicklung der europäischen Kunst bis in die Moderne. Seine Skulpturen sind heute in Museen und Sammlungen auf der ganzen Welt zu sehen und werden weiterhin als Meisterwerke der Renaissancekunst gefeiert.

Botticellis Malerei
Sandro Botticelli, eigentlich Alessandro di Mariano di Vanni Filipepi, war ein herausragender Maler der italienischen Renaissance, der im 15. Jahrhundert in Florenz lebte und arbeitete. Seine Werke zeichnen sich durch ihre elegante Schönheit, ihre mythologischen Motive und ihre symbolische Tiefe aus und haben einen enormen Einfluss auf die Entwicklung der Kunstgeschichte ausgeübt.

Botticellis Malerei reflektiert die Ideale und Werte seiner Zeit und trägt zur Definition der Renaissanceästhetik bei, die sich durch eine Wertschätzung der Antike, eine Betonung der Schönheit und eine Faszination für das Menschliche auszeichnet.

Ein herausragendes Werk von Botticelli ist zweifellos die "Geburt der Venus", ein Gemälde, das um 1484 entstand und heute in der Uffizien-Galerie in Florenz zu bewundern ist. Das Bild zeigt die Göttin Venus, die aus dem Meer geboren wird, während sie von den Winden über die Wellen getragen wird. Die Darstellung der Venus ist von klassischer Schönheit und Anmut, und sie wird von Nymphen umgeben, die sie in ihrer neuen Umgebung willkommen heißen. Die "Geburt der Venus" verkörpert die Ideale der Renaissanceästhetik und zeigt Botticellis meisterhafte Beherrschung von Komposition, Farbe und Linie.

Ein weiteres berühmtes Gemälde von Botticelli ist "Die Frühling", das um 1482 entstand und ebenfalls in den Uffizien zu sehen ist. Das Gemälde zeigt eine Gruppe von mythologischen Figuren, darunter Venus, die Göttin der Liebe, und Merkur, den Gott des Handels, in einer üppigen Landschaft, die von Blumen und Bäumen gesäumt ist. Die Szene strahlt eine Atmosphäre der Freude und des Überflusses aus, und die Figuren sind in lebendigen Farben und eleganten Posen dargestellt. "Der Frühling" ist ein Meisterwerk der allegorischen Malerei und zeigt Botticellis Fähigkeit, komplexe Themen und Ideen in Bilder von zeitloser Schönheit zu verwandeln.

Ein weiteres bedeutendes Werk von Botticelli ist "Die Verkündigung", ein Altarbild, das um 1489 entstand und heute in der Uffizien-Galerie zu sehen ist. Das Bild zeigt den Moment, in dem der Erzengel Gabriel der Jungfrau Maria verkündet, dass sie den Sohn Gottes gebären wird. Die Szene ist von einer Atmosphäre der Ehrfurcht und Spiritualität durchdrungen, und die Figuren sind in ruhigen und meditativen Posen dargestellt. Die "Verkündigung" ist ein Meisterwerk der religiösen Malerei und zeigt Botticellis außergewöhnliche Fähigkeit, die spirituelle Dimension des menschlichen Lebens einzufangen.

Botticellis Malerei ist nicht nur für ihre ästhetische Schönheit bekannt, sondern auch für ihre symbolische Tiefe und ihre allegorischen Bedeutungen. Viele seiner Werke enthalten verborgene Botschaften und Geheimnisse, die nur auf den zweiten Blick erkennbar sind. "Die Geburt der Venus" und "Der Frühling" sind zum Beispiel voller mythologischer Symbole und allegorischer Bedeutungen, die auf die zeitgenössische Kultur und Gesellschaft verweisen. Die Darstellung von Venus als Symbol der Liebe und Schönheit sowie die Verwendung von mythologischen Motiven als Metaphern für menschliche Erfahrungen machen Botticellis Kunst zu einem faszinierenden Spiegelbild seiner Zeit.

Darüber hinaus war Botticelli auch für seine Porträtmalerei bekannt, die durch ihre psychologische Tiefe und Intimität besticht. Sein Porträt der Simonetta Vespucci, das um 1480 entstand und heute in der Galleria Palatina in Florenz zu sehen ist, zeigt die junge Frau in einem Moment der Kontemplation und Ruhe. Ihr Gesichtsausdruck ist ruhig und nachdenklich, und sie wird von einem sanften Licht beleuchtet, das ihre Schönheit und Anmut unterstreicht. Botticellis Porträts sind voller Leben und Charakter und zeugen von seiner außergewöhnlichen Fähigkeit, die Persönlichkeit und das Wesen seiner Modelle einzufangen.

Botticellis Malerei war von großem Einfluss auf die Kunstgeschichte und prägte die Entwicklung der Renaissancekunst nachhaltig. Seine Werke verkörpern die Ideale und Werte seiner Zeit und bleiben bis heute Quellen der Inspiration und Bewunderung. Botticelli war ein Meister der Malerei, dessen Kunst die Grenzen des Möglichen überschritt und die Vorstellungskraft seiner Zeitgenossen beflügelte. Sein Erbe lebt in seinen Werken fort, die weiterhin als Meisterwerke der Renaissancekunst gefeiert werden.

Die Architektur von Brunelleschi
Filippo Brunelleschi war einer der bedeutendsten Architekten der Renaissance und eine Schlüsselfigur in der Entwicklung der Architekturgeschichte. Seine Werke prägen das Stadtbild von Florenz und hinterließen einen bleibenden Einfluss auf die europäische Architektur. Brunelleschi war nicht nur ein innovativer

Architekt, sondern auch ein begabter Ingenieur und Bildhauer, der die Grenzen des Möglichen herausforderte und neue Standards für die Architektur setzte.

Eine seiner bekanntesten architektonischen Leistungen ist zweifellos die Kuppel des Doms von Florenz, auch bekannt als die Kuppel von Santa Maria del Fiore. Der Bau der Kuppel begann im Jahr 1420 und war eine technische Meisterleistung von enormer Bedeutung. Brunelleschi entwickelte innovative Bautechniken und Konstruktionsmethoden, um die riesige Kuppel zu errichten, die bis heute als Symbol der Stadt Florenz und der italienischen Renaissance gilt. Die Kuppel ist nicht nur ein architektonisches Meisterwerk, sondern auch ein Symbol für den Glauben und die Entschlossenheit des menschlichen Geistes, große Herausforderungen zu überwinden.

Ein weiteres bedeutendes Werk von Brunelleschi ist die Kirche von San Lorenzo in Florenz, die er zwischen 1419 und 1461 entwarf. Die Kirche ist ein herausragendes Beispiel für die klassizistische Architektur der Renaissance und zeigt Brunelleschis Liebe zum Detail und seine Beherrschung der Proportionen. Die Fassade der Kirche ist schlicht und elegant, und das Innere ist von einer klaren und harmonischen Symmetrie geprägt. San Lorenzo gilt als eines der wichtigsten Gebäude der Renaissance und als Zeugnis für Brunelleschis Beitrag zur Entwicklung der Architektur.

Ein weiteres wichtiges Werk von Brunelleschi ist das Ospedale degli Innocenti, ein Waisenhaus in Florenz, das zwischen 1419 und 1427 erbaut wurde. Das Gebäude ist ein frühes Beispiel für die klassizistische Architektur der Renaissance und zeigt Brunelleschis Interesse an klaren Linien, geometrischer Symmetrie und harmonischer Proportion. Das Ospedale degli Innocenti gilt als eines der schönsten Gebäude der Renaissance und als Meisterwerk der frühen italienischen Architektur.

Brunelleschis Einfluss auf die Architektur reichte weit über Florenz hinaus und prägte die Entwicklung der europäischen Architektur des 15. Jahrhunderts. Seine innovativen Ideen und Techniken beeinflussten zahlreiche Architekten seiner Zeit und setzten neue

Maßstäbe für die Architektur. Seine Werke sind bis heute Quellen der Inspiration und Bewunderung und zeugen von seinem außergewöhnlichen Talent und seiner kreativen Genialität.

Darüber hinaus war Brunelleschi auch als Bildhauer und Ingenieur tätig und hinterließ der Welt ein reiches Erbe an Skulpturen und technischen Entwürfen. Seine Skulpturen zeichnen sich durch ihre feine Detailarbeit, ihre dynamische Komposition und ihre emotionale Ausdruckskraft aus und tragen zur Definition der Renaissanceästhetik bei. Brunelleschis technische Entwürfe, darunter Brücken, Wasserspeicher und mechanische Vorrichtungen, waren wegweisend für die Ingenieurkunst seiner Zeit und beeinflussten die Entwicklung der Technologie bis in die Moderne.

Brunelleschis Leben und Werk sind bis heute Gegenstand intensiver Forschung und Bewunderung und seine Beiträge zur Architekturgeschichte werden weiterhin gefeiert. Er war ein Pionier seiner Zeit, der die Grenzen der Kunst und Wissenschaft neu definierte und die Welt mit seiner Kreativität und seinem Erfindungsreichtum beeindruckte. Seine Werke sind bis heute Zeugnisse für die unermüdliche Suche des Menschen nach Schönheit, Harmonie und Bedeutung in der Welt um ihn herum.

Caravaggios Chiaroscuro-Technik
Michelangelo Merisi da Caravaggio, oft einfach als Caravaggio bekannt, war ein bedeutender italienischer Barockmaler des späten 16. und frühen 17. Jahrhunderts. Sein Einfluss auf die Kunstgeschichte ist immens, insbesondere durch die Entwicklung und Verfeinerung der Chiaroscuro-Technik, die zu einem charakteristischen Merkmal seiner Gemälde wurde. Diese Technik, die auf dem starken Kontrast zwischen Licht und Schatten beruht, verleiht seinen Werken eine dramatische Intensität und eine bemerkenswerte Lebendigkeit.

Caravaggio revolutionierte die Kunstwelt seiner Zeit, indem er eine neue Realitätsnähe und Dramatik in die Malerei einführte. Seine Chiaroscuro-Technik, auch bekannt als Tenebrismus, ist gekennzeichnet durch einen scharfen Kontrast zwischen hellen, beleuchteten Bereichen und dunklen, schattigen Partien. Dieser dramatische Einsatz von Licht und Schatten erzeugt eine starke räumliche Wirkung und lenkt die Aufmerksamkeit des Betrachters auf bestimmte Details oder Figuren im Bild.

Ein herausragendes Beispiel für Caravaggios Meisterschaft in der Anwendung der Chiaroscuro-Technik ist sein Gemälde "Die Berufung des Matthäus" (1599-1600). Das Bild zeigt den Moment, in dem Jesus Christus den Apostel Matthäus zur Nachfolge aufruft. Die Szene ist in einem düsteren Innenraum dargestellt, und das Licht strömt von einer nicht sichtbaren Lichtquelle von links oben ins Bild. Die Gesichter der Figuren sind durch das helle Licht beleuchtet, während der Rest des Bildes in tiefem Schatten liegt.

Diese drastische Lichtregie verleiht dem Gemälde eine theatralische Qualität und betont die spirituelle Bedeutung des dargestellten Moments.

Ein weiteres berühmtes Werk, das Caravaggios Meisterschaft in der Chiaroscuro-Technik zeigt, ist "Johannes der Täufer" (um 1602). Das Gemälde zeigt den Heiligen Johannes den Täufer in einem dunklen Hintergrund, der von einem hellen Licht beleuchtet wird, das sein Gesicht und seinen nackten Oberkörper betont. Die dramatische Lichtregie verleiht dem Bild eine intensive emotionale Wirkung und betont die spirituelle Bedeutung der dargestellten Figur.

Caravaggios Chiaroscuro-Technik war nicht nur ein ästhetisches Mittel, sondern auch ein Ausdruck seiner persönlichen Weltanschauung und seines Lebensstils. Der Maler war bekannt für sein exzessives und skandalöses Verhalten, das ihn oft in Konflikt mit den Autoritäten brachte. Seine Gemälde spiegeln oft seine eigene düstere und leidenschaftliche Natur wider und offenbaren eine tiefe Verbindung zu den menschlichen Abgründen und Leidenschaften.

Caravaggios Einfluss auf die Kunstgeschichte war enorm und weitreichend. Seine Chiaroscuro-Technik beeinflusste viele nachfolgende Künstler und prägte die Entwicklung des Barockstils.

Künstler wie Rembrandt, Velázquez und Rubens wurden von Caravaggios revolutionärer Herangehensweise an Licht und Schatten inspiriert und adaptierten seine Techniken in ihren eigenen Werken.

Darüber hinaus trug Caravaggio mit seiner Chiaroscuro-Technik zur Entwicklung des realistischen Stils in der Malerei bei. Indem er alltägliche Szenen und Figuren mit einer beispiellosen Wahrhaftigkeit und Intensität darstellte, schuf er eine neue Form der künstlerischen Ausdruckskraft, die das Wesen der menschlichen Erfahrung einfing.

Caravaggios Chiaroscuro-Technik war ein Meilenstein in der Geschichte der Malerei und bleibt bis heute ein faszinierendes und inspirierendes Merkmal seiner Werke. Seine dramatische Einsatz von Licht und Schatten verleiht seinen Gemälden eine zeitlose Qualität und macht sie zu Meisterwerken der Renaissancekunst.

Tizians Porträtkunst
Tizian gilt als einer der bedeutendsten Porträtmaler der Renaissance und hat mit seinen Werken die Entwicklung der Porträtkunst maßgeblich geprägt. Seine Porträts zeichnen sich durch ihre außergewöhnliche Lebendigkeit, psychologische Tiefe und virtuose Beherrschung von Farbe und Licht aus. Tizian verstand es meisterhaft, die individuellen Charaktere seiner Modelle einzufangen und gleichzeitig eine beeindruckende ästhetische Wirkung zu erzielen. Seine Porträts zeugen von einem tiefen Verständnis der menschlichen Natur und einer bemerkenswerten Sensibilität für die Nuancen menschlicher Emotionen.

Ein herausragendes Merkmal von Tizians Porträtkunst war seine Fähigkeit, die Persönlichkeit seiner Modelle auf subtile und einfühlsame Weise zum Ausdruck zu bringen. Er war nicht nur daran interessiert, das äußere Erscheinungsbild seiner Modelle festzuhalten, sondern auch ihre inneren Emotionen, Gedanken und Charakterzüge zu erfassen. In seinen Porträts gelingt es ihm, die einzigartige Individualität jedes seiner Modelle einzufangen und gleichzeitig eine universelle menschliche Erfahrung zu vermitteln.

Ein bemerkenswertes Beispiel für Tizians einfühlsame Darstellung menschlicher Persönlichkeiten ist sein Porträt des Kardinals Alessandro Farnese aus dem Jahr 1545. Das Gemälde zeigt den Kardinal in voller Pracht und Autorität, aber auch mit einem nachdenklichen und ernsten Blick. Tizian gelingt es, die Ambivalenz der Persönlichkeit des Kardinals einzufangen und seine Macht und Autorität mit seiner menschlichen Seite zu verbinden. Das Porträt ist ein eindrucksvolles Beispiel für Tizians Fähigkeit, die komplexe Natur seiner Modelle zu erfassen und auf der Leinwand zum Ausdruck zu bringen.

Ein weiteres herausragendes Beispiel für Tizians einfühlsame Porträtkunst ist sein Gemälde "Porträt eines jungen Mannes" aus dem Jahr 1512. Das Gemälde zeigt einen jungen Mann mit einem nachdenklichen und melancholischen Blick, der den Betrachter unmittelbar anspricht. Tizian gelingt es, die jugendliche Verletzlichkeit und die inneren Konflikte des jungen Mannes auf subtile Weise zum Ausdruck zu bringen und seine emotionale Komplexität zu enthüllen. Das Porträt ist ein Meisterwerk der psychologischen Porträtkunst und ein Zeugnis für Tizians außergewöhnliches Talent, menschliche Emotionen auf der Leinwand zum Leben zu erwecken.

Ein weiteres herausragendes Merkmal von Tizians Porträtkunst war seine virtuose Beherrschung der Technik und seine Fähigkeit, Farbe und Licht auf eine Weise einzusetzen, die eine außergewöhnliche Lebendigkeit und Ausdruckskraft erzeugt. Tizian war ein Meister der Farbgebung und nutzte eine breite Palette von Farben, um eine lebendige und ausdrucksstarke Darstellung seiner Modelle zu erreichen. Durch geschickten Einsatz von Licht und Schatten schuf er eine dramatische Atmosphäre und verlieh seinen Gemälden eine bemerkenswerte Tiefe und Plastizität.

Ein bemerkenswertes Beispiel für Tizians virtuose Beherrschung von Farbe und Licht ist sein berühmtes Gemälde "Bacchus und Ariadne" aus dem Jahr 1520. Das Gemälde zeigt den Moment, in dem der Gott Bacchus die schöne Prinzessin Ariadne trifft und sich sofort in sie verliebt. Tizian verwendet eine lebendige Farbpalette, um die sinnliche und üppige Atmosphäre des Mythos einzufangen, und nutzt geschickt das natürliche Licht, um die dramatische Handlung des Bildes zu betonen. Die leuchtenden Farben und das subtile Spiel von Licht und Schatten verleihen dem Gemälde eine außergewöhnliche Lebendigkeit und Ausdruckskraft.

Tizians Porträtkunst hatte einen tiefgreifenden Einfluss auf die nachfolgenden Generationen von Künstlern und prägte die Entwicklung der europäischen Malerei nachhaltig. Sein innovativer Einsatz von Farbe und Licht, seine subtile Psychologie und seine einfühlsame Darstellung menschlicher Figuren inspirierten viele nachfolgende Künstler, darunter Diego Velázquez, Peter Paul Rubens und Rembrandt van Rijn, die seine Techniken adaptierten und weiterentwickelten. Tizians Porträts bleiben bis heute Meisterwerke der Renaissancekunst und sind Zeugnisse für seine außergewöhnliche Begabung und sein tiefes Verständnis der menschlichen Natur.

Die Schule von Athen
Die "Schule von Athen" ist eines der bekanntesten und ikonischsten Gemälde der Renaissance und stammt vom italienischen Künstler Raffael. Das Werk, das zwischen 1509 und 1511 entstand, gehört zu den vier Fresken, die Raffael für die Stanzen des Vatikans malte, und es ist in der Stanza della Segnatura, einem der Räume im Apostolischen Palast in Rom, zu finden. Die "Schule von Athen" ist nicht nur ein Meisterwerk der Malerei, sondern auch ein bedeutendes Werk der Philosophie und Kunstgeschichte, das eine Vielzahl von Philosophen, Gelehrten und Denkern aus der Antike darstellt.

Das Gemälde zeigt eine große, gewölbte Halle mit einer beeindruckenden Architektur, die von klassischen Säulen und Bögen geprägt ist. In der Mitte des Raumes befindet sich eine Gruppe von Männern, die sich um einen zentralen Punkt versammelt haben. Diese Männer sind die bedeutendsten Philosophen der antiken Welt, und sie sind in lebhaften Diskussionen und Debatten vertieft. Das Zentrum des Gemäldes wird von den beiden zentralen Figuren, Plato und Aristoteles, eingenommen, die in einer lebhaften Diskussion vertieft sind. Plato, der ältere der beiden, zeigt auf den Himmel, während Aristoteles seine Hand zur Erde hin ausstreckt. Diese Geste symbolisiert ihre unterschiedlichen philosophischen Ansätze: Plato, der idealistische Denker, der die Welt der Ideen betont, und Aristoteles, der empirische Philosoph, der sich auf die sinnliche Erfahrung und die Beobachtung der Natur konzentriert.

Die "Schule von Athen" ist nicht nur eine Darstellung berühmter Philosophen, sondern auch eine Allegorie der Wissenschaften und der menschlichen Erkenntnis. Die verschiedenen Figuren, die den Raum bevölkern, repräsentieren verschiedene Disziplinen und Wissensgebiete, darunter Mathematik, Astronomie, Geometrie, Musik, Ethik und Politik. Jede Figur trägt zur Vielfalt des intellektuellen Lebens bei und symbolisiert die Breite und Tiefe des menschlichen Wissens.

Die sorgfältig komponierte Szene ist voller Symbolik und Bedeutung. Raffael verwendet eine Vielzahl von visuellen Elementen, um die verschiedenen philosophischen Konzepte und Ideen darzustellen. Die Architektur des Raumes, die klassischen Säulen und Bögen, verweist auf die Antike und die Ideale der klassischen Bildung. Die Anordnung der Figuren und ihre Gesten vermitteln die Vielfalt und Komplexität des menschlichen Denkens und der intellektuellen Tradition.

Ein weiteres bemerkenswertes Merkmal des Gemäldes ist Raffaels meisterhafte Verwendung von Licht und Schatten, um Tiefe und Atmosphäre zu erzeugen. Das Licht fällt sanft auf die Figuren und die Architektur, wodurch eine warme und einladende Atmosphäre entsteht. Diese geschickte Nutzung von Licht und Schatten verleiht dem Gemälde eine außergewöhnliche Lebendigkeit und Plastizität und verleiht den Figuren eine lebensechte Präsenz.

Die "Schule von Athen" ist nicht nur ein herausragendes Beispiel für Raffaels technisches Können und künstlerische Meisterschaft, sondern auch ein bedeutendes Werk der humanistischen Tradition der Renaissance. Das Gemälde feiert die Kraft des menschlichen Geistes und die Suche nach Wissen und Wahrheit. Es ist ein Tribut an die großen Denker der Vergangenheit und ein Aufruf zur intellektuellen Neugier und Forschung. Bis heute fasziniert die

"Schule von Athen" Betrachter aus aller Welt und inspiriert zu weiteren Studien über Philosophie, Kunstgeschichte und die menschliche Natur.

Die Kunst von El Greco
El Greco, eigentlich Doménikos Theotokópoulos, war ein herausragender Maler des 16. Jahrhunderts, dessen Werk eine bedeutende Rolle in der Kunstgeschichte spielt. Sein Leben und Werk sind geprägt von einer faszinierenden Mischung aus kulturellen Einflüssen, spiritueller Intensität und stilistischer Originalität. Geboren um 1541 auf Kreta, das damals unter venezianischer Herrschaft stand, erhielt er seine frühe künstlerische Ausbildung in der Tradition der byzantinischen Ikonenmalerei. Diese erste Prägung sollte sein Werk nachhaltig beeinflussen und ihm eine einzigartige künstlerische Sensibilität verleihen, die sich durch sein gesamtes Schaffen zieht.

Als junger Mann zog El Greco nach Venedig, dem künstlerischen Zentrum der Renaissance, um seine Ausbildung zu vertiefen. Dort kam er in Kontakt mit den führenden Künstlern seiner Zeit, darunter Tizian, Tintoretto und Jacopo Bassano. Diese Begegnungen hinterließen deutliche Spuren in seinem Werk, insbesondere hinsichtlich seiner Farbgebung, Kompositionstechnik und dem Spiel von Licht und Schatten.

In den 1570er Jahren verschlug es El Greco schließlich nach Spanien, wo er den Großteil seines Lebens und Schaffens verbrachte. In Toledo fand er seine künstlerische Heimat und entfaltete sein volles Potenzial. Toledo war zu dieser Zeit ein kulturelles und religiöses Zentrum Spaniens, und El Greco fand dort reichlich Aufträge für religiöse Gemälde und Porträts. Seine Entscheidung, sich in Toledo niederzulassen, sollte sich als wegweisend für seine Karriere erweisen und sein Werk entscheidend prägen.

El Grecos Stil ist unverkennbar und einzigartig. Er kombinierte die reiche Farbpalette der venezianischen Malerei mit der expressiven Dynamik des Manierismus und einer persönlichen spirituellen Vision. Seine Gemälde zeichnen sich durch eine leuchtende

Intensität aus, die den Betrachter in ihren Bann zieht und eine tiefe emotionale Resonanz erzeugt. Die Figuren in seinen Bildern sind oft langgestreckt und vermitteln eine überirdische Erscheinung, die an die Tradition der byzantinischen Ikonen erinnert.

Ein bedeutender Teil von El Grecos Werk besteht aus religiösen Gemälden, die biblische Szenen, Heilige und Engel darstellen. Diese Werke sind von einer tiefen spirituellen Ergriffenheit geprägt und vermitteln eine unmittelbare Nähe zur göttlichen Welt. Die Darstellungen von Christus, der Jungfrau Maria und den Heiligen sind durchdrungen von einer inneren Glut und einer mystischen Atmosphäre, die den Betrachter in eine Welt der Transzendenz entführt.

Neben seinen religiösen Gemälden schuf El Greco auch eine Reihe von Porträts, die zu seinen bekanntesten Werken zählen. Diese Porträts zeigen oft prominente Persönlichkeiten der spanischen Gesellschaft, darunter Geistliche, Adlige und Intellektuelle. El Grecos Porträts zeichnen sich durch ihre lebendige Ausdruckskraft und ihre subtile Charakterisierung aus, die ein tiefes Verständnis für die menschliche Natur offenbaren.

El Grecos Einfluss reicht weit über seine Zeit hinaus und hat die Kunstgeschichte nachhaltig geprägt. Sein Werk beeinflusste zahlreiche nachfolgende Generationen von Künstlern und übte einen bedeutenden Einfluss auf die Entwicklung der europäischen Kunst aus. Seine expressive Spiritualität und seine kühne Experimentierfreude machen ihn zu einem der faszinierendsten und einflussreichsten Künstler der Renaissance und zu einem unvergesslichen Meister der Malerei.

Barock

Das Barock war eine künstlerische und kulturelle Bewegung, die im späten 16. Jahrhundert in Italien begann und sich im Laufe des 17. und 18. Jahrhunderts über ganz Europa ausbreitete. Es war eine Zeit der prächtigen Kunst, Musik, Architektur und Literatur, die von einer reichen ornamentalen Pracht, dramatischen Bewegungen und einer starken emotionalen Ausdruckskraft geprägt war. Das Barock begann etwa im frühen 17. Jahrhundert und erreichte seinen Höhepunkt im 17. Jahrhundert, insbesondere in Ländern wie Italien, Spanien und den südlichen Niederlanden. Berühmte barocke Künstler wie Gian Lorenzo Bernini, Peter Paul Rubens und Diego Velázquez schufen beeindruckende Werke, die den Sinn für dramatische Bewegung, Emotion und Theater der Zeit widerspiegelten. Die barocke Architektur war durch prächtige Kirchen, Paläste und öffentliche Gebäude gekennzeichnet, die oft mit opulenten Details und üppiger Dekoration verziert waren. Das Barock endete gegen Ende des 18. Jahrhunderts mit dem Aufkommen neuer künstlerischer Strömungen wie dem Rokoko und dem Klassizismus.

Berninis Skulpturen

Gian Lorenzo Bernini (1598–1680) war einer der bedeutendsten Bildhauer des Barockzeitalters und einer der vielseitigsten Künstler seiner Zeit. Seine Skulpturen sind für ihre dramatische Bewegung, ihre lebendige Ausdruckskraft und ihre technische Meisterschaft bekannt und haben das Gesicht der barocken Kunst maßgeblich geprägt. Bernini wurde in Neapel geboren und zeigte schon früh ein außergewöhnliches Talent für die Bildhauerei. Er wurde von seinem Vater, einem renommierten Bildhauer, ausgebildet und zog später nach Rom, wo er seine Karriere als Künstler begann.

In Rom fand Bernini ideale Bedingungen für seine künstlerische Entwicklung. Er wurde von einflussreichen Mäzenen gefördert, darunter mehrere Päpste, die seine Arbeiten in Auftrag gaben und ihn zu einem der angesehensten Künstler der Stadt machten. Berninis Stil war geprägt von einer dynamischen Energie und einer expressiven Emotionalität, die seine Skulpturen zu lebendigen und mitreißenden Werken machte.

Eine seiner frühesten Arbeiten und zugleich eine seiner berühmtesten Skulpturen ist "Der Raub der Proserpina" (1621–1622). Diese Skulptur zeigt den Moment, in dem der Gott Pluto die Göttin Proserpina entführt. Bernini gelang es, die fließenden Gewänder und das verzweifelte Gesicht der Proserpina mit einer unglaublichen Lebendigkeit darzustellen, während er gleichzeitig die Kraft und Entschlossenheit des Plutos einfing. Die Skulptur ist ein Meisterwerk der barocken Bildhauerei und zeigt Berninis Fähigkeit, dramatische Momente mit einer beispiellosen Intensität darzustellen.

Ein weiteres herausragendes Werk Berninis ist die "Fontana dei Quattro Fiumi" (Fontäne der Vier Flüsse) auf der Piazza Navona in Rom, die er im Auftrag von Papst Innozenz X. schuf. Diese monumentale Brunnenanlage zeigt vier Flussgötter, die die Flüsse Nil, Ganges, Donau und Rio de la Plata repräsentieren. Jede Figur ist von einem wilden Tier umgeben, das die Macht und den Einfluss des jeweiligen Flusses symbolisiert. Die Fontäne ist ein Meisterwerk der barocken Bildhauerei und ein beeindruckendes Beispiel für Berninis Fähigkeit, architektonische und bildhauerische Elemente zu einem harmonischen Gesamtkunstwerk zu vereinen.

Eine weitere berühmte Skulptur von Bernini ist "Der Extase der hl. Theresa" (1647–1652), die sich in der Kapelle Cornaro in der Kirche Santa Maria della Vittoria in Rom befindet. Die Skulptur zeigt die Heilige Theresa in einem Zustand der Ekstase, während sie von einem Engel mit einem Pfeil der göttlichen Liebe durchbohrt wird. Bernini gelang es, die Sinnlichkeit und Spiritualität dieses Moments mit einer überwältigenden Intensität darzustellen, die den Betrachter in ihren Bann zieht.

Berninis Einfluss auf die Kunst des Barock war enorm und erstreckte sich über ganz Europa. Seine Skulpturen prägten das Stadtbild Roms und beeinflussten zahlreiche nachfolgende Generationen von Künstlern. Sein innovativer Einsatz von Licht und Schatten, seine dynamischen Kompositionen und seine emotionale Ausdruckskraft machten ihn zu einem der einflussreichsten Künstler der barocken Epoche und sein Werk bleibt bis heute ein faszinierendes Zeugnis der Kraft und Schönheit der bildenden Kunst.

Rubens' Gemälde
Peter Paul Rubens (1577–1640) war einer der bedeutendsten und einflussreichsten Maler des Barockzeitalters. Seine Gemälde zeichnen sich durch ihre dramatischen Kompositionen, ihre lebendigen Farben und ihre meisterhafte Behandlung von Licht und Schatten aus. Rubens wurde in Siegen, Deutschland, geboren und erhielt seine Ausbildung in Antwerpen, wo er bald als einer der führenden Künstler seiner Zeit bekannt wurde.

Rubens' Stil war von einem breiten Spektrum künstlerischer Einflüsse geprägt, darunter die italienische Renaissance, die flämische Tradition und die barocke Kunst seiner Zeitgenossen. Er beherrschte eine Vielzahl von Genres, darunter Historienmalerei, Porträtkunst, Landschaftsmalerei und religiöse Kunst, und schuf einige der eindrucksvollsten und bekanntesten Gemälde der europäischen Kunstgeschichte.

Ein charakteristisches Merkmal von Rubens' Werk ist seine dynamische und bewegte Kompositionsweise. Seine Gemälde sind oft von einer fast theatralischen Dramatik geprägt, die durch die geschickte Anordnung von Figuren, die Verwendung von Diagonalen und die bewegten Gesten der dargestellten Personen erreicht wird. Dies verleiht seinen Gemälden eine enorme visuelle Wirkung und macht sie zu eindringlichen Darstellungen von menschlichen Emotionen und Erfahrungen.

Ein herausragendes Beispiel für Rubens' Geschick in der Historienmalerei ist sein Gemälde "Die Eroberung von Troja" (um 1630–1635). Das Bild zeigt eine Szene aus der griechischen Mythologie, in der die griechischen Truppen die Stadt Troja stürmen. Rubens fängt die dramatische Intensität des Moments ein, indem er eine Vielzahl von Figuren in verschiedenen Posen und Gesten darstellt, die den Betrachter in das Geschehen hineinziehen. Die Verwendung von Licht und Schatten sowie die lebendigen Farben verleihen dem Gemälde eine zusätzliche Tiefe und Lebendigkeit.

Ein weiteres bekanntes Werk von Rubens ist sein Porträt der "Maria de' Medici" (um 1621–1625), das sich heute im Louvre in Paris befindet. Das Porträt zeigt die italienische Königin in prächtigen Gewändern und mit einem majestätischen Ausdruck, der ihre Macht und Autorität betont. Rubens gelingt es, die Persönlichkeit der dargestellten Person mit großer Einfühlsamkeit und Präzision einzufangen, wodurch das Porträt zu einem lebendigen und ausdrucksstarken Bildnis wird.

Rubens war auch ein Meister der Landschaftsmalerei und schuf einige der eindrucksvollsten und atmosphärischsten Landschaftsbilder seiner Zeit. Ein Beispiel dafür ist sein Gemälde "Landschaft mit Regenbogen" (um 1636–1638), das eine idyllische Landschaft mit einem dramatischen Wolkenhimmel und einem leuchtenden Regenbogen zeigt. Rubens' Fähigkeit, Licht und Atmosphäre einzufangen, verleiht dem Gemälde eine besondere Intensität und Schönheit, die den Betrachter in ihren Bann zieht.

Rubens' Werk hatte einen enormen Einfluss auf die Kunst des Barock und darüber hinaus. Seine lebendigen und dynamischen Gemälde prägten die Kunst seiner Zeit und inspirierten zahlreiche nachfolgende Generationen von Künstlern. Sein außergewöhnliches Talent, menschliche Emotionen und Erfahrungen mit einer unvergleichlichen Intensität und Lebendigkeit darzustellen, macht ihn zu einem der bedeutendsten Maler der europäischen Kunstgeschichte.

Die Architektur von Versailles
Die Architektur von Versailles ist ein monumentales Meisterwerk des französischen Barock und gilt als eines der prächtigsten Paläste der Welt. Mit seiner opulenten Gestaltung, seinen ausgedehnten Gärten und seiner politischen Bedeutung verkörpert das Schloss von Versailles den Höhepunkt der absolutistischen Herrschaft des Sonnenkönigs Ludwig XIV. Es ist ein Symbol für die Macht und den Glanz des französischen Königtums im 17. und 18. Jahrhundert und ein herausragendes Beispiel für die Architektur und Gartenkunst dieser Zeit.

Der Bau von Versailles begann im Jahr 1661 unter der Leitung des Architekten Louis Le Vau und des Landschaftsarchitekten André Le Nôtre. Der ursprüngliche Palast war ein bescheidenes Jagdschloss, das Ludwig XIV. erbte, aber er beauftragte den Ausbau zu einem prächtigen königlichen Residenzschloss. Im Laufe der Jahre wurden weitere Gebäude hinzugefügt und der Palast erfuhr zahlreiche Erweiterungen und Umbauten, um seine heutige imposante Gestalt zu erhalten.

Die Architektur von Versailles ist geprägt von einer beeindruckenden Symmetrie, einer harmonischen Proportion und einer reichen ornamentalen Ausstattung. Der Hauptbau, das sogenannte Corps de Logis, bildet den Mittelpunkt des Schlosses und wird von zwei ausgedehnten Seitenflügeln flankiert. Die Fassaden sind mit klassizistischen Elementen verziert, darunter korinthische Säulen, Pilaster, Gesimse und Statuen, die den königlichen Prunk und die Herrschaftsautorität symbolisieren.

Ein herausragendes Merkmal von Versailles ist seine prächtige Innenausstattung, die von führenden Künstlern und Handwerkern der Zeit geschaffen wurde. Die königlichen Gemächer, Empfangssäle und Galerien sind mit aufwendigen Stuckaturen, vergoldeten Schnitzereien, kostbaren Tapeten und Wandmalereien verziert, die den Glanz und die Pracht des französischen Hofes widerspiegeln.

Die Gärten von Versailles sind ebenso beeindruckend wie das Schloss selbst und erstrecken sich über eine Fläche von mehreren Quadratkilometern. Sie wurden von André Le Nôtre entworfen und sind ein Meisterwerk der Gartenkunst des Barock. Die Gärten sind in formale Parterres, geometrische Alleen, Wasserspiele und Statuen angelegt und bilden einen opulenten Rahmen für das Schloss.

Zu den bemerkenswertesten Elementen der Gärten gehören der Spiegelteich, der große Kanal, das Grand Trianon und das Petit Trianon. Der Spiegelteich ist das zentrale Element der Gärten und bildet eine prächtige Wasserspiegelung des Schlosses. Der große

Kanal erstreckt sich über eine Länge von mehreren Kilometern und diente als Schauplatz für prächtige Wasserspiele und Bootsfahrten.

Das Grand Trianon und das Petit Trianon sind zwei elegante Pavillons, die als königliche Rückzugsorte dienten und von Ludwig XIV. und Marie Antoinette genutzt wurden. Sie sind von malerischen Gärten und Parkanlagen umgeben und bieten einen Einblick in das luxuriöse Leben am königlichen Hof.

Die Architektur von Versailles hatte einen enormen Einfluss auf die europäische Kunst und Architektur des Barock und des Klassizismus. Ihr symmetrischer Aufbau, ihre monumentale Gestaltung und ihre prächtige Ausstattung wurden von zahlreichen Herrschern und Architekten imitiert und inspirierten die Entwicklung von Schlössern und Palästen in ganz Europa.

Darüber hinaus spielte Versailles eine entscheidende Rolle in der politischen Geschichte Frankreichs und Europas. Als Residenz der französischen Könige war es der Mittelpunkt des absolutistischen Staates und der Ort, an dem politische Entscheidungen getroffen, diplomatische Empfänge abgehalten und prächtige Feste gefeiert wurden. Die berühmte Versailler Konferenz im Jahr 1919, die den Friedensvertrag nach dem Ersten Weltkrieg unterzeichnete, fand ebenfalls in Versailles statt und legte den Grundstein für die Nachkriegsordnung in Europa.

Heute ist Versailles eines der meistbesuchten touristischen Ziele in Frankreich und ein UNESCO-Weltkulturerbe. Millionen von Besuchern aus aller Welt strömen jedes Jahr in das Schloss und seine Gärten, um die prächtige Architektur, die kunstvollen Interieurs und die beeindruckende Geschichte dieses ikonischen Ortes zu erleben. Versailles bleibt ein Symbol für die Größe und den Glanz des französischen Königtums und eine Quelle der Faszination für Generationen von Kunstliebhabern und Geschichtsinteressierten.

Rembrandts Tenebrismus
Rembrandt van Rijn, einer der bedeutendsten niederländischen Künstler des 17. Jahrhunderts, war ein Meister des Tenebrismus,

einer Maltechnik, die auf dramatische Licht- und Schatteneffekte setzt, um eine intensive Atmosphäre und emotionale Tiefe zu erzeugen. Rembrandts Verwendung von Tenebrismus revolutionierte die Kunst seiner Zeit und beeinflusste Generationen von Künstlern.

Der Begriff "Tenebrismus" leitet sich vom italienischen "tenebroso" ab, was "dunkel" oder "düster" bedeutet. Diese Technik war besonders charakteristisch für die Barockmalerei und wurde von Künstlern wie Caravaggio entwickelt, fand jedoch in Rembrandts Werken eine einzigartige Ausprägung. Rembrandts Tenebrismus zeichnet sich durch den starken Kontrast zwischen Licht und Dunkelheit aus, wobei tiefe Schatten und strahlende Lichtquellen verwendet werden, um das Motiv in einer dramatischen Inszenierung hervorzuheben.

Rembrandt setzte den Tenebrismus in verschiedenen Genres ein, darunter Porträts, Historienbilder, Landschaften und religiöse Szenen. Seine Fähigkeit, Licht und Schatten zu manipulieren, um Stimmungen und Gefühle zu vermitteln, war unübertroffen. Ein herausragendes Beispiel für Rembrandts Tenebrismus ist sein berühmtes Gemälde "Die Nachtwache", das eine Gruppe von Bürgerwehrmännern in einem nächtlichen Szenario zeigt. Durch die geschickte Anordnung von Licht und Schatten erzeugt Rembrandt eine dynamische und theatralische Atmosphäre, die die Energie und Entschlossenheit der dargestellten Figuren betont.

Ein weiteres beeindruckendes Beispiel für Rembrandts Tenebrismus ist sein Selbstporträt aus dem Jahr 1669, das den Künstler in einem intensiven Licht zeigt, das sein Gesicht und seine Hände beleuchtet, während der Rest des Bildes in tiefen Schatten versinkt. Diese kraftvolle Darstellung vermittelt ein tiefes Verständnis für die menschliche Natur und die Vergänglichkeit des Lebens, Themen, die Rembrandt sein Leben lang beschäftigten.

Rembrandts Tenebrismus war jedoch nicht nur auf Gemälde beschränkt. Auch in seinen Radierungen und Zeichnungen nutzte er die Technik, um komplexe emotionale Zustände und psychologische Nuancen darzustellen. Ein Beispiel hierfür ist seine

Radierung "Christus heilt einen Blinden", die eine dramatische Lichtquelle zeigt, die den Blick des Betrachters auf das zentrale Geschehen lenkt und eine Atmosphäre der Wunderbarkeit und des Staunens schafft.

Rembrandts Tenebrismus war nicht nur eine formale Entscheidung, sondern auch ein Ausdruck seiner persönlichen Philosophie und Weltanschauung. Durch die Verwendung von Licht und Schatten als metaphorische Elemente verlieh er seinen Werken eine tiefere Bedeutungsebene und lud den Betrachter ein, über das Menschliche und Göttliche nachzudenken. In seinen religiösen Gemälden etwa veranschaulichte er häufig den Kontrast zwischen Licht als Symbol für göttliche Gnade und Dunkelheit als Sinnbild für menschliche Sünde und Verzweiflung.

Rembrandts Tenebrismus hatte einen bedeutenden Einfluss auf die Entwicklung der Malerei in Europa und darüber hinaus. Seine innovativen Techniken und seine psychologische Tiefe inspirierten zahlreiche Künstler des Barock und der späteren Epochen. Insbesondere die romantischen Maler des 19. Jahrhunderts, wie zum Beispiel Eugène Delacroix und Francisco de Goya, ließen sich von Rembrandts Tenebrismus beeinflussen und adaptierten seine Techniken in ihren eigenen Werken.

Darüber hinaus war Rembrandts Tenebrismus auch wegweisend für die Entwicklung des Künstlerischen Ausdrucks und der Abstraktion. Künstler des 20. Jahrhunderts wie Mark Rothko und Willem de Kooning griffen auf Rembrandts kühne Licht- und Schatteneffekte zurück, um eine emotionale Intensität in ihren abstrakten Gemälden zu erzeugen. Der Tenebrismus wurde somit zu einem wichtigen Bestandteil des modernen künstlerischen Vokabulars und bleibt bis heute ein faszinierendes Thema für Kunstschaffende und Kunstliebhaber weltweit.

Insgesamt lässt sich sagen, dass Rembrandts Tenebrismus nicht nur eine technische Innovation war, sondern auch eine tiefe emotionale und philosophische Dimension besaß. Seine kraftvolle Verwendung von Licht und Schatten verlieh seinen Werken eine unvergleichliche Intensität und Ausdruckskraft, die bis heute fasziniert und inspiriert. Durch seine einzigartige Interpretation des Tenebrismus prägte Rembrandt die Kunstgeschichte nachhaltig und hinterließ ein Vermächtnis, das weit über seine Zeit hinausreicht.

Die Kirchenmalerei von Murillo

Die Kirchenmalerei von Bartolomé Esteban Murillo, einem der bedeutendsten spanischen Barockmaler des 17. Jahrhunderts, zeichnet sich durch ihre spirituelle Tiefe, ihre ausdrucksstarke Darstellung religiöser Themen und ihre technische Meisterschaft aus. Murillo wurde in Sevilla geboren und verbrachte sein gesamtes Leben in dieser Stadt, wo er einen bedeutenden Einfluss auf die Kunstszene seiner Zeit ausübte. Seine Kirchenmalerei ist geprägt von einer starken emotionalen Wirkung, die den Betrachter in das religiöse Geschehen hineinzieht und ihn spirituell berührt.

Ein zentrales Thema in Murillos Kirchenmalerei ist die Darstellung biblischer Szenen und Heiliger in einer lebendigen und zugänglichen Weise. Anders als viele seiner Zeitgenossen bevorzugte Murillo eine realistische Darstellungsweise, die den Gläubigen eine direkte und unmittelbare Beziehung zu den dargestellten Figuren ermöglichte. Seine Gemälde zeigen oft alltägliche Menschen in frommen Handlungen oder Begegnungen mit Heiligen und Engeln, was eine starke Identifikation und Empathie beim Betrachter hervorruft.

Ein herausragendes Beispiel für Murillos Kirchenmalerei ist sein Gemälde "Die Verkündigung", das die Begegnung zwischen dem Erzengel Gabriel und der Jungfrau Maria darstellt. Murillo verleiht dieser traditionellen biblischen Szene eine außergewöhnliche Intimität und Emotionalität, indem er die Figuren in einer sanften und zarten Weise darstellt. Die zarte Beleuchtung und die subtilen Farbtöne verleihen dem Gemälde eine spirituelle Atmosphäre, die den Betrachter in eine Welt der Andacht und des Gebets versetzt.

Ein weiteres bemerkenswertes Werk von Murillo ist "Die Heilige Familie mit dem kleinen Johannes dem Täufer", das eine idyllische Szene zeigt, in der Jesus, Maria, Josef und der junge Johannes gemeinsam in inniger Gemeinschaft abgebildet sind. Murillo gelingt es, die heilige Familie als eine warmherzige und liebevolle Einheit darzustellen, die den Betrachter mit ihrer Harmonie und Zärtlichkeit berührt. Die Verwendung von weichem Licht und sanften Farben verstärkt die emotionale Wirkung des Gemäldes und unterstreicht die spirituelle Bedeutung der dargestellten Beziehung.

Ein wichtiger Aspekt von Murillos Kirchenmalerei ist auch seine Fähigkeit, die Spiritualität des Katholizismus mit den realen Bedingungen des Lebens in Sevilla zu verbinden. Viele seiner Gemälde zeigen Szenen aus dem Alltagsleben der Stadt, wie zum Beispiel Bettler, Straßenkinder und Marktverkäufer, die in frommen Handlungen engagiert sind oder mit Heiligen und Engeln interagieren. Diese Darstellungen reflektieren Murillos humanistische Weltanschauung und sein Mitgefühl für die Armen und Benachteiligten.

Ein bedeutendes Merkmal von Murillos Kirchenmalerei ist auch seine virtuose Beherrschung der malerischen Technik. Murillo war ein Meister des Kolorits und beherrschte die Kunst der Farbkomposition in höchstem Maße. Seine Gemälde zeichnen sich durch ihre lebendigen Farben, ihre subtilen Übergänge und ihre sorgfältige Ausarbeitung aus, die eine außergewöhnliche visuelle Wirkung erzeugen. Darüber hinaus beherrschte Murillo auch die Kunst der Lichtführung und schuf Gemälde, die durch ihre atmosphärische Beleuchtung und ihre dynamischen Schatten eine starke räumliche Wirkung erzielten.

Murillos Kirchenmalerei hatte einen bedeutenden Einfluss auf die Entwicklung der spanischen Kunst des 17. Jahrhunderts und darüber hinaus. Seine innovativen Techniken und seine einfühlsame Darstellung religiöser Themen prägten eine ganze Generation von Künstlern und inspirierten auch später bekannte Maler wie Francisco de Goya und Pablo Picasso. Darüber hinaus trug Murillos Kirchenmalerei wesentlich zur Förderung des Barockstils in Spanien bei und festigte die Position der katholischen Kirche als bedeutender Auftraggeber für Kunst und Kultur.

Insgesamt lässt sich sagen, dass Murillos Kirchenmalerei nicht nur ein herausragendes Beispiel für die spirituelle Kunst des Barock ist, sondern auch ein lebendiges Zeugnis für die kulturelle Vielfalt und den religiösen Glauben seiner Zeit. Seine Gemälde fangen die Essenz des katholischen Glaubens ein und vermitteln eine tiefe spirituelle Botschaft, die bis heute fasziniert und inspiriert. Murillo bleibt somit eine der bedeutendsten Figuren der spanischen Kunstgeschichte und seine Kirchenmalerei ein unverzichtbarer Bestandteil des europäischen kulturellen Erbes.

Velázquez' Porträts
Die Porträtkunst von Diego Velázquez, einem der bedeutendsten Maler des spanischen Goldenen Zeitalters im 17. Jahrhundert, gilt als Meisterwerk der Porträtmalerei und als Höhepunkt des barocken Realismus. Velázquez' Porträts zeichnen sich durch ihre außergewöhnliche technische Meisterschaft, ihre psychologische Tiefe und ihre subtile Komposition aus. Als Hofmaler am spanischen Königshof schuf Velázquez eine beeindruckende Serie von Porträts, die die königliche Familie, Adlige, Höflinge und andere prominente Persönlichkeiten seiner Zeit darstellen. Diese Porträts sind nicht nur künstlerische Meisterwerke, sondern auch historische Dokumente, die Einblicke in das höfische Leben und die politischen Intrigen des 17. Jahrhunderts bieten.

Ein herausragendes Beispiel für Velázquez' Porträtkunst ist sein Gemälde "Die Familie des Künstlers", das eine Gruppenporträt seiner eigenen Familie darstellt. Das Gemälde zeigt Velázquez selbst, seine Frau, seine beiden Töchter und seine beiden Dienstmädchen in einem intimen und informellen Moment.

Velázquez gelingt es, die Persönlichkeiten seiner Familienmitglieder mit großer Einfühlsamkeit und Natürlichkeit einzufangen, wodurch das Gemälde eine warme und menschliche Atmosphäre erhält. Die subtile Beleuchtung und die raffinierte Farbpalette verleihen dem Gemälde eine zeitlose Schönheit und machen es zu einem Meisterwerk der Porträtkunst.

Ein weiteres berühmtes Porträt von Velázquez ist sein Gemälde "Die Hellebarde", das den jungen Prinzen Baltasar Carlos von

Spanien in voller Rüstung zeigt. Velázquez stellt den jungen Prinzen in einer stolzen und majestätischen Pose dar, die seine königliche Abstammung und seinen militärischen Rang betont. Die Detailgenauigkeit und die feine Ausarbeitung der Rüstung veranschaulichen Velázquez' technische Meisterschaft und seine Fähigkeit, Materialien und Texturen realistisch wiederzugeben. Gleichzeitig verleiht die subtile Beleuchtung dem Gemälde eine dramatische Wirkung und betont die königliche Präsenz des jungen Prinzen.

Ein weiteres Meisterwerk von Velázquez ist sein Porträt von König Philipp IV. von Spanien, das zu den bekanntesten Porträts des Künstlers gehört. Velázquez stellt den König in voller königlicher Pracht dar, mit einem ernsten und würdevollen Ausdruck, der seine Autorität und Macht betont. Die feinen Details des königlichen Gewandes und die kunstvolle Gestaltung des Hintergrunds verleihen dem Porträt eine majestätische Aura und machen es zu einem eindrucksvollen Zeugnis für die königliche Herrschaft des 17. Jahrhunderts.

Velázquez' Porträtkunst zeichnet sich auch durch ihre psychologische Tiefe und ihre subtile Darstellung der menschlichen Persönlichkeit aus. In seinen Porträts gelingt es Velázquez, die individuellen Charakterzüge und Emotionen seiner Modelle einzufangen und sie in einer feinen Balance zwischen Realismus und Idealismus darzustellen. Seine Porträts wirken oft lebendig und dynamisch, als ob die dargestellten Personen jeden Moment zum Leben erwachen könnten. Velázquez' Fähigkeit, die menschliche Seele in seinen Porträts einzufangen, macht ihn zu einem der größten Porträtmaler der Kunstgeschichte.

Ein weiteres bemerkenswertes Merkmal von Velázquez' Porträtkunst ist seine Meisterschaft in der Darstellung von Licht und Schatten. Velázquez nutzte Licht und Schatten, um Tiefe und Volumen zu erzeugen und den dreidimensionalen Charakter seiner Porträts zu verstärken. Seine subtile Beherrschung des Chiaroscuro, einer Technik der Licht- und Schattendarstellung, verlieh seinen Porträts eine besondere Lebendigkeit und Intensität, die bis heute fasziniert.

Velázquez' Porträtkunst hatte einen bedeutenden Einfluss auf die Entwicklung der europäischen Malerei des 17. Jahrhunderts und darüber hinaus. Seine innovative Herangehensweise an die Porträtmalerei und seine außergewöhnliche technische Meisterschaft inspirierten zahlreiche nachfolgende Generationen von Künstlern und prägten die Entwicklung der Porträtkunst bis in die Moderne. Velázquez bleibt somit eine zentrale Figur der spanischen und europäischen Kunstgeschichte und seine Porträts ein unverzichtbarer Bestandteil des kulturellen Erbes der Menschheit.

Die Opernkunst des Barock
Die Opernkunst des Barock war eine herausragende künstlerische Bewegung, die im 17. Jahrhundert in Italien entstand und sich schnell in ganz Europa verbreitete. Sie hatte einen enormen Einfluss auf die Entwicklung der Musik, des Theaters und der bildenden Künste und prägte maßgeblich die Kultur des Barockzeitalters. Diese Zusammenfassung wird sich mit den wichtigsten Merkmalen der barocken Opernkunst, ihren bedeutendsten Vertretern, den charakteristischen Stilen und Kompositionstechniken sowie ihrem kulturellen Erbe befassen.

Die Barockoper war ein multimediales Gesamtkunstwerk, das Musik, Gesang, Tanz, Schauspiel, Bühnenbild und Kostüme zu einer beeindruckenden theatralischen Erfahrung vereinte. Sie wurde oft als höchster Ausdruck der barocken Prachtentfaltung betrachtet und spiegelte die opulenten Geschmäcker und die feudale Prachtentfaltung des Barockzeitalters wider. Die Oper war nicht nur eine künstlerische Darbietung, sondern auch ein gesellschaftliches Ereignis, das die Elite der Gesellschaft anzog und eine Plattform für soziale Interaktion und politische Unterhaltung bot.

Eine der bedeutendsten Innovationen der barocken Oper war die Erfindung des Recitative, einer musikalischen Form, die dem Sprechen nahekommt und dazu dient, die Handlung voranzutreiben und die Dialoge zwischen den Charakteren zu vermitteln. Das Recitative wurde von Komponisten wie Claudio Monteverdi und Francesco Cavalli perfektioniert und bildete die

Grundlage für die barocke Opernarie, eine musikalische Form, die oft als Höhepunkt der emotionalen Intensität und Ausdruckskraft in der Oper betrachtet wird. Die Opernarie wurde von berühmten Komponisten wie Georg Friedrich Händel, Johann Sebastian Bach und Antonio Vivaldi weiterentwickelt und war ein zentrales Element der barocken Oper.

Ein weiteres charakteristisches Merkmal der barocken Oper war die Verwendung von spektakulären Bühnenbildern und aufwendigen Kostümen, die dazu dienten, die Handlung zu veranschaulichen und die Zuschauer in eine fantastische Welt der Mythologie, Geschichte und Religion zu entführen. Die Bühnenbilder wurden oft mit aufwändigen mechanischen Effekten und spektakulären Inszenierungen versehen, die das Publikum mit ihren illusionistischen Darstellungen verzauberten und die Grenzen zwischen Realität und Fiktion verschwimmen ließen.

Ein bedeutender Beitrag zur Entwicklung der barocken Oper war die Gründung der ersten öffentlichen Opernhäuser, die es einem breiteren Publikum ermöglichten, die Oper zu erleben und zu genießen. Die ersten öffentlichen Opernhäuser wurden in Städten wie Venedig, Neapel, Paris und London errichtet und zogen ein vielfältiges Publikum aus allen Gesellschaftsschichten an. Dies trug dazu bei, die Oper zu einem integralen Bestandteil des kulturellen Lebens in Europa zu machen und ihre Popularität zu steigern.

Die barocke Oper war auch eine wichtige Plattform für die Förderung neuer musikalischer Talente und die Zusammenarbeit zwischen Komponisten, Librettisten, Sängern, Tänzern und Bühnenbildnern. Viele berühmte Komponisten des Barockzeitalters, darunter Händel, Vivaldi, Johann Strauss und Jean-Baptiste Lully, schrieben bedeutende Opernwerke, die bis heute als Meisterwerke der Musikgeschichte gelten.
Die barocke Oper war eng mit den gesellschaftlichen, politischen und kulturellen Entwicklungen des Barockzeitalters verbunden und spiegelte die Werte, Ideale und Ängste dieser Zeit wider. Sie thematisierte oft mythologische, historische und religiöse Themen und diente dazu, die moralischen und politischen Botschaften der Herrschenden zu verbreiten. In vielen Fällen wurde die Oper auch

als Instrument der politischen Propaganda eingesetzt, um die Macht und den Einfluss der Herrschenden zu stärken und zu festigen.

Die barocke Oper hinterließ ein reiches kulturelles Erbe, das bis heute in der modernen Opernkunst weiterlebt. Ihre Musik, ihre Dramaturgie und ihre ästhetischen Prinzipien haben zahlreiche nachfolgende Generationen von Komponisten, Regisseuren und Künstlern inspiriert und beeinflusst. Die barocke Oper ist ein faszinierendes Kapitel in der Geschichte der Musik und des Theaters und ein wichtiger Bestandteil des kulturellen Erbes der Menschheit.

Die Skulpturen von Fragonard
Jean-Honoré Fragonard war ein bedeutender französischer Maler und Bildhauer des Rokoko, der für seine lebendigen und sinnlichen Darstellungen bekannt ist. Während Fragonard vor allem für seine Gemälde berühmt ist, schuf er auch eine Reihe von Skulpturen, die oft weniger beachtet werden, aber dennoch einen wichtigen Teil seines künstlerischen Erbes ausmachen. Diese Skulpturen spiegeln die Leichtigkeit, Grazie und Anmut des Rokoko wider und zeigen Fragonards Geschicklichkeit und Kreativität als Bildhauer.

Fragonards Skulpturen zeichnen sich durch ihre sinnlichen Formen, ihre exquisite Detailgenauigkeit und ihre elegante Linienführung aus. Sie sind oft von mythologischen und allegorischen Motiven inspiriert und zeigen häufig Figuren in anmutigen Posen und dynamischen Bewegungen. Fragonard hatte ein ausgeprägtes Gespür für die Darstellung von Emotionen und Gefühlen und vermochte es, seinen Figuren eine lebendige und ausdrucksstarke Präsenz zu verleihen.

Ein herausragendes Beispiel für Fragonards Skulpturen ist seine berühmte Arbeit "Die Liebenden", die zwei Figuren zeigt, die sich in einer innigen Umarmung befinden. Die Skulptur verkörpert die zärtliche und romantische Atmosphäre des Rokoko und strahlt eine sinnliche und verführerische Eleganz aus. Fragonard gelang es, die Intimität und Leidenschaft der Liebenden in marmorner Form einzufangen und eine zeitlose Darstellung der menschlichen Liebe zu schaffen.

Ein weiteres bemerkenswertes Werk von Fragonard ist seine Skulptur "Die Triumph des Bacchus", die den römischen Gott des Weines und der Fruchtbarkeit zeigt, der von einem Gefolge von Satyrn und Bacchantinnen begleitet wird. Die Skulptur ist ein lebhaftes und farbenfrohes Werk, das die Freude und das Vergnügen des Bacchanals feiert und die üppige Sinnlichkeit des Rokoko zum Ausdruck bringt. Fragonard verleiht den Figuren eine dynamische und beschwingte Energie, die den Betrachter in den Bann zieht und ihn in die Welt des antiken Mythos entführt.

Neben seinen mythologischen und allegorischen Skulpturen schuf Fragonard auch eine Reihe von Porträtbüsten, die seine Fähigkeit zur Charakterisierung und Psychologie offenbaren. Diese Büsten zeigen oft prominente Persönlichkeiten des Rokoko, darunter Mitglieder des Adels, des Klerus und der kulturellen Elite. Fragonard verstand es meisterhaft, die Persönlichkeit und Individualität seiner Modelle einzufangen und ihre einzigartigen Merkmale und Eigenschaften zum Ausdruck zu bringen.

Ein weiteres wichtiges Thema in Fragonards Skulpturen ist die Natur und ihre Schönheit. Viele seiner Werke zeigen mythologische Figuren in idyllischen Landschaften oder inmitten üppiger Vegetation und exotischer Tiere. Fragonard hatte ein besonderes Interesse an der Darstellung von Pflanzen und Blumen und schuf Skulpturen, die die Vielfalt und Pracht der natürlichen Welt feiern.

Fragonards Skulpturen sind auch für ihre technische Raffinesse und handwerkliche Meisterschaft bekannt. Er beherrschte eine Vielzahl von Materialien und Techniken, darunter Marmor, Bronze, Terrakotta und Wachs. Seine Skulpturen zeugen von einer beeindruckenden Beherrschung der Form und Textur und zeigen eine bemerkenswerte Liebe zum Detail und zur Präzision.

Obwohl Fragonards Skulpturen weniger bekannt sind als seine Gemälde, sind sie dennoch wichtige Beiträge zur Kunst des Rokoko und zeigen sein vielseitiges Talent als Künstler. Sie verkörpern die Eleganz, Leichtigkeit und Sinnlichkeit dieser kunstvollen Epoche und laden den Betrachter ein, sich in die verführerische Welt des Rokoko zu verlieren. Fragonards Skulpturen sind zeitlose Meisterwerke, die auch heute noch die Fantasie und das Interesse der Menschen auf der ganzen Welt fesseln.

Caravaggios Einfluss auf den Barock
Michelangelo Merisi da Caravaggio, oft einfach als Caravaggio bekannt, war ein italienischer Maler des späten 16. und frühen 17. Jahrhunderts, der für seine revolutionäre Maltechnik und seinen dramatischen Realismus bekannt ist. Sein Einfluss auf die Kunst des Barock war enorm und prägte die Entwicklung dieser Epoche nachhaltig. In dieser ausführlichen Zusammenfassung werden wir Caravaggios Leben, sein Werk und seinen Einfluss auf den Barock im Detail betrachten.

Caravaggio wurde 1571 in Mailand geboren und verbrachte einen Großteil seines Lebens in Rom. Sein Werk zeichnet sich durch seinen innovativen Einsatz von Licht und Schatten, seinen dramatischen Kompositionen und seinen naturalistischen Darstellungen aus. Seine Gemälde zeigen oft biblische Szenen, mythologische Motive und Porträts von einfachen Menschen des Volkes.

Ein charakteristisches Merkmal von Caravaggios Stil war sein Gebrauch von Tenebrismus, einer Technik, bei der starke Kontraste zwischen Licht und Schatten eingesetzt werden, um eine dramatische Wirkung zu erzielen. Dies verlieh seinen Gemälden eine intensive emotionale Wirkung und machte sie besonders wirkungsvoll in der Darstellung von Momenten von Gewalt, Leidenschaft und Spiritualität.

Caravaggios radikaler Realismus und seine Vorliebe für die Darstellung von Menschen und Szenen aus dem Alltag brachten ihn oft in Konflikt mit den traditionellen Vorstellungen von Schönheit und Idealismus in der Kunst seiner Zeit. Seine Modelle waren oft einfache Bauern, Arbeiter und Prostituierte, und er scheute sich nicht, ihre Realität und ihre Unvollkommenheiten schonungslos zu zeigen.

Ein weiteres wichtiges Merkmal von Caravaggios Stil war seine Fähigkeit, emotionale Intensität und psychologische Tiefe in seinen Figuren zu vermitteln. Seine Darstellungen waren nicht nur äußerlich realistisch, sondern zeigten auch die inneren Empfindungen und Konflikte seiner Figuren auf eine Weise, die für die Zeit außergewöhnlich war.

Caravaggios Werk hatte einen enormen Einfluss auf die Kunst des Barock und prägte viele seiner bedeutendsten Vertreter. Einer der wichtigsten Aspekte seines Einflusses war sein Beitrag zur Entwicklung des Barockrealismus, einer Kunstrichtung, die sich durch ihre akribische Darstellung von Details, ihre dramatischen Effekte und ihre sinnliche Pracht auszeichnete.

Caravaggios innovative Verwendung von Licht und Schatten inspirierte viele Barockmaler dazu, ähnliche Effekte in ihren eigenen Werken einzusetzen. Seine dramatischen Kontraste und seine dynamischen Kompositionen wurden zu Kennzeichen des Barockstils und prägten die Entwicklung der barocken Malerei in ganz Europa.

Ein herausragendes Beispiel für Caravaggios Einfluss auf den Barock ist die Arbeit von Peter Paul Rubens, einem der führenden Maler des flämischen Barock. Rubens bewunderte Caravaggios Fähigkeit, Emotionen durch Licht und Schatten zu vermitteln, und adaptierte viele seiner Techniken in seinen eigenen Werken.

Ein weiterer bedeutender Künstler, der stark von Caravaggio beeinflusst wurde, war der spanische Maler Francisco de Zurbarán. Zurbarán übernahm Caravaggios Tenebrismus und wandte ihn in seinen religiösen Gemälden an, wodurch er dramatische und spirituelle Effekte erzielte.

Auch die Werke von Caravaggios zeitgenössischen Artemisia Gentileschi zeigen deutliche Spuren seines Einflusses. Gentileschi war eine der talentiertesten Malerinnen des Barock und übernahm viele von Caravaggios Techniken, um kraftvolle und ausdrucksstarke Gemälde zu schaffen.

Caravaggios Einfluss auf den Barock erstreckte sich jedoch nicht nur auf die Malerei, sondern auch auf andere Bereiche der Kunst, darunter die Skulptur, die Architektur und die Literatur. Seine realistische Darstellung von Figuren und Szenen beeinflusste viele Bildhauer und Architekten des Barock, die begannen, ähnliche Prinzipien in ihren eigenen Werken anzuwenden.

Darüber hinaus inspirierte Caravaggio viele Schriftsteller und Dichter des Barock zu literarischen Werken, die seine Kunst und sein Leben thematisierten. Sein bewegtes Leben und seine dramatischen Gemälde fanden in der Literatur des Barock oft Anklang und dienten als Inspiration für viele bedeutende Werke dieser Zeit.

Insgesamt war Caravaggio einer der einflussreichsten Künstler des Barock und sein Erbe ist bis heute in der Kunstwelt spürbar. Seine radikale Herangehensweise an Kunst und sein revolutionärer Stil prägten nicht nur seine eigene Zeit, sondern hatten auch einen nachhaltigen Einfluss auf die Entwicklung der Kunst in den folgenden Jahrhunderten. Seine Gemälde stehen auch heute noch als Meisterwerke des Barock und als Zeugnisse eines außergewöhnlichen Talents und einer unvergleichlichen künstlerischen Vision.

Barocke Gartenkunst
Die barocke Gartenkunst ist ein bemerkenswertes Kapitel in der Geschichte der Landschaftsarchitektur, das im 17. und 18. Jahrhundert in Europa seine Blütezeit erlebte. Sie repräsentiert nicht nur eine Kunstform, sondern auch eine komplexe Darstellung von Macht, Reichtum und kultureller Raffinesse. Diese Gärten, oft als Erweiterung der Architektur betrachtet, waren weit mehr als bloße Grünanlagen, sondern vielmehr als spektakuläre Inszenierungen gestaltet, die den Besucher mit ihrer Pracht überwältigten.

Die barocke Gartenkunst nahm ihren Ursprung in Italien und breitete sich von dort aus über ganz Europa aus. Hier entstanden einige der berühmtesten Beispiele dieses Stils, die als Meisterwerke der Landschaftsgestaltung gelten. Einflussreiche Persönlichkeiten wie André Le Nôtre prägten maßgeblich die Entwicklung dieses Kunstgenres, insbesondere im französischen Barock.

Die charakteristischen Merkmale barocker Gärten waren ihre Symmetrie, Geometrie und Pracht. Die Anlagen wurden entlang langer, zentraler Achsen angelegt, die den Blick des Betrachters lenkten und ihm ein Gefühl von Weite vermittelten. Wasserspiele, Kaskaden und kunstvolle Springbrunnen waren zentrale Elemente, die die Gärten belebten und eine Atmosphäre der Opulenz schufen. Die Verwendung von Wasser war nicht nur dekorativ, sondern diente auch praktischen Zwecken wie der Bewässerung und der Versorgung von Brunnen.

Ein weiteres charakteristisches Element barocker Gärten waren die kunstvollen Skulpturen und Statuen, die die Landschaft schmückten. Sie wurden entlang der Hauptachsen und in den Sichtachsen platziert, um Blickpunkte zu schaffen und den Garten mit Leben zu erfüllen. Diese Skulpturen waren oft mythologischen oder historischen Themen gewidmet und trugen zur theatralischen Inszenierung der Gartenlandschaft bei.

Die barocke Gartenkunst hatte einen enormen Einfluss auf die Landschaftsarchitektur und die künstlerische Gestaltung von Gärten und Parks weltweit. Ihr formaler Stil und ihre ästhetischen Prinzipien wurden nicht nur in Europa, sondern auch in Übersee adaptiert und weiterentwickelt. Sie beeinflusste auch andere Bereiche der Kunst und Architektur des Barock, darunter Malerei, Skulptur und Innenausstattung.

Ein herausragendes Beispiel für die Pracht und den Einfluss der barocken Gartenkunst ist der Garten von Versailles. Angelegt für den Sonnenkönig Ludwig XIV., verkörpert er die Essenz dieses Stils in seiner reinsten Form. Mit seinen imposanten Alleen, kunstvollen Wasserspielen und opulenten Skulpturen ist der Garten von

Versailles ein Meisterwerk der Landschaftsarchitektur und ein Symbol für die Prachtentfaltung des Absolutismus.

Auch in Deutschland hinterließen die Ideen der barocken Gartenkunst ihre Spuren. So schuf der Gartenarchitekt Hermann von Pückler-Muskau mit den Gärten von Schloss Branitz ein herausragendes Beispiel für die Verschmelzung von formalem Barockstil und natürlicher Landschaftsgestaltung. Seine Gärten zeugen von einer harmonischen Verbindung von Architektur, Kunst und Natur und zeigen die Vielseitigkeit und Anpassungsfähigkeit des barocken Gartenstils.

Die barocke Gartenkunst bleibt bis heute ein faszinierendes Zeugnis für die Kreativität und den ästhetischen Anspruch dieser Epoche. Ihre Pracht und Schönheit sind nicht nur historisch bedeutsam, sondern inspirieren auch weiterhin Landschaftsarchitekten und Kunstliebhaber auf der ganzen Welt. Sie ist ein lebendiges Erbe vergangener Zeiten und ein unverzichtbarer Bestandteil der europäischen Kulturgeschichte.

Rokoko

Das Rokoko war eine kunstvolle Bewegung, die im frühen 18. Jahrhundert in Frankreich entstand und sich im Laufe des Jahrhunderts über ganz Europa ausbreitete. Es war eine Gegenreaktion auf die Schwere und Pracht des Barock und wurde durch eine leichtere, verspieltere und elegantere Ästhetik geprägt. Das Rokoko begann etwa in den 1730er Jahren und erreichte seinen Höhepunkt im 18. Jahrhundert, besonders in Ländern wie Frankreich, Deutschland und Österreich. Die Kunst des Rokoko zeichnete sich durch zarte Linien, pastellfarbene Farben und üppige Ornamente aus, die oft von natürlichen Motiven wie Blumen, Schalen und Muscheln inspiriert waren. Berühmte Rokoko-Künstler wie Jean-Antoine Watteau, François Boucher und Jean-Honoré Fragonard schufen bezaubernde Gemälde, die die lebensfrohe und galante Atmosphäre der Zeit einfingen. Die Rokoko-Architektur war durch kunstvolle Verspieltheit und opulente Dekoration gekennzeichnet, insbesondere in Schlössern, Palästen und kirchlichen Gebäuden. Das Rokoko endete gegen Ende des 18. Jahrhunderts mit dem Aufkommen neuer Stile wie dem Klassizismus und dem Aufkommen politischer Unruhen, die zum Ausbruch der Französischen Revolution führten.

Fragonards Verspielte Malerei
Die malerischen Werke des französischen Künstlers Jean-Honoré Fragonard gehören zu den herausragenden Beispielen des Rokoko-Stils im 18. Jahrhundert. Fragonard wurde am 5. April 1732 in Grasse, Frankreich, geboren und war einer der führenden Vertreter der französischen Malerei seiner Zeit. Seine Werke zeichnen sich durch ihre Leichtigkeit, Anmut und Sinnlichkeit aus und stehen im starken Kontrast zu den strengen Formen des Barock.

Fragonards malerische Darstellungen sind geprägt von einer verspielten Leichtigkeit, die sich in den Themen, Farben und Pinselstrichen seiner Werke widerspiegelt. Seine Gemälde zeugen von einer romantischen Vorstellungswelt, die die Betrachter in eine Welt der Fantasie und des Vergnügens entführt.

Ein charakteristisches Merkmal von Fragonards Malerei ist seine Fähigkeit, Bewegung und Emotionen auf eine besonders lebendige und ansprechende Weise einzufangen. Seine Figuren scheinen in einem Moment des Vergnügens und der Entspannung gefangen zu sein, wobei ihre Gesten und Mimik eine Atmosphäre der Freude und des Wohlbehagens vermitteln. Dies wird besonders deutlich in seinen zahlreichen Darstellungen von Liebesszenen und galanten Gesellschaften.

Ein weiteres auffälliges Merkmal von Fragonards Werk ist die Verwendung von Licht und Farbe, um eine warme und einladende Atmosphäre zu schaffen. Er bevorzugte helle, pastellfarbene Töne, die seinen Gemälden eine luftige Leichtigkeit verliehen und gleichzeitig eine gewisse Intimität und Sinnlichkeit ausstrahlten. Diese Farbpalette spiegelt den optimistischen und hedonistischen Geist des Rokoko wider und unterstreicht Fragonards Fähigkeit, eine heitere und gefällige Stimmung zu erzeugen.

Einige seiner bekanntesten Werke, wie "Das Liebespaar" und "Die Schaukel", sind geradezu ikonische Beispiele für die sinnliche und verführerische Ästhetik des Rokoko. In diesen Gemälden fängt Fragonard die Freude und das Vergnügen des Augenblicks ein, wobei er seine Figuren in eine Welt des Luxus und der Sinnlichkeit versetzt. Die Darstellung von elegant gekleideten Damen und galanten Herren in idyllischen Gärten oder prächtigen Salons vermittelt ein Bild des gesellschaftlichen Lebens des 18. Jahrhunderts und lädt den Betrachter ein, in diese Welt der Eleganz und des Genusses einzutauchen.

Fragonards malerische Technik zeichnet sich durch ihre Lockerheit und Lebendigkeit aus. Er bevorzugte eine schnelle und spontane Arbeitsweise, die es ihm ermöglichte, die Atmosphäre des Augenblicks einzufangen und seine Gemälde mit einer natürlichen Lebendigkeit zu versehen. Seine Pinselstriche sind oft breit und großzügig, wobei er Farben und Formen miteinander verwebt, um eine dynamische und bewegte Oberfläche zu schaffen.

Obwohl Fragonards Verspielte Malerei oft als Inbegriff des Rokoko-Stils betrachtet wird, zeigt sein Werk auch Einflüsse anderer

Kunstrichtungen, insbesondere des Barock und des Klassizismus. In seinen frühen Werken, wie beispielsweise "Die Opferung der Diener", ist der Einfluss des Barock deutlich spürbar, während seine späteren Arbeiten eine gewisse Vorliebe für klassische Motive und Kompositionen zeigen.

Fragonards Verspielte Malerei war nicht nur eine Reflexion seiner persönlichen künstlerischen Vision, sondern auch ein Spiegelbild der Gesellschaft seiner Zeit. Im Frankreich des 18. Jahrhunderts herrschte ein Geist des Hedonismus und der Sinnlichkeit, der sich in allen Bereichen des Lebens manifestierte, von der Kunst und Literatur bis hin zu Mode und Lebensstil. Fragonard gelang es meisterhaft, diese Stimmung in seinen Gemälden einzufangen und den Betrachter in eine Welt des Vergnügens und der Freude zu entführen.

Die Bedeutung von Fragonards Verspielter Malerei liegt nicht nur in ihrer künstlerischen Qualität, sondern auch in ihrer kulturhistorischen Relevanz. Als einer der führenden Vertreter des Rokoko trug Fragonard maßgeblich zur Entwicklung und Verbreitung dieses Stils bei und prägte damit das ästhetische Bewusstsein seiner Epoche. Seine Werke sind nicht nur Meisterwerke der Malerei, sondern auch faszinierende Zeitdokumente, die Einblick in das gesellschaftliche Leben des 18. Jahrhunderts bieten.

Die Architektur von Rococo Paris
Die Architektur des Rokoko-Paris, auch bekannt als französisches Rokoko, war eine herausragende Periode der Architekturgeschichte des 18. Jahrhunderts. Diese Ära wurde von einer Fülle von kunstvollen, üppigen und ornamentalen Stilen geprägt, die eine neue Sensibilität für Eleganz, Anmut und Luxus verkörperten. Das Rokoko war eine Reaktion auf die strengen Formen des Barock und führte zu einem neuen ästhetischen Ansatz, der sich durch verspielte Leichtigkeit und raffinierte Verzierungen auszeichnete. Paris spielte eine zentrale Rolle in der Entwicklung dieses Stils und wurde zu einem Zentrum der künstlerischen Innovation, das die Architektur in ganz Europa beeinflusste.

Ein charakteristisches Merkmal der Architektur des Rokoko-Paris war die Verwendung von geschwungenen Linien, asymmetrischen Formen und reichhaltigen Verzierungen. Diese Elemente verliehen den Gebäuden eine organische, dynamische Qualität und vermittelten eine Atmosphäre von Anmut und Leichtigkeit. Die Fassaden waren oft mit floralen Motiven, verspielten Ornamenten und Skulpturen geschmückt, die eine opulente und luxuriöse Ästhetik schufen.

Ein herausragendes Beispiel für die Architektur des Rokoko-Paris ist das Hôtel de Soubise, ein prächtiges Stadtpalais im Marais-Viertel der Stadt. Das Gebäude wurde im 18. Jahrhundert für den Herzog von Rohan erbaut und ist ein Meisterwerk des Rokoko-Stils. Die Fassade des Palastes ist mit aufwendigen Schnitzereien, Skulpturen und Reliefs verziert, die mythologische Szenen und allegorische Figuren darstellen. Im Inneren beeindrucken opulente Säle, Salons und Galerien mit ihren vergoldeten Decken, kunstvollen Wandteppichen und elaborierten Stuckarbeiten, die den Besucher in eine Welt des Luxus und der Pracht versetzen.

Ein weiteres bedeutendes Bauwerk des Rokoko-Paris ist die Église de la Madeleine, eine prächtige Kirche im 8. Arrondissement der Stadt. Das Gebäude wurde im 18. Jahrhundert im Auftrag von König Ludwig XV. erbaut und ist ein herausragendes Beispiel für die Eleganz und den dekorativen Reichtum des Rokoko-Stils. Die Fassade der Kirche ist von ionischen Säulen und einem prächtigen Portikus gekrönt, der von Skulpturen antiker Figuren flankiert wird. Im Inneren beeindrucken opulente Altäre, vergoldete Statuen und kunstvolle Fresken, die biblische Szenen darstellen.

Neben den öffentlichen Gebäuden und Kirchen war das Rokoko-Paris auch von einer Fülle von privaten Stadtpalais und Herrenhäusern geprägt, die im Auftrag wohlhabender Adliger und Bürger erbaut wurden. Diese Paläste zeichneten sich durch ihre prächtigen Fassaden, üppigen Gärten und opulenten Innenräume aus und dienten als Statussymbole für ihre Besitzer.

Die Architektur des Rokoko-Paris war eng mit der gesellschaftlichen und kulturellen Atmosphäre ihrer Zeit verbunden.

Das 18. Jahrhundert war eine Ära des wachsenden Wohlstands und der rasanten Veränderungen, die von einer blühenden Kultur und einem aufstrebenden Bürgertum geprägt war. Die Architektur des Rokoko spiegelte diese Entwicklungen wider und diente als Ausdruck des Zeitgeistes, der von einem Gefühl des Hedonismus, der Sinnlichkeit und des Luxus geprägt war.

Insgesamt war die Architektur des Rokoko-Paris eine bemerkenswerte künstlerische Leistung, die eine neue Ära der Architektur einläutete und einen bleibenden Einfluss auf die nachfolgenden Generationen von Architekten und Künstlern hatte. Ihre Eleganz, Anmut und opulente Ästhetik machen sie zu einem der bedeutendsten und faszinierendsten Kapitel in der Geschichte der europäischen Architektur.

Watteaus Fêtes Galantes
Jean-Antoine Watteau, ein französischer Maler des 18. Jahrhunderts, ist vor allem für seine eleganten und anmutigen Gemälde bekannt, die als "Fêtes Galantes" bekannt sind. Diese Werke zeichnen sich durch ihre Darstellung von feinen Gesellschaften in idyllischen Parklandschaften aus und sind ein charakteristisches Merkmal des Rokoko-Stils. Watteau's Fêtes Galantes haben nicht nur die Kunst seiner Zeit geprägt, sondern auch einen bleibenden Einfluss auf die Kunstgeschichte ausgeübt, indem sie die Grundlagen für die Entwicklung des Genres gemalter Unterhaltungsszenen legten.

Watteau wurde 1684 in Valenciennes, Frankreich, geboren und wurde später Schüler des Malers Claude Gillot. Seine frühen Arbeiten waren von den Werken niederländischer Künstler wie Rubens und Hals beeinflusst, und er entwickelte schnell seinen eigenen Stil, der von einer leichten und luftigen Pinseltechnik geprägt war. Im Laufe seiner Karriere zog Watteau nach Paris, wo er von Adligen und wohlhabenden Bürgern gefördert wurde und schnell als führender Maler des Rokoko anerkannt wurde.

Die Fêtes Galantes von Watteau sind eine Reihe von Gemälden, die zwischen 1717 und 1721 entstanden sind und die das Leben der feinen Gesellschaft im Frankreich des 18. Jahrhunderts darstellen.

Diese Werke zeigen elegante Damen und Herren in üppigen Gewändern, die sich in üppigen Parklandschaften amüsieren. Die Szenen sind oft von einem Hauch von Melancholie und Wehmut durchdrungen und strahlen eine Atmosphäre der Romantik und des Verweilens aus.

Ein herausragendes Beispiel für Watteaus Fêtes Galantes ist sein Gemälde "Pilgrimage to Cythera" (1717), das sich heute im Louvre in Paris befindet. Das Bild zeigt eine Gruppe eleganter Paare, die sich auf eine imaginäre Reise zur mythologischen Insel Cythera begeben, dem Ort der Liebe und der Romantik. Die Figuren sind in prächtige Gewänder gehüllt und bewegen sich leicht und anmutig über die malerische Landschaft, während im Hintergrund eine idyllische Landschaft mit Bäumen, Ruinen und einem sanften Fluss zu sehen ist.

Ein weiteres berühmtes Gemälde von Watteau ist "The Embarkation for Cythera" (1717), das sich ebenfalls im Louvre befindet. In diesem Bild sind elegante Paare dargestellt, die sich auf eine Bootsfahrt zur Insel Cythera vorbereiten. Die Figuren sind in farbenfrohe Gewänder gekleidet und strahlen eine Atmosphäre der Vorfreude und des Abenteuers aus. Die Landschaft ist von einer romantischen Stimmung durchdrungen, die durch die sanften Pastelltöne und die weiche Lichtführung verstärkt wird.

Watteaus Fêtes Galantes sind nicht nur visuell ansprechende Werke, sondern vermitteln auch eine subtile Botschaft über die menschliche Natur und das Wesen der Liebe. Die Figuren in seinen Gemälden scheinen in einem Zustand der Träumerei und Sehnsucht zu sein, und ihre leicht melancholischen Gesichtsausdrücke verleihen den Bildern eine emotionale Tiefe. Watteau war ein Meister darin, die komplexen Nuancen menschlicher Gefühle und Beziehungen in seinen Werken einzufangen, und seine Fêtes Galantes sind ein lebendiges Beispiel für sein Talent und seine Sensibilität als Maler.

Das Erbe von Watteaus Fêtes Galantes erstreckt sich weit über seine Zeit hinaus und hat einen bleibenden Einfluss auf die Kunstgeschichte ausgeübt. Sein einzigartiger Stil und seine innovative Herangehensweise an das Genre der Unterhaltungsszenen haben viele nachfolgende Generationen von Künstlern inspiriert und beeinflusst, darunter François Boucher, Jean-Honoré Fragonard und Antoine Watteau.

Watteaus Fêtes Galantes sind nicht nur Meisterwerke der Malerei, sondern auch wichtige kulturelle Artefakte, die ein lebendiges Bild des französischen Rokoko und seiner raffinierten Gesellschaft bieten. Durch seine Kunst hat Watteau einen wichtigen Beitrag zur Entwicklung der europäischen Malerei geleistet und ein Erbe hinterlassen, das auch heute noch bewundert und geschätzt wird.

Boucher und die Erotik im Rokoko
François Boucher gilt als einer der bedeutendsten Künstler des Rokoko, einer kunstvollen Epoche, die sich durch ihre Sinnlichkeit, Leichtigkeit und Verspieltheit auszeichnete. In seinen Werken verkörperte Boucher die erotische Ästhetik des Rokoko, die geprägt war von mythologischen Szenen, pastoralem Leben und sinnlichen Darstellungen des weiblichen Aktes. Seine Gemälde, Zeichnungen und Skulpturen sind bekannt für ihre grazile Schönheit, ihre lebendigen Farben und ihre elegante Linienführung.

Boucher wurde 1703 in Paris geboren und erhielt eine gründliche Ausbildung in der Malerei. Schon früh zeigte sich sein Talent, und er wurde Schüler des renommierten Malers François Lemoyne. Später gewann er den begehrten Prix de Rome, was ihm ermöglichte, in die italienische Hauptstadt zu reisen und die Meisterwerke der Antike und Renaissance zu studieren. Diese prägten sein künstlerisches Schaffen nachhaltig.

Nach seiner Rückkehr nach Paris avancierte Boucher schnell zu einem der führenden Künstler des Rokoko und wurde sogar zum Hofmaler von König Ludwig XV. ernannt. Seine Werke fanden großen Anklang am königlichen Hof und bei der aristokratischen Gesellschaft, die seine Kunst als Ausdruck von Luxus und Vergnügen schätzte. Boucher war bekannt für seine Fähigkeit, die Schönheit des menschlichen Körpers in all seiner sinnlichen Pracht darzustellen, und seine Werke waren oft von einer erotischen Atmosphäre durchdrungen.

Ein zentrales Thema in Boucher's Werk war die Darstellung des weiblichen Aktes, die er mit einer bemerkenswerten Anmut und Sinnlichkeit gestaltete. Seine Gemälde von mythologischen Figuren, Göttinnen und Nymphen zeugen von einer leidenschaftlichen Verehrung des weiblichen Körpers und einer spielerischen Erotik, die typisch für die Kunst des Rokoko ist. Boucher's Frauenfiguren sind oft von einer sanften, fast überirdischen Schönheit geprägt, die den Betrachter in ihren Bann zieht und fasziniert.

Darüber hinaus widmete sich Boucher auch dem Thema des pastoralen Lebens und der ländlichen Idylle, das im Rokoko eine wichtige Rolle spielte. Seine Gemälde von Hirten und Hirtenmädchen in idyllischen Landschaften vermitteln ein idealisiertes Bild des Landlebens, das von Ruhe, Harmonie und romantischer Sehnsucht geprägt ist. Diese Werke strahlen eine Atmosphäre von Frieden und Glückseligkeit aus und laden den Betrachter ein, in eine Welt der Träume und Fantasie einzutauchen.

Ein weiteres charakteristisches Merkmal von Boucher's Kunst ist seine Fähigkeit, komplexe narrative Szenen mit einer Leichtigkeit und Eleganz darzustellen, die ein Kennzeichen des Rokoko ist. Seine Gemälde von mythologischen und allegorischen Themen sind oft von einer spielerischen Atmosphäre geprägt, die den Betrachter zum Lächeln bringt und ihn in eine Welt der Fantasie und Imagination entführt. Boucher war ein Meister der Inszenierung und wusste, wie er seine Figuren in dynamischen Posen und mit ausdrucksstarken Gesten darstellen konnte, um die Aufmerksamkeit des Betrachters zu fesseln und seine Fantasie anzuregen.

Die Kunst von François Boucher hatte einen enormen Einfluss auf die Entwicklung der französischen Kunst des 18. Jahrhunderts und darüber hinaus. Seine sinnlichen und erotischen Darstellungen prägten das visuelle Erscheinungsbild des Rokoko und beeinflussten eine ganze Generation von Künstlern. Auch heute noch werden seine Werke für ihre Schönheit, ihre Eleganz und ihre Sinnlichkeit bewundert und gelten als Meisterwerke der europäischen Malerei.

Tiepolos Fresken

Giovanni Battista Tiepolo war ein venezianischer Maler des späten Barock und Rokoko, der für seine beeindruckenden Fresken bekannt ist. Seine Werke zeichnen sich durch ihre dramatische Bewegung, lebhafte Farben und monumentale Kompositionen aus, die oft mythologische, religiöse und historische Themen darstellen. Tiepolos Fresken zieren viele der prächtigsten Paläste und Kirchen Europas und sind ein herausragendes Beispiel für die barocke Kunst des 18. Jahrhunderts.

Giovanni Battista Tiepolo wurde 1696 in Venedig geboren und erhielt seine Ausbildung als Maler in der Werkstatt seines Vaters. Er studierte die Werke der großen Meister der Renaissance und des Barock und entwickelte bald seinen eigenen Stil, der von einer kühnen und dynamischen Pinselstrichführung geprägt war. Seine frühen Werke waren vor allem religiöser Natur und zeigten bereits seine Fähigkeit, dramatische und expressive Kompositionen zu schaffen.

Tiepolo erlangte schnell Anerkennung als einer der führenden Maler Venedigs und erhielt zahlreiche Aufträge für Fresken und Gemälde. Seine frühen Fresken in den venezianischen Kirchen zeugen von seinem Talent für monumentale Kompositionen und dynamische Bewegung. Er schuf eine Reihe von Werken, die biblische Geschichten und Heiligenlegenden darstellen und die Betrachter durch ihre lebendige Darstellung und dramatische Inszenierung fesseln.

Ein Höhepunkt von Tiepolos Karriere war seine Arbeit an den Fresken im Palazzo Clerici in Mailand. Diese monumentalen Gemälde zieren die Decken und Wände des Palastes und zeigen eine Vielzahl von mythologischen und allegorischen Szenen, die von Tiepolo in seiner charakteristischen lebhaften und farbenfrohen Weise dargestellt werden. Die Fresken im Palazzo Clerici sind ein Meisterwerk des Rokoko und zeigen Tiepolos Fähigkeit, komplexe und dynamische Kompositionen zu schaffen, die den Betrachter in ihren Bann ziehen.

Ein weiterer Höhepunkt von Tiepolos Karriere war seine Arbeit an den Fresken in der Residenz Würzburg. Diese monumentalen Gemälde zieren die Decken und Wände des Residenzschlosses und zeigen eine Vielzahl von mythologischen, allegorischen und historischen Szenen, die Tiepolo in seiner charakteristischen lebhaften und farbenfrohen Weise darstellt. Die Fresken in der Residenz Würzburg sind ein Meisterwerk des Rokoko und zeigen Tiepolos Fähigkeit, komplexe und dynamische Kompositionen zu schaffen, die den Betrachter in ihren Bann ziehen.

Tiepolos Fresken zeichnen sich durch ihre beeindruckende Größe und ihre lebendige Darstellung von Bewegung und Emotion aus. Er war ein Meister der illusionistischen Malerei und schuf Werke, die den Raum zu öffnen und den Betrachter in die Szene hineinziehen. Seine Fresken sind ein Fest für die Sinne, voller Farbe, Licht und Bewegung, die den Betrachter in eine Welt der Schönheit und Pracht entführen.

Tiepolos Einfluss auf die Kunst des 18. Jahrhunderts war enorm und erstreckte sich über ganz Europa. Seine dynamischen und lebendigen Kompositionen inspirierten eine ganze Generation von Künstlern und prägten das visuelle Erscheinungsbild des Rokoko. Seine Werke sind ein bleibendes Vermächtnis und ein Meilenstein in der Geschichte der europäischen Kunst.

Die Möbelkunst des Rokoko
Die Möbelkunst des Rokoko repräsentiert eine der prächtigsten und anspruchsvollsten Epochen in der Geschichte des Möbeldesigns. Sie blühte im 18. Jahrhundert in Europa auf, besonders in Frankreich, und spiegelte die künstlerischen und gesellschaftlichen Strömungen dieser Zeit wider. Der Rokoko-Stil zeichnete sich durch seine Eleganz, Leichtigkeit und Opulenz aus und war eine direkte Reaktion auf die Schwere und Strenge des vorangegangenen Barock.

Ein herausragendes Merkmal der Rokoko-Möbel war ihre sinnliche Formgebung. Im Gegensatz zum Barock bevorzugte der Rokoko organische Linien, geschwungene Formen und verspielte Kurven, die von der Natur inspiriert waren. Diese neuen Formen verliehen den Möbeln eine feminine Anmut und Leichtigkeit, die dem Zeitgeist des 18. Jahrhunderts entsprachen. Beispielsweise waren Stuhlbeine oft geschwungen und mit feinen Schnitzereien verziert, während Tische und Kommoden elegante, gekrümmte Konturen aufwiesen.

Die Verzierungen spielten eine zentrale Rolle in der Rokoko-Möbelkunst. Handwerker verwendeten eine Vielzahl von Techniken, um ihre Werke mit aufwendigen Schnitzereien, Intarsien, Perlmutteinlagen, vergoldeten Beschlägen und feinen Verzierungen zu versehen. Diese kunstvollen Details verliehen den Möbeln einen Hauch von Luxus und Raffinesse und machten sie zu begehrten Objekten für die wohlhabende Elite der Gesellschaft.

Ein weiteres charakteristisches Merkmal der Rokoko-Möbel war ihre Farbgebung und Materialwahl. Häufig wurden edle Hölzer wie Mahagoni, Kirschbaum oder Nussbaum verwendet, die oft mit Intarsienarbeiten und Furnieren verziert wurden, um eine reiche und luxuriöse Optik zu erzielen. Die Möbel wurden oft mit Seide, Samt oder Brokatstoffen gepolstert und mit kostbaren Stickereien oder Applikationen verziert, um ihre Eleganz zu unterstreichen.

Die Möbel des Rokoko waren nicht nur Kunstwerke, sondern auch Ausdruck eines bestimmten Lebensstils und einer bestimmten gesellschaftlichen Klasse. Sie wurden häufig in prächtigen Schlössern, Palästen und herrschaftlichen Anwesen verwendet, um die opulenten und luxuriösen Interieurs zu schmücken. Diese Räume dienten als Schauplatz für festliche Veranstaltungen, Empfänge und gesellschaftliche Zusammenkünfte und zeigten den Reichtum und den Status ihrer Besitzer.

Die Herstellung von Rokoko-Möbeln war ein äußerst aufwändiger und zeitaufwendiger Prozess, der ein hohes Maß an handwerklichem Geschick und Fachwissen erforderte. Die Möbel wurden in spezialisierten Werkstätten von hochqualifizierten Handwerkern hergestellt, die über jahrelange Erfahrung und Expertise in verschiedenen Techniken wie Schnitzerei, Polsterei, Vergoldung und Tischlerei verfügten.

Der Rokoko-Stil hatte einen großen Einfluss auf die Möbelproduktion in ganz Europa und fand auch außerhalb Frankreichs große Anerkennung. In Ländern wie Deutschland, Italien und Österreich entwickelten sich lokale Varianten des Rokoko, die jeweils ihre eigenen einzigartigen Merkmale und Stilrichtungen hatten. Dennoch blieb der französische Rokoko-Stil aufgrund seiner Eleganz und Raffinesse einflussreich und begehrt.

Der Rokoko-Stil in der Möbelkunst war eng mit anderen künstlerischen Disziplinen verbunden, darunter Malerei, Bildhauerei und Architektur. Möbelstücke wurden oft im Kontext von Gesamtkunstwerken eingesetzt, die eine harmonische Einheit von Architektur, Dekoration und Möblierung schufen. Dieser ganzheitliche Ansatz zur Gestaltung von Innenräumen war charakteristisch für die Rokoko-Ära und prägte das ästhetische Empfinden dieser Zeit nachhaltig.

Insgesamt war die Möbelkunst des Rokoko eine der prägendsten und innovativsten Entwicklungen in der Geschichte des Möbeldesigns. Sie repräsentierte nicht nur einen Stil, sondern auch eine Lebensweise und eine Ästhetik, die den Zeitgeist des 18. Jahrhunderts widerspiegelte. Die opulenten und kunstvollen Möbelstücke waren Ausdruck des Wunsches nach Luxus, Komfort und Schönheit und dienten als Statussymbole für die wohlhabende Elite der Gesellschaft.

Gainsboroughs Porträts
Thomas Gainsborough, einer der führenden Porträtmaler des 18. Jahrhunderts, war bekannt für seine meisterhaften Darstellungen von prominenten Persönlichkeiten, wohlhabenden Bürgern und Mitgliedern der Aristokratie. Seine Werke zeichnen sich durch ihre lebendige Darstellung der menschlichen Figur, ihre subtile Verwendung von Licht und Schatten sowie ihre Fähigkeit aus, die Persönlichkeit und den Charakter seiner Modelle einzufangen. Gainsboroughs Porträts sind ein Spiegelbild der Gesellschaft seiner Zeit und bieten einen faszinierenden Einblick in das Leben und die Kultur des 18. Jahrhunderts.

Gainsborough wurde 1727 in Sudbury, Suffolk, England, geboren und begann früh seine Karriere als Porträtmaler. Er studierte zunächst in London und später in Bath, wo er schnell Anerkennung und Erfolg als Künstler fand. Seine frühen Werke waren von der Tradition der altmeisterlichen Porträtmalerei geprägt, aber er entwickelte bald einen eigenen Stil, der von der aufkommenden Romantik und dem aufkommenden Individualismus des 18. Jahrhunderts beeinflusst war.

Ein charakteristisches Merkmal von Gainsboroughs Porträts ist seine Fähigkeit, die Persönlichkeit und den Charakter seiner Modelle einzufangen. Er war bekannt dafür, seine Kunden in natürlichen und ungezwungenen Posen zu malen, die ihre Persönlichkeit und Individualität zum Ausdruck brachten. Statt formelle und steife Porträts zu schaffen, bevorzugte Gainsborough lockere und informelle Darstellungen, die die lebendige und dynamische Natur seiner Modelle einfingen.

Ein weiteres herausragendes Merkmal von Gainsboroughs Porträts ist seine virtuose Beherrschung von Licht und Schatten. Er war ein Meister der Chiaroscuro-Technik, einer Maltechnik, bei der Licht und Schatten verwendet werden, um Tiefe, Volumen und Textur zu erzeugen. Durch die geschickte Verwendung von Licht und Schatten konnte Gainsborough eine dramatische und atmosphärische Wirkung erzielen, die seinen Porträts eine besondere Intensität und Lebendigkeit verlieh.

Gainsboroughs Porträts sind auch für ihre subtile Verwendung von Farbe und Farbkontrasten bekannt. Er war ein Meister der Farbharmonie und verstand es, Farben so zu kombinieren, dass sie eine harmonische und ausgewogene Komposition bildeten. Seine Palette war oft von sanften und gedämpften Tönen geprägt, die seinen Porträts eine ruhige und ansprechende Qualität verliehen.

Neben seiner Fähigkeit, die Persönlichkeit seiner Modelle einzufangen, war Gainsborough auch ein talentierter Landschaftsmaler und integrierte oft landschaftliche Elemente in seine Porträts. Diese Landschaften dienten nicht nur als dekorative Hintergründe, sondern trugen auch dazu bei, die Stimmung und

Atmosphäre der Porträts zu verstärken und einen Eindruck von der Lebenswelt seiner Modelle zu vermitteln.

Gainsboroughs Porträts waren nicht nur künstlerische Meisterwerke, sondern auch Spiegelbilder der Gesellschaft seiner Zeit. Sie dokumentierten die Vielfalt und den Reichtum der britischen Gesellschaft des 18. Jahrhunderts und lieferten Einblicke in die Lebensweise, die Mode und die kulturellen Normen dieser Epoche. Gainsboroughs Porträts waren oft von prominenten Persönlichkeiten und Mitgliedern der Aristokratie in Auftrag gegeben worden und dienten als Mittel zur Selbstdarstellung und Repräsentation ihrer sozialen Stellung und ihres Status.

Trotz seines Erfolgs als Porträtmaler blieb Gainsborough zeitlebens unzufrieden mit seiner künstlerischen Leistung und sehnte sich danach, als Landschaftsmaler anerkannt zu werden. Er betrachtete die Landschaftsmalerei als edlere Form der Kunst und verbrachte einen Großteil seiner Karriere damit, die malerische Schönheit der englischen Landschaft einzufangen. Dennoch sind seine Porträts heute noch als Meisterwerke der Porträtmalerei anerkannt und werden von Kunstkritikern und Liebhabern auf der ganzen Welt bewundert.

Einige seiner berühmtesten Porträts sind das "Blaue Kind", das "Porträt von Georgiana, Herzogin von Devonshire", und das "Porträt von Mr. und Mrs. Andrews". Das "Blaue Kind" ist ein ikonisches Porträt eines jungen Mädchens in einem blauen Kleid, das von vielen als eines der schönsten Porträts in der Geschichte der Malerei betrachtet wird. Das "Porträt von Georgiana, Herzogin von Devonshire" ist ein elegantes und anspruchsvolles Porträt einer der führenden Schönheiten ihrer Zeit. Das "Porträt von Mr. und Mrs. Andrews" ist ein charmantes und intim wirkendes Doppelporträt eines wohlhabenden Paares in ländlicher Umgebung.

Gainsboroughs Einfluss auf die Porträtmalerei des 18. Jahrhunderts war enorm und seine innovativen Techniken und Herangehensweisen prägten die Entwicklung der britischen Porträtmalerei für Generationen. Sein lockerer und ungezwungener

Stil, seine meisterhafte Beherrschung von Licht und Schatten und seine Fähigkeit, die Persönlichkeit seiner Modelle einzufangen, setzten neue Maßstäbe für die Porträtmalerei und inspirierten zahlreiche nachfolgende Künstler.

Obwohl Gainsboroughs Werke oft als repräsentativ für die Eleganz und den Glanz des Rokoko betrachtet werden, zeigten sie auch eine gewisse Melancholie und Intimität, die sie von den formellen und steifen Porträts seiner Zeitgenossen unterscheidet. Seine Porträts vermitteln ein Gefühl von Menschlichkeit und Individualität, das die Betrachter dazu einlädt, eine persönliche Verbindung zu den dargestellten Personen herzustellen.

Insgesamt war Thomas Gainsborough einer der bedeutendsten Porträtmaler des 18. Jahrhunderts und seine Werke haben bis heute nichts von ihrer Schönheit, Anmut und Ausdruckskraft eingebüßt. Seine innovativen Techniken und Herangehensweisen haben die Porträtmalerei nachhaltig beeinflusst und sein Einfluss ist auch heute noch in der zeitgenössischen Kunstwelt spürbar. Gainsboroughs Porträts sind nicht nur beeindruckende künstlerische Leistungen, sondern auch faszinierende Zeitdokumente, die einen Einblick in die Lebenswelt und die Kultur des 18. Jahrhunderts bieten.

Die Porzellanmanufakturen des Rokoko
Die Porzellanmanufakturen des Rokoko waren bedeutende Zentren der künstlerischen und handwerklichen Innovation im 18. Jahrhundert. Sie trugen maßgeblich zur Entwicklung der europäischen Porzellanindustrie bei und prägten die ästhetischen Trends und kulturellen Entwicklungen dieser Epoche. Zu den führenden Porzellanmanufakturen des Rokoko zählten die Meißener Porzellanmanufaktur in Deutschland, die Sèvres-Porzellanmanufaktur in Frankreich und die Chelsea Porcelain Factory in England.

Die Meißener Porzellanmanufaktur, gegründet im Jahr 1710 von August dem Starken von Sachsen, war eine der ersten Porzellanmanufakturen Europas und gilt als eine der wichtigsten in der Geschichte der Porzellanherstellung. Unter der Leitung von

Johann Friedrich Böttger gelang es der Manufaktur, das Geheimnis der Porzellanherstellung zu entschlüsseln, das zuvor nur in China bekannt war. Meißener Porzellan zeichnet sich durch seine hohe Qualität, feine Glasur und exquisite Handmalerei aus. Die Manufaktur produzierte eine Vielzahl von Porzellanobjekten, darunter Geschirr, Figuren, Vasen und Schmuckstücke, die in ganz Europa begehrt waren.

Die Sèvres-Porzellanmanufaktur wurde 1756 von König Ludwig XV. von Frankreich gegründet und war eine der renommiertesten Porzellanmanufakturen des Rokoko. Sie wurde zum offiziellen Lieferanten des französischen Königshofes und produzierte luxuriöses Porzellan für die königliche Familie und den Adel. Sèvres-Porzellan zeichnet sich durch seine feine Qualität, kunstvolle Verzierungen und innovative Designs aus. Die Manufaktur war bekannt für ihre Verwendung von Pastellfarben, aufwendige Vergoldungen und die Verarbeitung von Reliefs und Ornamenten. Zu den bekanntesten Werken der Sèvres-Manufaktur gehören die berühmten "Vase du Roi" und die "Garnitur de Vases Médicis".

Die Chelsea Porcelain Factory, gegründet um 1743 in London, war eine der ersten Porzellanmanufakturen in England und spielte eine wichtige Rolle in der Entwicklung der britischen Porzellanindustrie. Die Manufaktur produzierte hochwertiges Porzellan im Stil des Rokoko, das für seine feine Glasur, zarte Formen und handgemalte Dekorationen bekannt war. Chelsea-Porzellan war bei wohlhabenden Kunden sehr beliebt und wurde oft als Luxusartikel gesammelt. Die Manufaktur fertigte eine Vielzahl von Porzellanobjekten, darunter Geschirr, Figuren, Vasen und Schmuckstücke, die für ihren eleganten Stil und ihre hohe Qualität geschätzt wurden.

Die Porzellanmanufakturen des Rokoko waren nicht nur Zentren der handwerklichen Produktion, sondern auch Hotspots kultureller und künstlerischer Innovation. Sie beschäftigten einige der talentiertesten Künstler, Designer und Kunsthandwerker ihrer Zeit und förderten die Entwicklung neuer Techniken und Stile in der Porzellanherstellung. Die Manufakturen arbeiteten eng mit führenden Künstlern und Kunstschaffenden zusammen, um einzigartige und kunstvolle Porzellanobjekte zu schaffen, die den Geschmack und die Vorlieben der Zeit widerspiegelten.

Die Porzellanproduktion des Rokoko war eng mit den gesellschaftlichen und kulturellen Entwicklungen dieser Epoche verbunden. Porzellan galt als Symbol für Reichtum, Luxus und sozialen Status und war ein wichtiger Bestandteil der höfischen und bürgerlichen Lebensweise. Die Manufakturen produzierten eine Vielzahl von Porzellanobjekten für den täglichen Gebrauch, aber auch für repräsentative Zwecke und als Sammlerstücke. Porzellan wurde in ganz Europa exportiert und war ein begehrtes Handelsgut auf den internationalen Märkten.

Die Porzellanmanufakturen des Rokoko trugen maßgeblich zur Verbreitung des Porzellans als Kunstform bei und prägten die ästhetischen Trends und Stile dieser Epoche. Ihr Einfluss erstreckte sich nicht nur auf die Welt des Porzellans, sondern auch auf andere Bereiche der Kunst und des Designs. Die kunstvollen Dekorationen und innovativen Designs der Porzellanobjekte beeinflussten die Mode, die Inneneinrichtung und die bildende Kunst des Rokoko.

Die Porzellanmanufakturen des Rokoko waren auch Orte der künstlerischen Experimente und technologischen Innovationen. Die Handwerker und Künstler entwickelten neue Techniken zur Herstellung von Porzellan und experimentierten mit verschiedenen Materialien, Glasuren und Dekorationstechniken. Sie perfektionierten die Kunst des Modellierens, Gießens, Brennens und Bemalens von Porzellan und schufen so Objekte von außergewöhnlicher Schönheit und Qualität.

Ein wichtiges Merkmal der Porzellanproduktion des Rokoko war die Verwendung von mythologischen, allegorischen und pastoralen Motiven in der Dekoration der Porzellanobjekte. Die Porzellanmanufakturen produzierten eine Vielzahl von Figuren, Gruppen und Szenen, die mythologische Götter, Göttinnen, Allegorien der Jahreszeiten und des Lebens sowie idyllische Landschaften und pastorale Szenen darstellten. Diese Motive waren typisch für den Rokoko-Stil und spiegelten die zeitgenössische Vorliebe für das Natürliche, das Idyllische und das Fantastische wider.

Die Porzellanmanufakturen des Rokoko standen im Zentrum eines internationalen Handelsnetzwerks, das den Austausch von Waren, Ideen und kulturellen Einflüssen zwischen verschiedenen Ländern und Kontinenten ermöglichte. Porzellan wurde zu einem wichtigen Handelsgut und war ein Symbol für den wirtschaftlichen Wohlstand und die kulturelle Raffinesse seiner Besitzer. Die Manufakturen exportierten ihre Produkte nach ganz Europa und darüber hinaus und trugen so zur Verbreitung des Rokoko-Stils und der europäischen Kultur bei.

Die Porzellanmanufakturen des Rokoko waren auch Zentren der gesellschaftlichen Interaktion und des kulturellen Austauschs. Sie zogen Künstler, Kunsthandwerker, Sammler, Händler und Kunstliebhaber aus verschiedenen Teilen Europas an und boten eine Plattform für den Austausch von Ideen, Techniken und Innovationen. Die Manufakturen organisierten Ausstellungen, Messen und Veranstaltungen, um ihre Produkte zu präsentieren und neue Kunden zu gewinnen, und pflegten enge Beziehungen zu führenden Künstlern, Kunstschaffenden und Intellektuellen ihrer Zeit.

Die Porzellanproduktion des Rokoko hatte jedoch auch ihre Schattenseiten. Die Arbeitsbedingungen in den Porzellanmanufakturen waren oft hart und entbehrungsreich, und die Handwerker und Arbeiter wurden schlecht bezahlt und mussten lange Stunden arbeiten. Viele Manufakturen kämpften mit finanziellen Schwierigkeiten und wirtschaftlichen Herausforderungen, und einige mussten schließen oder fusionieren. Trotz dieser Probleme blieben die Porzellanmanufakturen des Rokoko wichtige Zentren der künstlerischen und kulturellen Produktion und trugen maßgeblich zur Entwicklung der europäischen Porzellanindustrie bei.
Insgesamt waren die Porzellanmanufakturen des Rokoko wichtige Akteure in der europäischen Kunst- und Kulturgeschichte. Sie schufen einige der schönsten und kunstvollsten Porzellanobjekte der Geschichte und prägten die ästhetischen Trends und Stile des

Rokoko. Ihre Produkte waren begehrte Sammlerstücke und wurden von Generationen von Kunstliebhabern und Kennern geschätzt. Auch heute noch üben die Porzellanmanufakturen des Rokoko eine große Faszination aus und ihre Werke werden in führenden Museen und Sammlungen auf der ganzen Welt ausgestellt und bewundert.

Die Skulpturen von Falconet
Etienne-Maurice Falconet (1716-1791) war ein französischer Bildhauer des Rokoko, der für seine eleganten und ausdrucksstarken Skulpturen bekannt ist. Er wurde in Paris geboren und erhielt seine Ausbildung an der École des Élèves Protégés, einer von der französischen Königin Marie Leszczyńska gegründeten Schule für junge Künstler. Falconet zeigte früh sein Talent für die Bildhauerei und gewann bereits in jungen Jahren Anerkennung für seine Arbeiten.

Eine seiner bekanntesten Skulpturen ist die "Büste von Madame de Pompadour" (1757), eine Porträtplastik der Mätresse des französischen Königs Ludwig XV. Die Büste zeigt Madame de Pompadour in einem eleganten Kleid und mit einem anmutigen Lächeln, das ihren Einfluss und ihre Macht am königlichen Hof verkörpert. Falconet gelang es, die Persönlichkeit und den Charakter von Madame de Pompadour auf eindrucksvolle Weise einzufangen und damit eine der bedeutendsten Frauen ihrer Zeit zu würdigen.

Ein weiteres Meisterwerk Falconets ist die "Bronzestatue von Peter dem Großen" (1782), die in St. Petersburg, Russland, steht. Die Statue zeigt den russischen Zar zu Pferd, wie er eine Schlange zertritt, was als Symbol für seine Siege über die Feinde Russlands interpretiert wird. Die Skulptur ist ein eindrucksvolles Beispiel für Falconets Fähigkeit, Bewegung und Dramatik in seinen Werken einzufangen. Die monumentale Größe der Statue und ihre imposante Präsenz machen sie zu einem der markantesten Denkmäler in St. Petersburg.

Falconet war auch für seine Allegorien und mythologischen Darstellungen bekannt, die häufig Themen wie Liebe, Schönheit und Tugend behandelten. Eine seiner berühmtesten allegorischen Skulpturen ist "Liebe und Zuneigung" (1768), die zwei junge

Liebende zeigt, die sich leidenschaftlich umarmen. Die Skulptur verkörpert die romantische Vorstellung von Liebe und Leidenschaft im Rokoko und zeigt Falconets Talent für die Darstellung menschlicher Emotionen und Gefühle.

Ein weiteres wichtiges Werk Falconets ist die "Statue des Denis Diderot" (1777), des berühmten französischen Philosophen und Schriftstellers. Die Statue zeigt Diderot in einer nachdenklichen Pose, wie er über ein Buch gebeugt ist und seine Gedanken vertieft. Falconet gelang es, die Intellektualität und Gelehrsamkeit von Diderot auf eindrucksvolle Weise darzustellen und damit einen der bedeutendsten Denker der Aufklärung zu ehren.

Falconet war ein Meister der Form und des Ausdrucks und beherrschte eine Vielzahl von Techniken und Materialien, darunter Marmor, Bronze und Terrakotta. Er war bekannt für seine raffinierte Handwerkskunst und seine Fähigkeit, realistische Details und feine Texturen in seinen Skulpturen einzuarbeiten. Seine Werke zeugen von einem tiefen Verständnis für Anatomie, Bewegung und Ausdruck und haben einen bleibenden Einfluss auf die Bildhauerei des Rokoko und darüber hinaus.

Falconet war auch als Lehrer und Mentor tätig und hatte einen großen Einfluss auf die nächste Generation von Bildhauern. Zu seinen Schülern gehörten bekannte Künstler wie Jean-Baptiste Pigalle und Augustin Pajou, die seine Techniken und Stilprinzipien weiterentwickelten und in ihre eigenen Werke integrierten. Durch seine Lehrtätigkeit trug Falconet dazu bei, die Tradition der französischen Bildhauerei zu erhalten und zu erweitern und den Ruhm des Rokoko als eine der bedeutendsten Epochen in der Geschichte der Kunst zu festigen.

Insgesamt hinterließ Falconet ein beeindruckendes künstlerisches Erbe, das bis heute bewundert und geschätzt wird. Seine Skulpturen zeugen von seinem Talent, seiner Leidenschaft und seinem Engagement für die Bildhauerei und haben die Kunstwelt nachhaltig beeinflusst. Als einer der führenden Bildhauer des Rokoko wurde Falconet nicht nur für seine technische Meisterschaft und seine künstlerische Sensibilität geschätzt, sondern auch für seine Fähigkeit, die Ästhetik und den Geist seiner Zeit einzufangen und in seinen Werken zu reflektieren.

Die Opern von Mozart
Wolfgang Amadeus Mozart gilt als einer der größten Komponisten der Musikgeschichte, und seine Opern haben einen tiefgreifenden Einfluss auf die Entwicklung des Musiktheaters gehabt. Mit einer bemerkenswerten Vielfalt an Stilen, Themen und Emotionen haben Mozarts Opern einen unvergesslichen Platz im Repertoire des Musiktheaters gefunden. Diese umfassende Zusammenfassung untersucht Mozarts Opern im Kontext seiner Zeit, ihrer musikalischen Innovationen, ihrer Handlungen und Charaktere sowie ihrer kulturellen Bedeutung.

Mozarts Beitrag zur Opernkunst war von herausragender Bedeutung und hat das Genre auf vielfältige Weise bereichert. Schon in jungen Jahren zeigte Mozart ein außergewöhnliches Talent für die Komposition von Opern. Sein erstes Meisterwerk, "Die Entführung aus dem Serail" (1782), ist ein Beispiel für seine frühe Genialität. Die Oper vereint Elemente der komischen Oper mit exotischen Klängen und bietet eine lebendige und mitreißende Darstellung von Liebe, Abenteuer und Freiheit. Mit seiner brillanten Musik, den charakteristischen Ensembleszenen und den eingängigen Arien etablierte sich "Die Entführung aus dem Serail" schnell als ein beliebtes Werk im Opernrepertoire.

Ein weiterer Höhepunkt von Mozarts Opernschaffen ist "Le nozze di Figaro" (Die Hochzeit des Figaro) aus dem Jahr 1786. Basierend auf einem Stück von Beaumarchais, ist diese Oper eine brillante Mischung aus Komödie, Intrige und Musikalität. Die Handlung dreht sich um die Liebesabenteuer des Figaro und seiner Verlobten Susanna, die von ihrem Arbeitgeber, dem Grafen Almaviva, belästigt wird. Mit seiner lebendigen Charakterisierung, den raffinierten Ensembles und den unvergesslichen Arien ist "Le nozze di Figaro" ein Meisterwerk der Opernliteratur und ein lebendiges Porträt der Gesellschaft und ihrer Hierarchien im 18. Jahrhundert.

Mozarts Oper "Don Giovanni" (1787) gehört zu den bedeutendsten Werken des Musiktheaters und ist ein Paradebeispiel für die

Genialität des Komponisten. Basierend auf der Legende von Don Juan, erzählt die Oper die Geschichte des skrupellosen Verführers Don Giovanni und seiner tragischen Begegnung mit dem Tod. Mit ihrer dramatischen Handlung, den komplexen Charakteren und der eindringlichen Musik ist "Don Giovanni" ein Meisterwerk der Opernliteratur und ein faszinierendes Porträt von Liebe, Leidenschaft und Moral.

Ein weiterer Höhepunkt von Mozarts Opernschaffen ist "Die Zauberflöte" (1791), eine zauberhafte Mischung aus Märchen, Mystik und Musik. Die Oper erzählt die Geschichte von Prinz Tamino, der die Prinzessin Pamina aus den Händen des bösen Zauberers Sarastro retten muss. Mit ihrer fantasievollen Handlung, den faszinierenden Charakteren und der mitreißenden Musik ist "Die Zauberflöte" ein zeitloses Meisterwerk der Opernliteratur und ein lebendiges Beispiel für Mozarts unvergleichliches musikalisches Genie.

Mozarts Opern zeichnen sich durch ihre Vielseitigkeit und ihre Fähigkeit aus, eine Vielzahl von Stilen, Genres und Emotionen zu vereinen. Von komischen Opern wie "Die Entführung aus dem Serail" bis hin zu ernsten Dramen wie "Don Giovanni" reicht das Spektrum seiner Werke. Mozarts Musik ist geprägt von ihrer Eleganz, ihrem Einfallsreichtum und ihrer emotionalen Tiefe, und seine Opern bieten den Zuhörern eine faszinierende Reise durch die menschliche Erfahrung.

Darüber hinaus tragen Mozarts Opern auch zur Entwicklung des Musiktheaters als Kunstform bei. Seine Verwendung von Ensembleszenen, seine komplexen Charaktere und seine dramatischen Handlungen haben das Genre nachhaltig beeinflusst und die Grundlage für das moderne Musiktheater gelegt. Mozarts Opern sind auch für ihre musikalische Innovation bekannt, einschließlich seiner Verwendung von Leitmotiven, seiner raffinierten Harmonik und seiner virtuosen Orchestrierung.

Insgesamt hinterlassen Mozarts Opern ein beeindruckendes kulturelles Erbe und prägen bis heute die Welt des Musiktheaters. Sie werden weltweit in den renommiertesten Opernhäusern aufgeführt und begeistern das Publikum mit ihrer zeitlosen Schönheit und ihrer emotionalen Tiefe.

Klassizismus

Der Klassizismus war eine kunstgeschichtliche Periode, die sich vom späten 18. Jahrhundert bis zum frühen 19. Jahrhundert erstreckte und von einer Rückkehr zu den Idealen und Stilen der antiken griechischen und römischen Kunst geprägt war. Diese Bewegung entstand als Reaktion auf die Leichtigkeit und Dekadenz des Rokoko und als Antwort auf die politischen und philosophischen Ideale der Aufklärung. Der Klassizismus begann in den 1760er Jahren und erreichte seinen Höhepunkt im späten 18. und frühen 19. Jahrhundert, insbesondere in Ländern wie Frankreich, England und den Vereinigten Staaten. Klassizistische Kunstwerke zeichneten sich durch klare Linien, symmetrische Kompositionen und eine Betonung von Ordnung, Proportion und Harmonie aus. Berühmte klassizistische Künstler wie Jacques-Louis David, Antonio Canova und John Flaxman schufen Werke, die oft historische oder mythologische Themen behandelten und einen idealisierten Blick auf die Vergangenheit boten. In der Architektur manifestierte sich der Klassizismus in neoklassizistischen Gebäuden, die von antiken Tempeln und römischen Bauwerken inspiriert waren, mit markanten Merkmalen wie Säulen, Dreiecksgiebeln und symmetrischen Fassaden. Der Klassizismus endete im frühen 19. Jahrhundert mit dem Aufkommen neuer Stile wie der Romantik und dem Beginn der industriellen Revolution, die zu einem Wandel in Kunst, Architektur und Gesellschaft führte.

Jacques-Louis Davids Neoklassizismus
Jacques-Louis David (1748-1825) war ein bedeutender französischer Maler des späten 18. und frühen 19. Jahrhunderts, der für seinen Beitrag zum Neoklassizismus bekannt ist. Als einer der prominentesten Vertreter dieser Bewegung prägte David die Kunst seiner Zeit maßgeblich und hinterließ ein bleibendes Erbe, das bis heute relevant ist.

Der Neoklassizismus war eine künstlerische Bewegung, die sich Ende des 18. Jahrhunderts in Europa entwickelte und von den Idealen der klassischen Antike inspiriert war. Die Künstler dieser Bewegung strebten danach, die zeitlose Schönheit, Harmonie und

Ordnung der antiken griechischen und römischen Kunst wiederherzustellen und sie mit den Idealen der Aufklärung und der Revolution zu verbinden. In dieser Hinsicht kann Davids Werk als eine Synthese aus politischer Botschaft und klassischer Ästhetik betrachtet werden.

Ein zentrales Merkmal von Davids Neoklassizismus ist sein Streben nach moralischer und politischer Aussagekraft in der Kunst. Als überzeugter Anhänger der Französischen Revolution unterstützte David die revolutionären Ideale von Freiheit, Gleichheit und Brüderlichkeit und nutzte seine Kunst, um diese Ideale zu propagieren und zu feiern. Seine Gemälde waren oft politisch aufgeladen und dienten dazu, die Tugenden der Revolution zu verherrlichen und ihre Feinde zu verurteilen.

Ein herausragendes Beispiel für diese politische Botschaft ist Davids Gemälde "Der Tod des Marat" aus dem Jahr 1793. Das Bild zeigt den revolutionären Märtyrer Jean-Paul Marat, der von Charlotte Corday ermordet wurde, um die Französische Revolution zu retten. David porträtiert Marat als einen heldenhaften Märtyrer der Revolution, der bereit ist, sein Leben für die Sache der Freiheit zu opfern. Das Gemälde wurde zu einem Symbol für die Revolution und spielte eine wichtige Rolle bei der Legitimierung ihrer Ideale.

Ein weiteres Schlüsselwerk von David ist das Gemälde "Napoleon überquert die Alpen" von 1801. Das Bild zeigt Napoleon Bonaparte, wie er heroisch auf einem weißen Pferd über die Alpen reitet, um Italien zu erobern. David porträtiert Napoleon als einen unerschrockenen Führer und Eroberer, der von göttlichem Licht erhellt wird und seine Truppen in die Schlacht führt. Das Gemälde diente dazu, Napoleons Macht und Herrschaft zu glorifizieren und seine imperialen Ambitionen zu legitimieren.

Abgesehen von seiner politischen Botschaft zeichnet sich Davids Neoklassizismus auch durch seine klare, lineare Komposition, seine scharfen Konturen und seine akkurate Darstellung von anatomischen Details aus. Davids Malerei ist von einer kühlen Rationalität und Präzision geprägt, die die klassische Tradition der Antike widerspiegelt. Seine Figuren sind oft idealisiert und perfekt proportioniert, und seine Darstellung von Raum und Perspektive ist klar und ausgewogen.

Ein weiteres wichtiges Element von Davids Neoklassizismus ist seine Verwendung von Symbolik und Allegorie. Viele seiner Gemälde enthalten versteckte Botschaften und Symbole, die dazu dienen, moralische oder politische Ideen zu vermitteln. Zum Beispiel symbolisiert die Figur der Freiheit in seinem Gemälde "Die Eide der Horatier" die Tugenden der Republik, während die drei Brüder, die ihre Treue schwören, die Opferbereitschaft und den Patriotismus verkörpern.

Insgesamt war Jacques-Louis David ein Meister des Neoklassizismus, dessen Werk nicht nur die politischen und kulturellen Ideale seiner Zeit widerspiegelte, sondern auch einen wichtigen Beitrag zur Entwicklung der modernen Kunst leistete. Seine Gemälde sind nicht nur Meisterwerke der Malerei, sondern auch wichtige historische Dokumente, die die Ereignisse und Ideale der Französischen Revolution festhalten und interpretieren. Trotz der politischen und sozialen Veränderungen, die seit seiner Zeit stattgefunden haben, bleibt Davids Kunst ein faszinierendes und inspirierendes Kapitel in der Kunstgeschichte und inspiriert auch heute noch Künstler und Betrachter auf der ganzen Welt.

Die Architektur von Palladio
Die Architektur von Andrea Palladio, einem der bedeutendsten Architekten der Renaissance, prägte maßgeblich das Stadtbild Norditaliens und darüber hinaus. Palladio, geboren 1508 in Padua, Italien, und gestorben 1580 in Vicenza, hinterließ ein umfangreiches Werk von Gebäuden, die für ihre harmonischen Proportionen, ihre Eleganz und ihre klassische Schönheit bekannt sind. Seine Entwürfe zeichnen sich durch eine klare Linienführung, eine ausgewogene Symmetrie und eine sorgfältige Anordnung der Elemente aus, die auf antiken römischen und griechischen Vorbildern basieren.

Palladio war stark von den Idealen der Renaissance geprägt, insbesondere von den Schriften des römischen Architekten Vitruv, der die klassischen Prinzipien der Architektur formulierte. Sein

Werk wurde jedoch auch von der zeitgenössischen Kunst und Architektur beeinflusst, insbesondere von den Arbeiten anderer italienischer Renaissancearchitekten wie Bramante, Michelangelo und Sansovino.

Eines der herausragenden Merkmale von Palladios Architektur ist seine Verwendung der klassischen Säulenordnung, die auf den antiken römischen und griechischen Tempeln basiert. Palladio verfeinerte und systematisierte diese Ordnungen in seinen Entwürfen und entwickelte vier Haupttypen: die dorische, ionische, korinthische und toskanische Ordnung. Diese Säulenordnungen wurden sorgfältig proportional angepasst und in seinen Gebäuden harmonisch integriert, um eine ästhetisch ansprechende Gesamtkomposition zu schaffen.

Ein weiteres charakteristisches Element von Palladios Architektur ist die Verwendung von symmetrischen Grundrissen und Fassaden. Seine Gebäude sind oft um einen zentralen Kern angeordnet, der von symmetrisch angeordneten Flügeln oder Seitenflügeln flankiert wird. Diese symmetrische Anordnung verleiht den Gebäuden eine ausgewogene und harmonische Ästhetik und trägt zur funktionalen Organisation des Raums bei.

Palladios Architektur zeichnet sich auch durch ihre klare und einfache Formensprache aus. Seine Gebäude sind in der Regel rechteckig oder quadratisch und weisen klare Linien und geometrische Formen auf. Komplexe ornamentale Details werden vermieden, und die Fassaden sind oft von einer ruhigen Eleganz geprägt. Diese Klarheit und Einfachheit spiegelt Palladios Streben nach Schönheit und Perfektion wider und verleiht seinen Gebäuden eine zeitlose Qualität.

Ein herausragendes Beispiel für Palladios Architektur ist die Villa Rotonda, auch bekannt als Villa Almerico-Capra, die in den 1560er Jahren in der Nähe von Vicenza erbaut wurde. Die Villa Rotonda ist ein Meisterwerk der Renaissancearchitektur und verkörpert viele der charakteristischen Merkmale von Palladios Stil. Das Gebäude ist ein perfektes Beispiel für die symmetrische Anordnung von Palladios Entwürfen, mit einem zentralen zylinderförmigen Kern, der von vier symmetrischen Flügeln flankiert wird. Die Fassaden der Villa sind mit korinthischen Säulen geschmückt, die einen klassischen Tempelportikus bilden, und das Gebäude ist von einem geometrischen Garten umgeben, der die architektonische Schönheit des Gebäudes noch weiter betont.

Ein weiteres bedeutendes Werk von Palladio ist die Basilika von San Giorgio Maggiore in Venedig, die in den 1560er Jahren erbaut wurde. Die Basilika ist ein herausragendes Beispiel für Palladios innovative Interpretation der klassischen Kirchenarchitektur. Das Gebäude verfügt über eine klassische kreuzförmige Grundrissform mit einem zentralen Hauptschiff und zwei seitlichen Schiffen, die von korinthischen Säulenreihen flankiert werden. Die Fassade der Basilika ist von einer klassischen Tempelfront gekrönt, die von einem Giebel und einem Portikus mit ionischen Säulen geprägt ist.

Palladios Einfluss auf die Architektur reichte weit über seine Zeit hinaus und beeinflusste Generationen von Architekten in ganz Europa und darüber hinaus. Sein Werk fand insbesondere im 18. Jahrhundert große Bewunderung und wurde zu einem Leitfaden für die neoklassizistische Bewegung. Architekten wie Sir William Chambers in England und Thomas Jefferson in den Vereinigten Staaten ließen sich von Palladios Entwürfen inspirieren und passten sie an die Bedürfnisse ihrer eigenen Projekte an.

Ingres' Historienmalerei
Jean-Auguste-Dominique Ingres, ein bedeutender französischer Maler des 19. Jahrhunderts, war bekannt für seine herausragenden Werke in der Historienmalerei. Sein Stil war geprägt von einer Mischung aus klassischer Eleganz, einer präzisen Linienführung und einer subtilen Verwendung von Farbe und Licht. Ingres' Werke zeichnen sich durch ihre akribische Detailgenauigkeit, ihre monumentale Kompositionen und ihre dramatische Darstellung historischer und mythologischer Szenen aus. Diese Zusammenfassung untersucht Ingres' Beitrag zur Historienmalerei und analysiert einige seiner bedeutendsten Werke.

Jean-Auguste-Dominique Ingres wurde 1780 in Montauban, Frankreich, geboren und studierte an der École des Beaux-Arts in

Toulouse und später in Paris. Seine frühen Arbeiten waren von der klassizistischen Tradition geprägt, die er während seiner Ausbildung kennengelernt hatte. Ingres bewunderte die Werke der antiken griechischen und römischen Kunst sowie die Werke der Renaissance-Meister, insbesondere Raphael und Michelangelo. Diese Einflüsse prägten seinen Stil und seine Herangehensweise an die Malerei.

Ingres' Historienbilder zeichnen sich durch ihre akribische Detailgenauigkeit und ihre präzise Linienführung aus. Er war ein Meister der Konturzeichnung und beherrschte die Technik des "clair-obscur", bei der Licht und Schatten verwendet werden, um Formen und Volumen zu modellieren. Seine Figuren sind oft in dramatische Posen und Gesten gehüllt, die ihre emotionale Intensität und Bedeutung verstärken.

Ein bedeutendes Werk von Ingres ist "Die Jungfrau mit den Engeln" (1840), ein Gemälde, das die biblische Geschichte der Jungfrau Maria darstellt, wie sie von Engeln umgeben ist. Das Gemälde zeichnet sich durch seine ruhige Eleganz und seine subtile Spiritualität aus. Die Jungfrau Maria wird als eine ideale Schönheit dargestellt, mit einer ruhigen und anmutigen Präsenz, die von den umgebenden Engeln verehrt wird. Die Verwendung von Licht und Schatten verleiht den Figuren eine überirdische Qualität und betont ihre spirituelle Bedeutung.

Ein weiteres bedeutendes Werk von Ingres ist "Die Odaliske" (1814), ein Gemälde, das eine orientalische Haremsdame darstellt. Das Gemälde zeichnet sich durch seine sinnliche Darstellung der weiblichen Form aus, mit einer betörenden Schönheit und Anmut. Die Odaliske wird in einem opulenten orientalischen Interieur dargestellt, das mit exotischen Stoffen und Möbeln geschmückt ist. Die subtile Verwendung von Licht und Schatten verleiht dem Gemälde eine mysteriöse Atmosphäre und betont die erotische Anziehungskraft der dargestellten Figur.

Ingres war auch bekannt für seine Darstellung mythologischer und historischer Szenen, die oft von einem Hauch von Romantik und Idealismus geprägt waren. Ein herausragendes Beispiel dafür ist

"Die Quelle" (1856), ein Gemälde, das eine mythologische Szene darstellt, in der eine Nymphe an einer Quelle ruht. Das Gemälde zeichnet sich durch seine elegante Komposition und seine subtile Darstellung der weiblichen Form aus. Die Nymphe wird als eine ideale Schönheit dargestellt, mit einer anmutigen und harmonischen Präsenz, die von der umgebenden Natur verehrt wird. Die Verwendung von Licht und Schatten verleiht den Figuren eine überirdische Qualität und betont ihre göttliche Natur.

Ingres' Historienmalerei war auch von seiner Beschäftigung mit der menschlichen Figur geprägt, die er in einer Vielzahl von Posen und Gesten darstellte. Er war besonders bekannt für seine Porträts, die die Persönlichkeit und Charakteristik der dargestellten Personen einfingen. Ein berühmtes Beispiel dafür ist "Das Geigenspiel" (1819), ein Porträt eines jungen Mannes, der eine Geige spielt. Das Gemälde zeichnet sich durch seine lebendige Darstellung der menschlichen Figur aus, mit einer dynamischen und expressiven Pose, die die Leidenschaft und Intensität des Musikers einfängt. Die Verwendung von Licht und Schatten verleiht dem Gemälde eine dramatische Atmosphäre und betont die musikalische Leistung des Dargestellten.

Canovas Marmorskulpturen
Die Marmorskulpturen von Antonio Canova gehören zu den herausragendsten Werken der neoklassizistischen Kunst des späten 18. und frühen 19. Jahrhunderts. Canova, ein italienischer Bildhauer, der in Venedig geboren wurde und in Rom arbeitete, wurde für seine technische Meisterschaft, seine Liebe zum Detail und seine Fähigkeit, die menschliche Form mit erhabener Schönheit darzustellen, gefeiert. Seine Werke zeichnen sich durch ihre Eleganz, Harmonie und Perfektion aus, die den klassischen Idealen der Antike huldigen und gleichzeitig einen neuen Ausdruck des Neoklassizismus präsentieren.

Canovas frühe Werke zeugen von seinem außergewöhnlichen Talent und seiner Fähigkeit, die Emotionen und Charaktere seiner Modelle in Stein einzufangen. Seine Skulpturen sind von einer bemerkenswerten Realität und Lebendigkeit geprägt, die durch die geschickte Beherrschung von Licht und Schatten sowie die sorgfältige Gestaltung der Formen erreicht wird. Ein Beispiel für Canovas frühe Arbeiten ist seine Darstellung von Orpheus und Eurydike, die die mythologische Geschichte des griechischen Dichters Orpheus und seiner geliebten Frau Eurydike darstellt. In dieser Skulptur zeigt Canova seine Fähigkeit, die Anmut und das Drama der menschlichen Figur mit einer beispiellosen Sinnlichkeit und Ausdruckskraft darzustellen.

Ein weiteres bekanntes Werk Canovas ist seine Skulptur von Amor und Psyche, die die Liebesgeschichte zwischen dem Gott Amor und der sterblichen Frau Psyche aus der griechischen Mythologie darstellt. Diese Skulptur verkörpert Canovas virtuose Beherrschung der menschlichen Anatomie und seiner Fähigkeit, Gefühle und Emotionen in Stein zu bannen. Die dynamische Komposition, die fließenden Linien und die feinen Details verleihen der Skulptur eine überwältigende Sinnlichkeit und Schönheit, die den Betrachter in ihren Bann zieht.

Canovas Meisterschaft im Umgang mit Marmor erreichte ihren Höhepunkt in seinen Porträtskulpturen, die zu seinen berühmtesten und meistbewunderten Werken gehören. Zu den herausragenden Beispielen gehört seine Darstellung von Napoleon Bonaparte als römischer Kaiser, die zeigt, wie Canova die Persönlichkeit und Macht des berühmten Herrschers einfängt. Die feinen Gesichtszüge, die majestätische Haltung und die prächtige Kleidung verleihen der Skulptur eine Aura der Erhabenheit und Autorität, die Napoleon als ikonische Figur der Geschichte würdigt.

Ein weiteres bemerkenswertes Porträt Canovas ist seine Büste von Pauline Bonaparte, Napoleons Schwester und eine herausragende Schönheit ihrer Zeit. Diese Skulptur zeigt Pauline in einem Moment der Intimität und Sinnlichkeit, wobei Canova jedes Detail ihres Gesichts und ihrer Gestalt einfängt, um ihre Anmut und Schönheit zu betonen. Die feinen Linien und die glatte Oberfläche des Marmors verleihen der Büste eine fast lebensechte Qualität, die die Schönheit und Eleganz von Pauline Bonaparte perfekt widerspiegelt.

Neben seinen Porträtskulpturen schuf Canova auch monumentale Werke mit mythologischen und allegorischen Themen, die seine künstlerische Vielseitigkeit und sein Streben nach Perfektion demonstrieren. Ein bemerkenswertes Beispiel ist seine Darstellung von Perseus mit dem Haupt der Medusa, die den mythologischen Helden Perseus zeigt, wie er das Haupt der Gorgone Medusa hält. Diese Skulptur verkörpert Canovas Fähigkeit, Bewegung und Dynamik in Stein zu erfassen, wobei die dramatische Pose und die ausdrucksstarken Gesichtszüge des Perseus die Kraft und Entschlossenheit des Helden widerspiegeln.

Canovas Einfluss auf die Kunst des Neoklassizismus und darüber hinaus kann nicht überschätzt werden. Seine Werke inspirierten Generationen von Bildhauern und Künstlern und prägten maßgeblich das Verständnis von Schönheit, Ästhetik und Kunst im späten 18. und frühen 19. Jahrhundert. Durch seine einzigartige Fusion von klassischer Tradition und zeitgenössischer Sensibilität schuf Canova Skulpturen von zeitloser Schönheit und Eleganz, die bis heute Bewunderung und Anerkennung finden.

Die Gartenkunst von Capability Brown
Capability Brown, dessen richtiger Name Lancelot Brown lautete, war ein bedeutender englischer Landschaftsgärtner des 18. Jahrhunderts, der für seine wegweisenden Arbeiten im Bereich der Gartenkunst bekannt ist. Brown wurde 1716 in Northumberland geboren und wuchs in einfachen Verhältnissen auf. Trotz seiner bescheidenen Herkunft schaffte er es, zu einem der einflussreichsten Landschaftsgärtner seiner Zeit zu werden und hinterließ ein Vermächtnis, das bis heute in vielen Parks und Gärten Englands zu sehen ist.

Eine der bemerkenswertesten Eigenschaften von Browns Arbeit war seine Fähigkeit, das Gelände auf natürliche Weise zu gestalten und Landschaften zu schaffen, die so wirkten, als wären sie von der Natur selbst geformt worden. Seine Gartenanlagen zeichneten sich durch weite Rasenflächen, geschwungene Wasserläufe, malerische Seen und sanfte Hügel aus, die ein harmonisches Gesamtbild ergaben. Anstatt auf formale geometrische Muster zu setzen, bevorzugte Brown eine natürlichere Herangehensweise, die den Eindruck von Weite und Freiheit vermittelte.

Ein weiteres charakteristisches Merkmal von Browns Arbeit war sein Sinn für Dramatik und Überraschung. Er nutzte geschickt verschiedene Elemente wie Baumgruppen, sorgfältig platzierte Baumalleen und versteckte Blickachsen, um dem Besucher ständig neue Perspektiven und visuelle Höhepunkte zu bieten. Durch die geschickte Inszenierung von Licht und Schatten sowie die Auswahl von Pflanzen und Materialien schuf er eine Atmosphäre, die den Betrachter verzauberte und faszinierte.

Browns Einfluss auf die Gartenkunst seiner Zeit war enorm. Seine Ideen und Innovationen prägten nicht nur das Erscheinungsbild vieler englischer Landschaftsgärten, sondern beeinflussten auch die Entwicklung der Gartenarchitektur in ganz Europa. Seine Arbeit wurde von zahlreichen zeitgenössischen Landschaftsarchitekten bewundert und nachgeahmt, und sein Stil wurde zum Inbegriff des englischen Landschaftsgartens.

Zu Browns bekanntesten Werken gehören die Gärten von Blenheim Palace, Chatsworth House und Stowe House, die bis heute als herausragende Beispiele für seine visionäre Gartenkunst gelten. Seine Gärten wurden oft als "natürlich" und "unkünstlich" beschrieben, was ihre zeitlose Schönheit und Anziehungskraft unterstreicht.

Browns Erbe in der Welt der Gartenkunst ist unbestreitbar. Seine Arbeit hat nicht nur das Erscheinungsbild vieler englischer Landschaften geprägt, sondern auch ein neues Verständnis für die Beziehung zwischen Mensch und Natur geschaffen. Seine Gärten sind nicht nur Orte der Schönheit und Erholung, sondern auch Symbole für die Harmonie zwischen Mensch und Umwelt.

Insgesamt war Capability Brown ein visionärer Landschaftsgärtner, dessen Arbeit die Grenzen der Gartenkunst neu definierte und bis heute als Meisterwerk der Landschaftsarchitektur bewundert wird. Sein Einfluss auf die Gestaltung von Gärten und Parks ist auch mehr als zwei Jahrhunderte nach seinem Tod noch deutlich spürbar und wird auch in Zukunft Generationen von Gartenliebhabern und Landschaftsarchitekten inspirieren.

Friedrichs Romantische Landschaften
Caspar David Friedrich, ein bedeutender Vertreter der deutschen Romantik, ist bekannt für seine ikonischen Landschaftsbilder, die oft eine intensive emotionale und spirituelle Atmosphäre ausstrahlen. Geboren 1774 in Greifswald, Deutschland, entwickelte Friedrich einen einzigartigen Stil, der von seinen persönlichen Erfahrungen, seiner Liebe zur Natur und seiner tiefen Spiritualität geprägt war.

Seine romantischen Landschaften zeichnen sich durch ihre suggestive Kraft aus, die den Betrachter in eine Welt der Kontemplation und inneren Reflexion entführt. Friedrich nutzte die Landschaftsmalerei als Mittel, um seine eigene spirituelle Suche und seine Faszination für die Mysterien der Natur auszudrücken. Seine Bilder sind oft von einer stillen Einsamkeit geprägt, die die endlose Weite der Landschaft betont und den Menschen in seinem Verhältnis zur Natur reflektiert.

Ein Schlüsselelement in Friedrichs Werken ist die Darstellung des Menschen in der Natur. Oft sind einzelne Figuren oder Gruppen von Menschen in seinen Gemälden zu sehen, die in ehrfürchtiger Betrachtung der Natur versunken sind. Diese Figuren dienen nicht nur als Maßstab für die Größe der Landschaft, sondern repräsentieren auch die menschliche Sehnsucht nach dem Erhabenen und dem Transzendenten.

Die Landschaften von Friedrich sind geprägt von einer starken Symbolik und Metaphorik, die eine Vielzahl von Bedeutungen und Interpretationen ermöglichen. Symbole wie Bäume, Berge, Nebel, Wasser und Ruinen werden oft verwendet, um emotionale Zustände oder spirituelle Ideen auszudrücken. Zum Beispiel steht der einsame Baum oft für Einsamkeit und Vergänglichkeit, während der Berg für Erhabenheit und spirituelle Erleuchtung stehen kann.

Eine weitere markante Eigenschaft von Friedrichs Landschaften ist sein meisterhafter Umgang mit Licht und Schatten. Durch die sorgfältige Verwendung von Lichteffekten erzeugte er eine besondere Atmosphäre in seinen Gemälden, die eine tiefe emotionale Resonanz beim Betrachter hervorruft. Der Einsatz von Licht und Schatten verstärkt auch die dramatische Wirkung seiner Bilder und unterstreicht die zentralen Themen von Vergänglichkeit, Einsamkeit und Transzendenz.

Friedrichs Landschaften sind auch durch ihre sorgfältige Komposition und ihre harmonische Balance gekennzeichnet. Jedes Element in seinen Gemälden scheint genau platziert zu sein, um eine bestimmte Stimmung oder Botschaft zu vermitteln. Die ruhige und ausgewogene Anordnung der Landschaftselemente verstärkt die spirituelle Qualität seiner Bilder und lädt den Betrachter ein, in eine Welt der inneren Reflexion einzutauchen.

Die Romantik war eine Epoche der starken emotionalen Ausdrücke und individuellen Erfahrungen, und Friedrichs Landschaftsbilder spiegeln diese Merkmale wider. Seine Gemälde zeigen eine tiefe Verbundenheit mit der Natur und eine intensive emotionale Resonanz, die den Betrachter dazu einlädt, eine persönliche Verbindung zur Landschaft herzustellen und seine eigenen Gefühle und Erfahrungen zu reflektieren.

Insgesamt sind Friedrichs romantische Landschaften von einer zeitlosen Schönheit und einem tiefen spirituellen Sinn geprägt. Seine Bilder laden den Betrachter ein, die Schönheit und Größe der Natur zu erleben und sich mit den tiefsten Fragen des Lebens und der Existenz auseinanderzusetzen. Friedrichs Erbe als einer der bedeutendsten Landschaftsmaler der Romantik wird auch in Zukunft Generationen von Kunstliebhabern inspirieren und faszinieren.

Houdons Porträts
Jean-Antoine Houdon, ein herausragender französischer Bildhauer des 18. Jahrhunderts, wurde für seine meisterhaften Porträts berühmt, die durch ihre lebendige Realismus und psychologische Tiefe beeindrucken. Geboren im Jahr 1741 in Versailles, Frankreich, schuf Houdon eine Vielzahl von Porträtbüsten und Statuen, die die

Persönlichkeiten seiner Zeitgenossen einfingen und ein einzigartiges Zeugnis der Epoche bieten.

Houdons Porträts zeichnen sich durch ihre feine Detailarbeit, ihre lebendige Ausdruckskraft und ihre natürliche Anmut aus. Er hatte die Fähigkeit, die individuellen Merkmale und Charakterzüge seiner Modelle präzise zu erfassen und in seinen Skulpturen zum Ausdruck zu bringen. Dabei nutzte er eine Vielzahl von Techniken und Materialien, um eine lebensechte Wirkung zu erzielen.

Ein charakteristisches Merkmal von Houdons Porträts ist ihre lebhafte Darstellung der menschlichen Physiognomie. Er war ein Meister darin, die Gesichtszüge seiner Modelle mit großer Präzision und Feinheit zu modellieren, wodurch er ihre Persönlichkeit und Emotionen einfing. Seine Porträts zeugen von einer tiefen psychologischen Einsicht und einem sensiblen Verständnis für die menschliche Natur.

Darüber hinaus war Houdon ein Meister der Komposition und des Ausdrucks. Er konnte die Haltung, den Ausdruck und die Gestik seiner Modelle so einfangen, dass ihre Persönlichkeit und Charakterstärke deutlich zum Ausdruck kamen. Seine Porträts strahlen oft eine Aura der Würde, Integrität und Autorität aus, die seine Modelle als bedeutende Persönlichkeiten ihrer Zeit kennzeichnet.

Ein weiteres herausragendes Merkmal von Houdons Porträts ist ihre Vielseitigkeit und Bandbreite. Er porträtierte eine breite Palette von Persönlichkeiten aus verschiedenen sozialen Schichten und Berufen, darunter prominente Politiker, Künstler, Gelehrte und Adlige. Dabei gelang es ihm, die einzigartigen Merkmale und Charakterzüge seiner Modelle unverwechselbar zum Ausdruck zu bringen.

Houdons Porträts sind auch für ihre technische Meisterschaft und handwerkliche Perfektion bekannt. Er beherrschte verschiedene Techniken der Bildhauerei, darunter das Modellieren, Schnitzen und Gießen von Marmor, Bronze und anderen Materialien. Seine Skulpturen zeugen von einer beeindruckenden Beherrschung des

Formens und der Anatomie, die seine Kunstwerke zu Meisterwerken der Bildhauerkunst machen.

Darüber hinaus waren Houdons Porträts von großer künstlerischer Innovation und Experimentierfreude geprägt. Er war stets bestrebt, neue Wege der Darstellung und Ausdrucks zu finden, und entwickelte dabei eine eigene Bildsprache, die sowohl zeitlos als auch modern wirkte. Seine Porträts zeugen von einer lebendigen Kreativität und einem innovativen Geist, der seine Kunstwerke zu zeitlosen Meisterwerken macht.

Insgesamt sind Houdons Porträts ein faszinierendes Zeugnis der französischen Kunst des 18. Jahrhunderts und ein bedeutender Beitrag zur Geschichte der Porträtkunst. Sie zeugen von einer tiefen menschlichen Einsicht, einer feinen Beobachtungsgabe und einer außergewöhnlichen handwerklichen Geschicklichkeit, die Houdon zu einem der herausragenden Bildhauer seiner Zeit machten. Sein Erbe als Meister der Porträtkunst wird auch in Zukunft Kunstliebhaber und Forscher gleichermaßen faszinieren und inspirieren.

Die Musik von Beethoven
Die Musik von Ludwig van Beethoven, einem der bedeutendsten Komponisten der Musikgeschichte, ist von einer enormen Vielfalt und Tiefe geprägt. Beethoven lebte von 1770 bis 1827 und wirkte während einer Zeit des Umbruchs in der europäischen Musikwelt, die von der Klassik zur Romantik überging. Sein musikalisches Schaffen markierte einen Wendepunkt in der Musikgeschichte und beeinflusste zahlreiche nachfolgende Komponisten.

Beethoven wurde in Bonn, Deutschland, geboren und verbrachte den größten Teil seines Lebens in Wien, der damaligen Hauptstadt der Musik. Schon früh zeigte er ein außergewöhnliches Talent für die Musik und erhielt Unterricht von renommierten Musikern wie Christian Gottlob Neefe. Im Alter von 22 Jahren zog er nach Wien, um bei Joseph Haydn zu studieren, einem der führenden Komponisten seiner Zeit.

Beethovens Werk umfasst eine Vielzahl von musikalischen Formen und Gattungen, darunter Sinfonien, Klavierkonzerte, Kammermusik, Klaviersonaten, Streichquartette und Lieder. Sein Schaffen lässt sich grob in drei Perioden unterteilen: die frühe, mittlere und späte Phase. In jeder dieser Phasen entwickelte Beethoven seinen eigenen unverwechselbaren Stil und drückte neue musikalische Ideen aus.

In seiner frühen Phase war Beethoven stark von seinen Vorgängern, insbesondere von Joseph Haydn und Wolfgang Amadeus Mozart, beeinflusst. Dennoch zeigten seine frühen Werke bereits innovative Ideen und eine individuelle künstlerische Stimme. Seine ersten Klaviersonaten, Streichquartette und Sinfonien zeugen von einer kraftvollen Ausdruckskraft und einem melodischen Einfallsreichtum.

Während seiner mittleren Schaffensphase begann Beethoven, sich von den konventionellen Formen seiner Zeit zu lösen und neue Wege zu erkunden. Er experimentierte mit harmonischen Fortschritten, ungewöhnlichen Formen und dramatischen Ausdrucksmitteln. Zu seinen bedeutendsten Werken aus dieser Zeit gehören die sogenannten "Heroischen Sinfonien", darunter die Dritte, Fünfte und Neunte Sinfonie. Diese Werke sind geprägt von einer epischen Größe, einem starken Ausdruck von Menschlichkeit und einem kämpferischen Geist.

In seiner späten Phase schuf Beethoven einige seiner kühnsten und radikalsten Werke. Geprägt von persönlichen Krisen und gesundheitlichen Problemen, drückte er in diesen Werken eine tiefgreifende spirituelle Suche und einen intensiven Ausdruck von Leidenschaft und Sehnsucht aus. Zu seinen bekanntesten Werken aus dieser Zeit gehören die letzten Klaviersonaten, die späten Streichquartette und die monumentale Missa solemnis.

Ein charakteristisches Merkmal von Beethovens Musik ist ihre emotionale Intensität und ihre Fähigkeit, menschliche Gefühle und Erfahrungen auf einzigartige Weise auszudrücken. Seine Musik ist geprägt von einem breiten dynamischen Spektrum, kraftvollen Rhythmen, dramatischen Kontrasten und expressiven Melodien.

Durch seine Fähigkeit, musikalische Themen zu entwickeln und zu variieren, schuf er Werke von großer thematischer Einheit und Vielfalt.

Beethovens Einfluss auf die Musikgeschichte war enorm und erstreckte sich über Generationen von Komponisten. Seine Musik markierte einen Wendepunkt in der Entwicklung der westlichen Musik und inspirierte zahlreiche nachfolgende Komponisten zu neuen künstlerischen Höhen. Sein Vermächtnis lebt bis heute in der Musikwelt weiter und seine Werke werden weiterhin von Musikern und Musikliebhabern auf der ganzen Welt geschätzt und bewundert.

Die Opern von Gluck
Christoph Willibald Gluck war ein bedeutender Komponist des 18. Jahrhunderts, der durch seine Reform der Oper einen revolutionären Einfluss auf die Musikwelt hatte. Seine Opern sind Meisterwerke des musikalischen Dramas, die eine einzigartige Synthese aus Musik, Text und Inszenierung darstellen. Gluck strebte danach, die Oper von überladenen Verzierungen und oberflächlichem Prunk zu befreien und stattdessen die Handlung und die Emotionen der Charaktere in den Vordergrund zu stellen. Seine Arbeit markiert einen Wendepunkt in der Operngeschichte und legte den Grundstein für die Entwicklung des musikalischen Dramas im 19. Jahrhundert.

Geboren am 2. Juli 1714 in Erasbach, Oberpfalz, begann Gluck seine musikalische Ausbildung in seiner Jugend und studierte später in Prag und Wien. Seine frühen Werke waren von den Traditionen des spätbarocken Opernstils geprägt, aber seine Erfahrungen als Operndirigent und seine Begegnung mit zeitgenössischen kulturellen Strömungen inspirierten ihn dazu, nach neuen Ausdrucksformen zu suchen.

Glucks erste bedeutende Oper, "Artaserse", wurde 1741 in Venedig uraufgeführt und erregte sofort die Aufmerksamkeit der musikalischen Welt. Aber es war seine Zusammenarbeit mit dem Librettisten Ranieri de' Calzabigi und seiner Neugestaltung von

"Orfeo ed Euridice", die ihn zu einem der führenden Opernkomponisten seiner Zeit machte.

"Orfeo ed Euridice", uraufgeführt 1762 in Wien, markierte den Beginn von Glucks Reform der Oper. In diesem Werk entfernte er sich von der konventionellen Praxis der Kastraten und der übermäßigen Verzierung der Arien zugunsten einer stärkeren Betonung der dramatischen Handlung und der Emotionalität der Musik. Gluck reduzierte die Rolle der Rezitative und Arien und fügte stattdessen neue musikalische Formen hinzu, wie etwa den berühmten "Melodramma", der die Handlung durch instrumentale Musik begleitet und verstärkt.

Eine weitere wichtige Oper Glucks ist "Alceste", uraufgeführt 1767 in Wien. In diesem Werk setzte er seine Reformbemühungen fort und betonte die Bedeutung der Natürlichkeit und Einfachheit in der Darstellung der Charaktere und der Handlung. Gluck strebte danach, die Oper aus ihrem aristokratischen Elfenbeinturm herauszuholen und sie zu einer Kunstform zu machen, die für ein breiteres Publikum zugänglich war.

Seine Arbeit kulminierte in "Iphigénie en Aulide" und "Iphigénie en Tauride", zwei Opern, die als Höhepunkt seiner Reform der Oper gelten. In diesen Werken erreichte Gluck eine perfekte Synthese von Musik und Drama, in der die Handlung nahtlos mit der Musik verschmolz und die Emotionen der Charaktere auf eindringliche Weise zum Ausdruck kamen.

Glucks Einfluss auf die Operngeschichte kann nicht überschätzt werden. Durch seine Arbeit legte er den Grundstein für das musikalische Drama des 19. Jahrhunderts und inspirierte Komponisten wie Mozart, Beethoven und Wagner. Sein Streben nach Einfachheit, Natürlichkeit und Emotionalität revolutionierte die Oper und prägte die Entwicklung dieser Kunstform bis in die Gegenwart. Gluck starb am 15. November 1787 in Wien, aber sein Erbe lebt weiter in seinen unvergesslichen Opern, die auch heute noch auf den Bühnen der Welt gespielt werden.

Winckelmann und die Antike
Johann Joachim Winckelmann gilt als einer der bedeutendsten Kunsttheoretiker des 18. Jahrhunderts und als Wegbereiter der neoklassischen Bewegung. Seine Schriften über die antike Kunst hatten einen tiefgreifenden Einfluss auf die Kunstauffassung seiner Zeit und darüber hinaus. In dieser ausführlichen Zusammenfassung werden Winckelmanns Leben, seine Werke und sein Einfluss auf die Wahrnehmung der Antike näher beleuchtet.

Winckelmann wurde am 9. Dezember 1717 in Stendal, Brandenburg, geboren. Nach einer bescheidenen Kindheit und Jugend begann er ein Studium der Theologie und später der klassischen Philologie. Sein Interesse an der Antike wurde während seines Studiums geweckt und sollte sein Leben und Werk maßgeblich prägen.

Im Jahr 1755 veröffentlichte Winckelmann sein bahnbrechendes Werk "Geschichte der Kunst des Altertums" ("Geschichte der Kunst des Altertums"), das zu einem Meilenstein in der Kunstgeschichte wurde. In diesem Werk beschrieb er die Entwicklung der antiken Kunst von ihren Anfängen bis zur römischen Zeit und analysierte ihre Merkmale und Stilrichtungen. Winckelmanns Schreibstil war von einer klaren und prägnanten Sprache geprägt, die seine Begeisterung für die Antike widerspiegelte und seine Leser inspirierte.

Ein zentrales Konzept in Winckelmanns Schriften war die Idee des "edlen Einfachen" (nobile simplice) in der antiken Kunst. Er betrachtete die Kunst der Griechen als den Höhepunkt menschlicher Schöpfung und lobte ihre Schönheit, Harmonie und Ausgewogenheit. Insbesondere hob er die Skulpturen des antiken Griechenlands hervor, die er als Inbegriff von Anmut und Vollkommenheit ansah. Für Winckelmann waren diese Werke nicht nur ästhetische Objekte, sondern auch Ausdruck moralischer und geistiger Ideale.

Ein weiteres wichtiges Konzept in Winckelmanns Denken war die Idee des "edlen Einfachen" (nobile simplice) in der antiken Kunst. Er betrachtete die Kunst der Griechen als den Höhepunkt menschlicher Schöpfung und lobte ihre Schönheit, Harmonie und Ausgewogenheit. Insbesondere hob er die Skulpturen des antiken Griechenlands hervor, die er als Inbegriff von Anmut und Vollkommenheit ansah. Für Winckelmann waren diese Werke nicht nur ästhetische Objekte, sondern auch Ausdruck moralischer und geistiger Ideale.

Winckelmanns Werk hatte einen tiefgreifenden Einfluss auf die Kunst seiner Zeit und prägte die Wahrnehmung der Antike in Europa. Seine Ideen beeinflussten maßgeblich die Entwicklung des Neoklassizismus, einer Kunstbewegung, die sich auf die ästhetischen Prinzipien und Stilrichtungen der Antike besann. Künstler wie Jacques-Louis David, Antonio Canova und John Flaxman griffen Winckelmanns Ideen auf und schufen Werke, die von der Schönheit und Eleganz der antiken Kunst inspiriert waren.

Darüber hinaus trug Winckelmanns Werk dazu bei, die Antike als Vorbild für die moderne Gesellschaft zu etablieren. Seine Betonung der moralischen und geistigen Werte der antiken Kunst beeinflusste die Bildungsideale des späten 18. und frühen 19. Jahrhunderts und trug zur Entwicklung eines neuen Humanismus bei, der die Werte der Aufklärung mit dem Erbe der Antike verband.

Winckelmanns Einfluss erstreckte sich auch auf andere Bereiche der Geistesgeschichte, darunter die Archäologie, die Kunstgeschichte und die Literatur. Seine Methode der kunsthistorischen Forschung, die auf genauer Beobachtung und historischer Analyse beruhte, prägte die moderne Kunstgeschichtsschreibung und trug dazu bei, die Disziplin als eigenständige akademische Disziplin zu etablieren.

In seinen späteren Jahren arbeitete Winckelmann als Bibliothekar und Kurator der Vatikanischen Bibliothek in Rom, wo er Zugang zu einer der größten Sammlungen antiker Kunst hatte. Während seiner Zeit in Rom hatte er die Möglichkeit, viele antike Kunstwerke aus erster Hand zu studieren und seine Kenntnisse über die Antike zu vertiefen. Seine Begegnung mit den antiken Skulpturen und Artefakten, die er in den Vatikanischen Museen und anderen Sammlungen sah, bestärkte seine Überzeugung von der

Überlegenheit der griechischen Kunst und verstärkte seinen Einfluss auf die Kunstauffassung seiner Zeit.

Winckelmanns Leben endete tragisch, als er im Jahr 1768 Opfer eines Raubmords wurde. Sein Tod war ein großer Verlust für die Welt der Kunst und Kultur, aber sein Erbe lebt bis heute in seinem Werk und seiner Wirkung auf die Kunstgeschichte fort.

Insgesamt war Johann Joachim Winckelmann eine einflussreiche Figur in der Geschichte der Kunst und seine Schriften haben die Wahrnehmung der Antike nachhaltig geprägt. Seine Ideen von Schönheit, Anmut und Einfachheit haben die Kunst seiner Zeit und darüber hinaus geprägt und sind auch heute noch von Bedeutung für die Kunsttheorie und -praxis.

Romantik

Die Romantik war eine künstlerische und intellektuelle Bewegung, die sich vom späten 18. bis zum frühen 19. Jahrhundert in Europa entwickelte und eine Gegenreaktion auf die Rationalität und Ordnung des Klassizismus darstellte. Sie betonte die Emotion, das Individuum und die Natur und wurde von einem Gefühl der Sehnsucht, des Mystischen und des Unbekannten geprägt. Die Romantik begann in den späten 1700er Jahren als literarische Bewegung in Deutschland und breitete sich dann auf andere Bereiche wie Kunst, Musik und Philosophie aus. Die Blütezeit der Romantik lag im frühen 19. Jahrhundert und beeinflusste viele Bereiche der Kultur und des Denkens, insbesondere in Ländern wie Deutschland, England und Frankreich. Romantische Künstler wie Caspar David Friedrich, Eugène Delacroix und William Turner schufen Werke, die die Kraft und Schönheit der Natur, die Flüchtigkeit des Lebens und die Dramatik menschlicher Gefühle einfingen. In der Architektur manifestierte sich die Romantik in Gebäuden mit gotischen oder mittelalterlichen Elementen und in malerischen Landschaftsgärten, die eine Rückkehr zur Natur betonten. Die Romantik endete gegen Mitte des 19. Jahrhunderts mit dem Aufkommen neuer Stile wie des Realismus und des Symbolismus sowie den sozialen und politischen Umbrüchen des industriellen Zeitalters.

Goyas Schwarze Gemälde
Francisco de Goya, einer der bedeutendsten Maler des 18. und frühen 19. Jahrhunderts in Spanien, schuf eine bemerkenswerte Sammlung von Gemälden, die als "Schwarze Gemälde" bekannt sind. Diese Serie von düsteren und oft verstörenden Werken entstand gegen Ende seines Lebens und spiegelt seine persönlichen Ängste, seine Enttäuschung über die Menschheit und die düstere Stimmung seiner Zeit wider. Die "Schwarzen Gemälde" stehen im starken Kontrast zu Goyas früheren Arbeiten und zeigen eine bemerkenswerte Entwicklung seines Stils und seiner künstlerischen Vision.

Goya wurde am 30. März 1746 in Fuendetodos, Spanien, geboren und verstarb am 16. April 1828 in Bordeaux, Frankreich. Er begann seine Karriere als Hofmaler für die spanische Königsfamilie und erlangte schnell Anerkennung für seine Porträts und historischen Gemälde. Mit der Zeit entwickelte er jedoch einen zunehmend skeptischen Blick auf die Welt um ihn herum, der sich in seinem späteren Werk manifestierte.

Die "Schwarzen Gemälde" entstanden in den Jahren 1819-1823, als Goya sich in einer Zeit persönlicher Krisen und politischer Turbulenzen befand. Spanien war von politischen Unruhen und dem Verlust seiner Kolonien in Amerika gezeichnet, und Goya selbst litt unter zunehmender Taubheit und gesundheitlichen Problemen. Diese persönlichen und politischen Umstände spiegeln sich deutlich in den düsteren und beklemmenden Bildern wider, die er in dieser Zeit schuf.

Die "Schwarzen Gemälde" umfassen eine Vielzahl von Motiven und Themen, die von religiösen Allegorien bis hin zu grausamen Szenen aus der Mythologie reichen. Einige der bekanntesten Werke dieser Serie sind "Saturn verschlingt seinen Sohn", "Die Hexensabbat" und "Der Hund". Diese Gemälde zeichnen sich durch eine düstere und unheimliche Atmosphäre aus, die den Betrachter in ihren Bann zieht und zugleich verstört.

Ein charakteristisches Merkmal der "Schwarzen Gemälde" ist ihre expressive und gestische Malweise, die Goyas zunehmende Neigung zu einer freieren und expressiveren Form des Ausdrucks widerspiegelt. Die Farbpalette ist oft gedämpft und düster, mit starken Kontrasten zwischen Licht und Schatten, die eine beklemmende und unheimliche Atmosphäre erzeugen. Goya nutzte auch eine Vielzahl von Symbolen und Allegorien, um seine Botschaft zu vermitteln und seine tiefen Ängste und Sorgen auszudrücken.

Die "Schwarzen Gemälde" sind ein faszinierendes Zeugnis für Goyas künstlerische Genialität und seine Fähigkeit, die menschliche Seele in all ihren Facetten zu erfassen. Sie zeigen einen Künstler auf dem Höhepunkt seiner kreativen Kraft, der sich mutig den dunklen Seiten des Lebens stellt und dabei eine eindringliche und unvergessliche Serie von Gemälden schafft.

Obwohl die "Schwarzen Gemälde" zu Lebzeiten von Goya weitgehend unbeachtet blieben und erst nach seinem Tod entdeckt und anerkannt wurden, haben sie heute einen festen Platz in der Kunstgeschichte. Ihre düsteren und beklemmenden Bilder haben zahlreiche Künstler und Intellektuelle inspiriert und sind zu einem Symbol für die menschliche Erfahrung von Leiden, Verlust und Tod geworden. Goyas "Schwarze Gemälde" sind ein zeitloses Meisterwerk der Kunst, das auch nach mehr als zwei Jahrhunderten nichts von seiner Kraft und Relevanz eingebüßt hat.

Turners Landschaftsmalerei
J.M.W. Turner, einer der bedeutendsten Landschaftsmaler des 19. Jahrhunderts, hat mit seinen innovativen Werken die Grenzen der Landschaftsmalerei neu definiert und einen bleibenden Einfluss auf die Entwicklung der Kunst ausgeübt. Turner, geboren am 23. April 1775 in Covent Garden, London, und gestorben am 19. Dezember 1851 in Chelsea, London, war ein visionärer Künstler, dessen Werke oft eine einzigartige Mischung aus Realismus und Abstraktion aufweisen und eine starke emotionale Wirkung erzeugen.

Turner begann seine Karriere als Landschaftsmaler in einer Zeit, als die Landschaftsmalerei noch als untergeordnetes Genre galt und die Historienmalerei als die höchste Form der Kunst angesehen wurde. Doch Turner war entschlossen, die Schönheit und Größe der Natur in all ihrer Pracht einzufangen und sie als gleichwertiges Thema in der Kunst zu etablieren. Seine frühen Arbeiten zeigen eine enge Verbindung zur Tradition der romantischen Landschaftsmalerei und spiegeln seinen Glauben an die Kraft und Erhabenheit der Natur wider.

Eine der bemerkenswertesten Eigenschaften von Turners Landschaftsmalerei ist seine Fähigkeit, Licht und Atmosphäre einzufangen und damit eine emotionale Wirkung zu erzeugen. Seine Werke sind oft von dramatischen Himmelsszenen, leuchtenden Sonnenuntergängen und nebligen Landschaften geprägt, die eine unvergleichliche Atmosphäre der Stimmung und Emotion schaffen. Turner war ein Meister der Farbe und des Lichts und nutzte eine breite Palette von Farben und Techniken, um die Schönheit und Vielfalt der Natur einzufangen.

Ein weiteres charakteristisches Merkmal von Turners Landschaftsmalerei ist seine experimentelle Herangehensweise an Komposition und Form. Er war ein Pionier der abstrakten Kunst und ein Vorläufer des Impressionismus, der traditionelle Vorstellungen von Perspektive, Form und Struktur in Frage stellte und neue Wege der Darstellung von Landschaften erkundete. In seinen späteren Werken werden Landschaften oft aufgelöst und abstrahiert, wodurch sie fast in reine Farb- und Lichtmuster verwandelt werden.

Turners Landschaftsmalerei ist auch von einer tiefen Liebe zur Natur und einer intensiven emotionalen Verbundenheit mit ihr geprägt. Er verbrachte viel Zeit damit, die Landschaften Englands und Europas zu erkunden und sie direkt vor Ort zu skizzieren und zu studieren. Diese direkte Erfahrung der Natur gab seinen Werken eine außergewöhnliche Authentizität und Intensität und ermöglichte es ihm, die Essenz der Landschaft auf einzigartige Weise einzufangen.

Einige der bekanntesten Werke von Turner sind seine Seestücke, die eine besondere Faszination für das Element Wasser zeigen. Seine Bilder von stürmischen Meeren, majestätischen Schiffen und romantischen Hafenszenen sind Meisterwerke der Landschaftsmalerei und zeugen von seiner unvergleichlichen Fähigkeit, die Dynamik und die Schönheit des Ozeans einzufangen. Turner war auch ein Meister der atmosphärischen Effekte und nutzte Wasser als Medium, um Licht und Farbe zu reflektieren und eine faszinierende visuelle Wirkung zu erzeugen.

Turners Landschaftsmalerei hat nicht nur die Kunstwelt seiner Zeit beeinflusst, sondern auch Generationen von Künstlern und Betrachtern inspiriert. Sein bahnbrechendes Werk hat die Grenzen der Landschaftsmalerei erweitert und neue Möglichkeiten der Darstellung von Natur und Emotionen aufgezeigt. Seine Werke sind nicht nur ästhetisch ansprechend, sondern auch von einer tiefen emotionalen Kraft und spirituellen Dimension, die sie zu zeitlosen Meisterwerken der Kunstgeschichte machen.

Heute werden Turners Landschaftsbilder weltweit in renommierten Museen und Galerien ausgestellt und von Millionen von Menschen bewundert. Sie sind ein lebendiges Zeugnis für die Schönheit und Größe der Natur und ein Vermächtnis eines Künstlers, der es verstand, die Welt um sich herum mit unvergleichlicher Schönheit und Tiefe zu erfassen. Turners Landschaftsmalerei ist eine Quelle der Inspiration und der Bewunderung und wird auch in Zukunft Generationen von Künstlern und Kunstliebhabern faszinieren und inspirieren.

Delacroix' Historienbilder
Eugène Delacroix, einer der bedeutendsten französischen Maler des 19. Jahrhunderts, war bekannt für seine beeindruckenden Historienbilder, die einen wichtigen Beitrag zur romantischen Bewegung in der Kunst leisteten. Delacroix wurde am 26. April 1798 in Charenton-Saint-Maurice, Frankreich, geboren und verstarb am 13. August 1863 in Paris. Er war ein Meister der Farbe und des Ausdrucks und schuf einige der bedeutendsten historischen Gemälde seiner Zeit, die sowohl für ihre künstlerische Virtuosität als auch für ihre politische und soziale Bedeutung bekannt sind.

Delacroix' Historienbilder zeichnen sich durch ihre epischen Dimensionen, ihre dramatischen Kompositionen und ihre leidenschaftliche Darstellung von Geschichte und Mythos aus. Sie spiegeln die romantische Vorstellung von Heldentum, Leidenschaft und Tragödie wider und vermitteln oft eine tiefe emotionale Wirkung, die den Betrachter in ihren Bann zieht.

Ein herausragendes Beispiel für Delacroix' Historienbilder ist sein berühmtes Gemälde "Die Freiheit führt das Volk" (1830), das den Aufstand der Pariser Bevölkerung gegen die Herrschaft von König Karl X. im Juli 1830 darstellt. Das Bild zeigt eine dramatische Szene auf den Barrikaden von Paris, mit einer weiblichen Allegorie der Freiheit, die eine Trikolore trägt und die revolutionären Massen anführt. Die lebendigen Farben, die dynamische Komposition und die kraftvolle Symbolik machen dieses Gemälde zu einem Meisterwerk der romantischen Historienmalerei und zu einem ikonischen Bild der französischen Revolution.

Ein weiteres bemerkenswertes Werk von Delacroix ist sein Gemälde "Die Massaker von Chios" (1824), das die brutale Unterdrückung des Aufstands der Griechen auf der Insel Chios durch die Osmanen im Jahr 1822 darstellt. Das Bild zeigt eine Szene der Zerstörung und des Leids, mit verzweifelten Frauen und Kindern, die von den osmanischen Soldaten niedergemetzelt werden. Delacroix' kraftvolle Darstellung des menschlichen Leidens und seiner Empörung über die Grausamkeiten des Krieges macht dieses Gemälde zu einem eindringlichen Appell für Humanität und Mitgefühl.

Delacroix' Historienbilder sind auch für ihre meisterhafte Beherrschung von Licht und Farbe bekannt. Er war ein Vorreiter des romantischen Realismus und nutzte eine lebendige und expressive Farbpalette, um die Emotionen und Stimmungen seiner Szenen zu verstärken. Seine Bilder sind oft von lebendigen Farben und starken Kontrasten zwischen Licht und Schatten geprägt, die eine dramatische und atmosphärische Wirkung erzeugen.

Ein weiteres charakteristisches Merkmal von Delacroix' Historienbildern ist ihre dynamische Komposition und Bewegung. Er war ein Meister der Bewegung und des Ausdrucks und schuf Bilder, die oft von einer lebhaften und theatralischen Energie durchdrungen sind. Seine Figuren sind oft in dramatischen Posen dargestellt, die ihre Emotionen und Handlungen betonen und eine intensive emotionale Wirkung erzeugen.

Delacroix' Historienbilder waren nicht nur ästhetische Meisterwerke, sondern auch politische und soziale Kommentare zu den Ereignissen und Idealen seiner Zeit. Er war ein engagierter Befürworter der Freiheit, der Gerechtigkeit und der Menschenrechte und nutzte seine Kunst, um gegen Ungerechtigkeit, Tyrannei und Unterdrückung anzukämpfen. Seine Bilder waren oft politisch provokativ und kontrovers, aber sie waren auch Ausdruck seiner tiefen Überzeugungen und seines Engagements für die Sache der Menschlichkeit und der Freiheit.

Heute werden Delacroix' Historienbilder weltweit in renommierten Museen und Galerien ausgestellt und von Millionen von Menschen bewundert. Sie sind nicht nur künstlerische Meisterwerke, sondern auch wichtige historische Dokumente, die die Ereignisse und Ideale ihrer Zeit einfangen und für zukünftige Generationen bewahren.

Delacroix' Einfluss auf die Kunstgeschichte und die Entwicklung der romantischen Bewegung kann nicht überschätzt werden, und seine Historienbilder bleiben auch heute noch eine inspirierende Quelle der Bewunderung und des Nachdenkens.

Die Gedichte von Byron
George Gordon Byron, bekannt als Lord Byron, war einer der bedeutendsten englischen Dichter des 19. Jahrhunderts und eine zentrale Figur in der romantischen Literaturbewegung. Geboren am 22. Januar 1788 in London und gestorben am 19. April 1824 in Missolonghi, Griechenland, führte Byron ein faszinierendes Leben voller Abenteuer, Leidenschaft und Rebellion, das seine Gedichte und sein literarisches Erbe prägte.

Byrons Gedichte zeichnen sich durch ihre leidenschaftliche Sprache, ihre emotionale Intensität und ihre fesselnde Erzählweise aus. Sie behandeln eine Vielzahl von Themen, darunter Liebe, Schönheit, Natur, Politik und das menschliche Schicksal, und bieten einen faszinierenden Einblick in die Gedankenwelt eines der aufregendsten Dichter seiner Zeit.

Eine der herausragenden Eigenschaften von Byrons Gedichten ist seine Fähigkeit, starke emotionale Reaktionen beim Leser hervorzurufen. Seine Gedichte sind oft von einer intensiven Leidenschaft und einem tiefen Gefühl der Melancholie geprägt, die seine persönlichen Erfahrungen und Emotionen widerspiegeln. Byron war ein Meister der lyrischen Sprache und nutzte eine Vielzahl von literarischen Techniken, um seine Botschaften zu vermitteln und seine Leser zu bewegen.

Einige der bekanntesten Gedichte von Byron sind seine romantischen Verse über die Liebe und das Verlangen, darunter "She Walks in Beauty" und "When We Two Parted". Diese Gedichte zeichnen sich durch ihre lyrische Schönheit und ihre einfühlsame Darstellung der menschlichen Seele aus und haben Byron zu einem der beliebtesten und meistgelesenen Dichter seiner Zeit gemacht.

Byrons Gedichte sind auch von seinem persönlichen Leben und seinen Erfahrungen geprägt. Seine turbulenten Beziehungen, seine politischen Überzeugungen und seine zahlreichen Reisen durch Europa und den Nahen Osten spiegeln sich in seinen Versen wider und verleihen ihnen eine einzigartige Authentizität und Tiefe. Byron war ein Mann von starken Überzeugungen und Leidenschaften, und seine Gedichte sind ein Spiegelbild seiner komplexen Persönlichkeit und seines faszinierenden Lebens.

Ein weiteres markantes Merkmal von Byrons Gedichten ist ihre politische und soziale Dimension. Als Verfechter der Freiheit und des Individualismus setzte sich Byron in seinen Gedichten für die Rechte des Einzelnen und gegen Tyrannei und Unterdrückung ein. Seine politischen Überzeugungen spiegeln sich deutlich in Gedichten wie "The Prisoner of Chillon" und "The Isles of Greece" wider, die sich mit Themen wie Freiheit, Unterdrückung und dem Streben nach Unabhängigkeit befassen.

Byrons Gedichte sind auch von seiner Liebe zur Natur und zur Schönheit der Welt um ihn herum geprägt. Seine Beschreibungen von Landschaften, Meereswellen und Sonnenuntergängen sind von einer unvergleichlichen lyrischen Schönheit und Sinnlichkeit und zeugen von seiner tiefen Verbundenheit mit der Natur und seiner Fähigkeit, ihre Schönheit in Worte zu fassen.

Trotz seines frühen Todes im Alter von nur 36 Jahren hinterließ Byron ein beeindruckendes literarisches Erbe, das bis heute zahlreiche Leser und Bewunderer auf der ganzen Welt fasziniert und inspiriert. Seine Gedichte sind nicht nur zeitlose Meisterwerke der romantischen Literatur, sondern auch ein lebendiges Zeugnis für die Kraft der Poesie, die menschliche Seele zu berühren und zu bewegen.

Byron war ein Meister des Ausdrucks und der Empfindungen, und seine Gedichte sind ein eindrucksvolles Beispiel für die Kraft und Schönheit der Sprache. Sein Werk hat Generationen von Dichtern und Schriftstellern beeinflusst und bleibt auch heute noch eine unerschöpfliche Quelle der Inspiration und der Freude für alle, die sich von der Magie der Poesie verzaubern lassen möchten.

Caspar David Friedrichs Einsame Figuren
Caspar David Friedrich gilt als einer der wichtigsten Vertreter der deutschen Romantik und ist bekannt für seine eindringlichen Landschaftsbilder, die oft einsame Figuren in einer dramatischen Naturkulisse zeigen. Friedrich, geboren am 5. September 1774 in Greifswald, Pommern, und gestorben am 7. Mai 1840 in Dresden, hinterließ ein bedeutendes künstlerisches Erbe, das durch seine einzigartige Vision und seine intensive emotionale Ausdruckskraft geprägt ist.

Eines der charakteristischen Merkmale von Friedrichs Werken sind seine einsamen Figuren, die oft inmitten weitläufiger Landschaften dargestellt werden. Diese einsamen Gestalten, die häufig Rückenfigur genannt werden, stehen im Mittelpunkt vieler seiner Gemälde und symbolisieren eine Vielzahl von Themen und Emotionen, darunter Einsamkeit, Sehnsucht, Spiritualität und Vergänglichkeit.

Friedrichs Einsame Figuren sind in der Regel in Rückenansicht dargestellt, was dem Betrachter ermöglicht, sich mit ihnen zu identifizieren und ihre Erfahrungen und Empfindungen nachzuvollziehen. Indem er den Blick des Betrachters auf die weite Landschaft lenkt, in die die Figur hineinschaut, erzeugt Friedrich eine Atmosphäre der Weite und Unendlichkeit, die die Endlichkeit und Vergänglichkeit des menschlichen Lebens betont.

Ein prominentes Beispiel für Friedrichs Darstellung einsamer Figuren ist sein Gemälde "Der Wanderer über dem Nebelmeer" aus dem Jahr 1818. Das Bild zeigt einen Mann in einem dunklen

Mantel, der auf einem Felsen steht und in die Ferne blickt, während unter ihm ein Nebelmeer liegt. Die Gestalt des Wanderers symbolisiert die menschliche Suche nach Erkenntnis und spiritueller Erfüllung und verkörpert zugleich die Einsamkeit und Isolation des menschlichen Daseins.

Ein weiteres bekanntes Werk von Friedrich, das einsame Figuren thematisiert, ist "Der Mönch am Meer" von 1808-1810. Das Gemälde zeigt einen einzelnen Mönch, der am Ufer eines düsteren Meeres steht und den Blick in die Ferne schweifen lässt. Die Figur des Mönchs verkörpert die menschliche Sehnsucht nach spiritueller Erfüllung und Erleuchtung und reflektiert gleichzeitig die Unendlichkeit und Geheimnisse der Natur.

Friedrichs einsame Figuren sind oft von einer tiefen Melancholie und inneren Ruhe geprägt, die den Betrachter dazu einladen, in sich selbst zu gehen und über das Wesen des Lebens und der Existenz nachzudenken. Durch ihre stille Präsenz und ihre zurückhaltende Ausdruckskraft vermitteln sie eine tiefe emotionale Wirkung und regen den Betrachter dazu an, über die Bedeutung von Einsamkeit, Sehnsucht und Spiritualität nachzudenken.

Die Landschaften, in die Friedrich seine einsamen Figuren einbettet, sind oft von einer überwältigenden Schönheit und Dramatik geprägt, die eine spirituelle und transzendente Dimension verleihen. Durch die Verwendung von Licht und Schatten, Farbe und Komposition schafft Friedrich eine Atmosphäre der Stille und Kontemplation, die den Betrachter in eine Welt jenseits des Alltäglichen entführt.

Friedrichs Darstellung einsamer Figuren kann auch als Ausdruck seiner eigenen inneren Welt und seiner persönlichen Erfahrungen interpretiert werden. Als sensibler und introvertierter Mensch war Friedrich zeitlebens auf der Suche nach Sinn und Erfüllung in einer Welt, die von Veränderung und Vergänglichkeit geprägt war. Seine Gemälde reflektieren seine eigenen inneren Kämpfe und Sehnsüchte und laden den Betrachter dazu ein, sich mit den universellen Themen von Leben, Tod und Spiritualität auseinanderzusetzen.

Insgesamt sind Caspar David Friedrichs einsame Figuren ein faszinierendes und vielschichtiges Motiv, das die Essenz der menschlichen Existenz einfängt und zugleich die transzendente Schönheit und Mysterien der Natur feiert. Durch ihre stille Präsenz und ihre tiefe emotionale Wirkung laden sie den Betrachter dazu ein, über die Grenzen der Wahrnehmung und des Verstehens hinauszugehen und die tiefere Bedeutung des Lebens zu erkunden.

Die Musik von Schubert
Franz Schubert, geboren am 31. Januar 1797 in Wien und gestorben am 19. November 1828 im selben Ort, war einer der bedeutendsten Komponisten der Romantik und hinterließ ein umfangreiches Werk, das von außergewöhnlicher Vielfalt und emotionaler Tiefe geprägt ist. Schubert wurde oft als "Schöpfer des Liedes" bezeichnet, da er eine enorme Anzahl von Liedern komponierte, die bis heute zu den schönsten und ergreifendsten Beiträgen der Kunstliedliteratur gehören. Darüber hinaus umfasst sein Werk eine Vielzahl von Instrumentalwerken, darunter Sinfonien, Kammermusik, Klavierstücke und geistliche Musik, die ebenfalls von großer Bedeutung sind.

Ein herausragendes Merkmal von Schuberts Musik ist ihre außergewöhnliche Melodiösität und lyrische Schönheit. Schubert war ein Meister der Melodie und hatte eine einzigartige Fähigkeit, eingängige und ausdrucksstarke Melodien zu komponieren, die direkt ins Herz des Zuhörers dringen. Seine Lieder, darunter bekannte Werke wie "Erlkönig", "Der Lindenbaum" und "Ave Maria", zeichnen sich durch ihre einfühlsamen Texte und ihre melodische Raffinesse aus und haben Generationen von Hörern mit ihrer Schönheit und Ausdruckskraft begeistert.

Ein weiteres charakteristisches Merkmal von Schuberts Musik ist ihre emotionale Tiefe und Ausdruckskraft. Schubert war ein äußerst sensibler und emotionaler Mensch, und seine Musik spiegelt oft seine persönlichen Gefühle und Sehnsüchte wider. Seine Lieder sind oft von einer tiefen Melancholie und Sehnsucht geprägt, die die menschliche Seele berühren und bewegen. Schuberts Fähigkeit, die innersten Gefühle und Emotionen des Menschen in

Musik zu übersetzen, macht seine Werke zu zeitlosen Meisterwerken der romantischen Musik.

Ein wichtiger Teil von Schuberts Schaffen sind seine Kammermusikwerke, darunter seine zahlreichen Streichquartette, Klaviertrios und Sonaten. Diese Werke zeugen von Schuberts meisterhaftem Umgang mit Form und Struktur und seiner Fähigkeit, komplexe musikalische Gedanken auf subtile und ausdrucksstarke Weise zu entwickeln. Besonders bemerkenswert sind seine beiden Klaviertrios in Es-Dur und B-Dur sowie sein Streichquartett in d- Moll, die zu den Höhepunkten seines kammermusikalischen Schaffens gehören.

Schuberts Sinfonien, darunter die berühmte "Unvollendete" in h-Moll und die "Große" in C-Dur, zählen ebenfalls zu den bedeutendsten Werken des Orchesterrepertoires. Diese Sinfonien zeugen von Schuberts außergewöhnlichem Talent für orchestralen Klang und seine Fähigkeit, große emotionale Spannung und dramatische Intensität zu erzeugen. Die "Unvollendete" ist besonders bemerkenswert für ihre unvergleichliche Melancholie und ihre mysteriöse Atmosphäre, die sie zu einem der faszinierendsten und rätselhaftesten Werke der Sinfonieliteratur macht.

Schuberts Klaviermusik umfasst eine Vielzahl von Werken, darunter seine berühmten Impromptus, Moments musicaux und Klaviersonaten. Diese Stücke zeugen von Schuberts außergewöhnlicher pianistischer Begabung und seiner Fähigkeit, das Klavier als Ausdrucksmittel für eine Vielzahl von Emotionen und Stimmungen zu nutzen. Besonders bekannt ist seine Sonate in B- Dur, D. 960, die zu den bedeutendsten Werken des Klavierrepertoires gehört und für ihre außergewöhnliche Tiefe und Komplexität geschätzt wird.

Neben seiner instrumentalen und vokalen Musik komponierte Schubert auch eine Vielzahl von geistlichen Werken, darunter Messen, Oratorien und Liederzyklen. Diese Werke zeugen von Schuberts tiefem Glauben und seiner spirituellen Sensibilität und sind geprägt von einer außergewöhnlichen geistlichen Tiefe und

Ausdruckskraft. Besonders bekannt ist seine "Messe in Es-Dur", die zu den bedeutendsten geistlichen Werken des 19. Jahrhunderts gehört und für ihre majestätische Schönheit und erhabene Spiritualität geschätzt wird.

Schuberts Musik ist ein lebendiges Zeugnis für die Schönheit und Vielfalt der romantischen Musik und hat Generationen von Hörern auf der ganzen Welt fasziniert und inspiriert. Sein Werk zeugt von einer unvergleichlichen melodischen Schönheit, emotionalen Tiefe und spirituellen Dimension, die es zu einem unverzichtbaren Bestandteil des musikalischen Kanons macht. Durch seine einzigartige Fähigkeit, die menschliche Seele zu berühren und zu bewegen, wird Schuberts Musik auch in Zukunft unvergessen bleiben und die Herzen der Menschen auf der ganzen Welt weiterhin berühren.

Die Romane von Hugo
Victor Hugo, geboren am 26. Februar 1802 in Besançon, Frankreich, und gestorben am 22. Mai 1885 in Paris, war einer der einflussreichsten Schriftsteller des 19. Jahrhunderts und hinterließ ein beeindruckendes literarisches Erbe, das eine Vielzahl von Romanen umfasst, die zu den Meisterwerken der Weltliteratur zählen. Hugos Romane sind bekannt für ihre epische Breite, ihre tiefgreifende Humanität und ihre kraftvolle soziale und politische Botschaft. Sie spiegeln die großen gesellschaftlichen Umwälzungen und moralischen Herausforderungen seiner Zeit wider und zeugen von Hugos unerschütterlichem Engagement für die Werte der Freiheit, Gerechtigkeit und Menschlichkeit.

Eines der bekanntesten Werke von Victor Hugo ist "Les Misérables" ("Die Elenden"), das 1862 veröffentlicht wurde und zu den bedeutendsten Romanen der Weltliteratur gehört. Das Buch erzählt die Geschichte des ehemaligen Strafgefangenen Jean Valjean, der sich nach seiner Freilassung aus dem Gefängnis bemüht, ein ehrliches Leben zu führen, während er von dem unnachgiebigen Polizeiinspektor Javert verfolgt wird. "Les Misérables" ist nicht nur eine mitreißende Erzählung von Liebe, Leidenschaft und Verrat, sondern auch ein eindringliches Plädoyer für soziale Gerechtigkeit und Mitgefühl gegenüber den Unterdrückten und Benachteiligten der Gesellschaft.

Ein weiteres bedeutendes Werk von Victor Hugo ist "Notre-Dame de Paris" ("Der Glöckner von Notre-Dame"), das 1831 veröffentlicht wurde und zu den bekanntesten Romanen der Weltliteratur gehört.

Das Buch erzählt die Geschichte von Quasimodo, einem missgestalteten Glöckner, der in der Kathedrale Notre-Dame in Paris lebt, und Esmeralda, einer schönen Zigeunerin, die von den Mächten des Bösen verfolgt wird. "Notre-Dame de Paris" ist nicht nur eine fesselnde Liebesgeschichte, sondern auch eine eindringliche Studie über die dunklen Seiten der menschlichen Natur und die Grausamkeiten der Gesellschaft.

Hugos Roman "Les Travailleurs de la Mer" ("Die Arbeiter des Meeres"), der 1866 veröffentlicht wurde, erzählt die Geschichte des Fischers Gilliatt, der sich in Guernsey mit den Elementen des Meeres und einem mysteriösen Schiffswrack auseinandersetzen muss. Der Roman ist eine eindringliche Studie über den Kampf des Menschen gegen die Naturgewalten und die Suche nach persönlicher Erlösung und spiritueller Erfüllung.

Ein weiterer bemerkenswerter Roman von Victor Hugo ist "L'Homme Qui Rit" ("Der lachende Mann"), der 1869 veröffentlicht wurde und die Geschichte eines entstellten Jungen namens Gwynplaine erzählt, der als Kind entführt und zum Narren gemacht wird. Der Roman ist eine eindringliche Studie über die Grausamkeiten der menschlichen Natur und die Suche nach Identität und Zugehörigkeit in einer feindlichen Welt.

Hugos Romane sind nicht nur fesselnde Geschichten von Liebe, Leidenschaft und Abenteuer, sondern auch kraftvolle soziale und politische Kommentare, die die großen Themen und Konflikte seiner Zeit reflektieren. Seine Werke zeugen von einem tiefen Verständnis für die menschliche Natur und die sozialen und politischen Kräfte, die das Leben der Menschen prägen, und von einem unerschütterlichen Glauben an die Kraft des Guten und der Menschlichkeit.

Victor Hugo war nicht nur ein bedeutender Schriftsteller, sondern auch ein engagierter politischer Aktivist, der sich für die Rechte der Unterdrückten und Benachteiligten einsetzte. Seine Romane sind geprägt von einer leidenschaftlichen Botschaft der Hoffnung, der Gerechtigkeit und der Menschlichkeit und haben bis heute nichts von ihrer Aktualität und Relevanz verloren.

Insgesamt sind die Romane von Victor Hugo nicht nur fesselnde literarische Werke, sondern auch eindringliche Kommentare über die menschliche Natur und die großen gesellschaftlichen und politischen Fragen seiner Zeit. Sie zeugen von Hugos unerschütterlichem Glauben an die Kraft des Guten und der Menschlichkeit und erinnern uns daran, dass die Werte der Freiheit, Gerechtigkeit und Solidarität auch in der dunkelsten Stunde leuchten können.

Die Opern von Rossini
Gioachino Rossini, geboren am 29. Februar 1792 in Pesaro, Italien, und gestorben am 13. November 1868 in Paris, war einer der bedeutendsten Opernkomponisten des 19. Jahrhunderts und ein führender Vertreter der italienischen Belcanto-Tradition. Sein umfangreiches Werk umfasst eine Vielzahl von Opern, die für ihre melodische Schönheit, ihre lebendigen Charaktere und ihre brillante Orchestrierung bekannt sind. Rossinis Opern haben das Genre nachhaltig geprägt und beeinflusst und sind bis heute fester Bestandteil des Repertoires der Opernhäuser auf der ganzen Welt.

Rossini begann seine Karriere als Opernkomponist in Italien und erlangte bereits in jungen Jahren große Popularität mit Werken wie "L'italiana in Algeri" (Die Italienerin in Algier) und "Il barbiere di Siviglia" (Der Barbier von Sevilla). Diese frühen Opern zeichnen sich durch ihre lebendigen Charaktere, ihre humorvollen Handlungen und ihre mitreißenden Melodien aus und machten Rossini zu einem der gefragtesten Komponisten seiner Zeit.

Eine der bekanntesten und beliebtesten Opern von Rossini ist "Il barbiere di Siviglia" (Der Barbier von Sevilla), die 1816 uraufgeführt wurde. Die Oper basiert auf einem Theaterstück von Pierre Beaumarchais und erzählt die Geschichte des cleveren Barbiers

Figaro, der seinem Herrn, Graf Almaviva, hilft, die schöne Rosina zu erobern. Die Oper ist berühmt für ihre mitreißenden Arien, ihre humorvolle Handlung und ihre lebendigen Charaktere und gilt als eines der Meisterwerke des komischen Opernrepertoires.

Ein weiteres bekanntes Werk von Rossini ist "La Cenerentola" (Aschenputtel), die 1817 uraufgeführt wurde. Die Oper basiert lose auf dem Märchen von Cinderella und erzählt die Geschichte von Angelina, die von ihrer bösen Stiefmutter und Stiefschwester unterdrückt wird, aber dank der Hilfe ihres Patenonkels und des Prinzen schließlich ihr Glück findet. "La Cenerentola" ist bekannt für ihre charmante Musik, ihre humorvolle Handlung und ihre rührende Darstellung von Liebe und Mitgefühl.

Rossinis Oper "Semiramide", uraufgeführt 1823, ist ein Meisterwerk des Belcanto-Stils und eine der bedeutendsten Opern des romantischen Repertoires. Die Oper erzählt die Geschichte der assyrischen Königin Semiramide, die in einen Komplott um Macht und Intrigen verwickelt ist, und ihres Sohnes, des Prinzen Arsace, der sich als ihr würdiger Nachfolger erweisen muss. "Semiramide" ist bekannt für ihre dramatische Handlung, ihre opulente Orchestration und ihre virtuosen Gesangspartien und gilt als Höhepunkt von Rossinis dramatischem Schaffen.

Rossinis "Guillaume Tell" (Wilhelm Tell), uraufgeführt 1829, ist eine der letzten und bedeutendsten Opern des Komponisten. Die Oper basiert auf dem gleichnamigen Drama von Friedrich Schiller und erzählt die Geschichte des Schweizer Nationalhelden Wilhelm Tell, der sein Land von der Tyrannei befreit. "Guillaume Tell" ist bekannt für seine epische Musik, seine dramatische Handlung und seine kraftvolle Darstellung von Freiheit und Widerstand gegen Unterdrückung.

Rossinis Opern sind nicht nur musikalische Meisterwerke, sondern auch lebendige und fesselnde Dramen, die die menschliche Natur, die Liebe, die Leidenschaft und die Konflikte der menschlichen Existenz eindringlich darstellen. Sie sind geprägt von einer einzigartigen Mischung aus Melodik, Harmonie und Rhythmus, die

Rossinis unverwechselbaren Stil ausmacht und ihn zu einem der bedeutendsten Opernkomponisten der Romantik macht.

Rossinis Beitrag zur Opernkunst erstreckt sich über eine Vielzahl von Genres und Stilen und umfasst komische Opern, tragische Opern, historische Opern und romantische Opern. Seine Werke sind geprägt von seiner unvergleichlichen melodischen Begabung, seiner brillanten Orchestration und seiner Fähigkeit, die tiefsten Emotionen und Leidenschaften des menschlichen Herzens in Musik zu übersetzen.

Insgesamt sind Rossinis Opern ein lebendiges Zeugnis für die Schönheit und Vielfalt der Opernkunst des 19. Jahrhunderts und haben bis heute nichts von ihrer Anziehungskraft und ihrem Reiz verloren. Ihre mitreißenden Melodien, ihre lebendigen Charaktere und ihre dramatischen Handlungen machen sie zu zeitlosen Meisterwerken der Musik, die auch nach über 200 Jahren noch die Herzen und Gemüter der Zuhörer auf der ganzen Welt berühren und bewegen.

Die Naturstudien von Constable
John Constable (1776–1837) war ein bedeutender britischer Landschaftsmaler des 19. Jahrhunderts, der für seine realistischen und detailgetreuen Naturstudien bekannt ist. Seine Werke sind berühmt für ihre Darstellung der englischen Landschaft und haben einen nachhaltigen Einfluss auf die Entwicklung der Landschaftsmalerei gehabt. Constable war ein Meister darin, die Schönheit und Vielfalt der Natur einzufangen und sie mit großer Präzision und Detailtreue auf die Leinwand zu übertragen.

Constable wurde in Suffolk, England, geboren und verbrachte einen Großteil seines Lebens in der ländlichen Umgebung von East Anglia. Die Landschaft dieser Region sollte sein Hauptthema und seine größte Inspiration werden. Constable war fasziniert von der Schönheit und Vielfalt der englischen Landschaft und verbrachte viel Zeit damit, sie zu erkunden und zu studieren. Er malte seine Motive oft direkt in der Natur, wobei er sorgfältig die Details der Szene beobachtete und festhielt.

Eines der bekanntesten Werke von Constable ist "The Hay Wain" (Die Heuwagen), das 1821 vollendet wurde und heute zu den Ikonen der britischen Malerei zählt. Das Gemälde zeigt einen Heuwagen, der durch einen Fluss gezogen wird, mit einer idyllischen ländlichen Landschaft im Hintergrund. Constable gelang es, die Atmosphäre und Stimmung des englischen Sommers einzufangen und sie mit einer beeindruckenden Lebendigkeit und Realismus darzustellen.

Ein weiteres berühmtes Werk von Constable ist "Flatford Mill" (Die Mühle von Flatford), das 1817 entstand. Das Gemälde zeigt eine Mühle am Ufer eines Flusses, umgeben von üppigem Grün und blühenden Bäumen. Constable nutzte hier eine lebendige Farbpalette und eine kraftvolle Pinseltechnik, um die Schönheit und Vitalität der Natur einzufangen. Das Gemälde zeigt auch Constables meisterhafte Beherrschung des Lichts und der Atmosphäre, die der Szene eine besondere Lebendigkeit verleiht.

Constable war ein Meister der Darstellung des Himmels und des Wetters und malte oft dramatische Wolkenformationen und spektakuläre Lichteffekte. In Werken wie "The Hay Wain" und "Flatford Mill" kann man sehen, wie er den Himmel als integralen Bestandteil seiner Landschaften betrachtete und ihn mit großer Sorgfalt und Aufmerksamkeit gestaltete. Die Himmel in seinen Gemälden sind oft von dramatischer Schönheit und Vielfalt, von strahlend blau bis hin zu düster und bedrohlich, und tragen wesentlich zur Stimmung und Atmosphäre der Szene bei.

Constable war auch ein Meister der Komposition und der Bildstruktur und verstand es, die Elemente seiner Landschaften auf harmonische und ausgewogene Weise anzuordnen. In Werken wie "The Hay Wain" und "Flatford Mill" kann man sehen, wie er die verschiedenen Elemente der Szene – den Himmel, das Wasser, das Land – geschickt miteinander verwebt und eine harmonische Einheit schafft, die den Betrachter in die Szene hineinzieht und ihm das Gefühl gibt, Teil der Landschaft zu sein.

Ein wichtiger Aspekt von Constables Kunst ist seine Fähigkeit, die Vergänglichkeit und Veränderlichkeit der Natur einzufangen. In vielen seiner Gemälde zeigt er die Landschaft zu verschiedenen Tageszeiten und unter verschiedenen Wetterbedingungen, wodurch er die dynamische und sich ständig verändernde Natur der Welt um uns herum einfängt. Seine Werke sind Zeugnisse für die Schönheit und Vielfalt der Natur und erinnern uns daran, wie wichtig es ist, sie zu schützen und zu bewahren.

Constables Naturstudien haben einen nachhaltigen Einfluss auf die Entwicklung der Landschaftsmalerei gehabt und haben zahlreiche nachfolgende Generationen von Künstlern inspiriert. Seine lebendigen und detailreichen Darstellungen der englischen Landschaft haben dazu beigetragen, das Genre der Landschaftsmalerei zu erneuern und zu bereichern und haben bis heute nichts von ihrer Anziehungskraft und Schönheit verloren.

Insgesamt sind Constables Naturstudien ein lebendiges Zeugnis für die Schönheit und Vielfalt der Natur und ein eindringliches Plädoyer für ihren Schutz und ihre Bewahrung. Sie erinnern uns daran, wie wichtig es ist, die Natur zu schätzen und zu respektieren, und zeigen uns die unendliche Schönheit und Vielfalt der Welt um uns herum. Constables Werke sind zeitlose Meisterwerke, die auch nach über 200 Jahren noch die Herzen und Gemüter der Betrachter auf der ganzen Welt berühren und bewegen.

Die Architektur des Neugotik
Die Neugotik, auch bekannt als Gotik-Revival oder gotischer Stil des 19. Jahrhunderts, war eine architektonische Bewegung, die im 19. Jahrhundert in Europa und Nordamerika weit verbreitet war. Sie zeichnete sich durch die Wiederbelebung der architektonischen Elemente und Formen der mittelalterlichen Gotik aus und hatte einen tiefgreifenden Einfluss auf die Architektur des 19. und frühen 20. Jahrhunderts. Die Neugotik wurde oft als Ausdruck von Nationalstolz, religiösem Eifer und historischem Bewusstsein verwendet und fand in einer Vielzahl von Bauwerken Anwendung, darunter Kirchen, Kathedralen, Schlösser, Universitäten und Regierungsgebäude.

Die Wurzeln der Neugotik lassen sich bis in die Mitte des 18. Jahrhunderts zurückverfolgen, als das Interesse an der mittelalterlichen Kunst und Architektur in Europa wieder erwachte. Zu dieser Zeit begannen Architekten und Künstler, die gotischen Kathedralen und Kirchen des Mittelalters zu bewundern und zu studieren und begannen, ihre architektonischen Elemente und Formen in ihren eigenen Werken zu verwenden. Dieser Trend verstärkte sich im 19. Jahrhundert mit der Veröffentlichung von Büchern über mittelalterliche Architektur und der Gründung von architektonischen Gesellschaften und Vereinen, die sich der Erforschung und Förderung der Gotik verschrieben hatten.

Eine der bedeutendsten Entwicklungen der Neugotik war die Wiederbelebung des Kirchenbaus im gotischen Stil. In ganz Europa und Nordamerika entstanden im 19. Jahrhundert zahlreiche neue Kirchen und Kathedralen im gotischen Stil, die die architektonischen Prinzipien und Formen der mittelalterlichen Gotik nachahmten. Diese neuen Kirchen waren oft groß und imposant, mit hohen spitzbogigen Fenstern, schlanken Türmen und aufwendig verzierten Fassaden. Ein herausragendes Beispiel für eine neugotische Kirche ist die Westminster Abbey in London, die im 19. Jahrhundert umfassend restauriert und erweitert wurde, wobei viele neugotische Elemente hinzugefügt wurden.

Neben Kirchen und Kathedralen wurde die Neugotik auch für den Bau von Schlössern und Herrenhäusern verwendet. Viele wohlhabende Adlige und Großbürgerliche ließen sich im 19. Jahrhundert neugotische Schlösser und Herrenhäuser errichten, die den architektonischen Stil und die Pracht der mittelalterlichen Burgen und Festungen nachahmten. Diese neuen Schlösser waren oft von großem Ausmaß und beeindruckender Schönheit, mit Türmen, Zinnen und spitz zulaufenden Giebeln, die an die Architektur des Mittelalters erinnerten. Ein bekanntes Beispiel für ein neugotisches Schloss ist das Schloss Neuschwanstein in Bayern, Deutschland, das im 19. Jahrhundert von König Ludwig II. von Bayern erbaut wurde und als eines der prächtigsten Schlösser Europas gilt.

Die Neugotik fand auch in anderen Bereichen der Architektur Anwendung, darunter Universitäten, Schulen und Regierungsgebäude. Viele bedeutende Universitäten und Bildungseinrichtungen im 19. Jahrhundert wurden im neugotischen Stil erbaut, darunter die Universität Oxford und die Universität Cambridge in England sowie die Universität Toronto in Kanada. Diese Gebäude waren oft imposant und eindrucksvoll, mit gotischen Türmen, Arkaden und Veranden, die eine ehrwürdige und respektable Atmosphäre schufen. Regierungsgebäude wie Parlamentsgebäude und Gerichtsgebäude wurden ebenfalls im neugotischen Stil erbaut, um eine Atmosphäre von Autorität und Stabilität zu schaffen.

Ein weiterer wichtiger Aspekt der Neugotik war ihre Verwendung im Bereich des Ingenieurwesens und der Industriearchitektur. Im 19. Jahrhundert wurden viele Brücken, Bahnhöfe und Fabriken im neugotischen Stil erbaut, wobei die architektonischen Formen und Elemente der mittelalterlichen Gotik verwendet wurden, um moderne Bauwerke zu schaffen, die gleichzeitig funktional und ästhetisch ansprechend waren. Ein bekanntes Beispiel für eine neugotische Brücke ist die Tower Bridge in London, die im 19. Jahrhundert erbaut wurde und zu den bekanntesten Wahrzeichen der Stadt gehört.

Die Neugotik hatte einen tiefgreifenden Einfluss auf die Architektur des 19. und frühen 20. Jahrhunderts und prägte das Stadtbild vieler Städte und Gemeinden auf der ganzen Welt. Ihr Erbe ist in zahlreichen beeindruckenden Bauwerken auf der ganzen Welt zu sehen, von imposanten Kathedralen und Kirchen bis hin zu prächtigen Schlössern und Herrenhäusern. Die Neugotik ist ein eindrucksvolles Beispiel für die Fähigkeit der Architektur, Geschichte und Tradition zu bewahren und gleichzeitig neue und innovative Wege zu beschreiten. Bis heute bleibt die Neugotik ein faszinierendes und inspirierendes Kapitel in der Geschichte der Architektur.

Realismus

Der Realismus war eine künstlerische Bewegung, die sich im 19. Jahrhundert entwickelte und eine Abkehr von den idealisierten Darstellungen der Romantik darstellte. Er betonte die Darstellung der realen Welt und alltäglicher Szenen, oft mit einem Fokus auf sozialen Ungerechtigkeiten und politischen Themen. Der Realismus entstand in den 1840er Jahren als Reaktion auf die romantische Ästhetik und erreichte seinen Höhepunkt im späten 19. Jahrhundert. Berühmte Realisten wie Gustave Courbet, Honoré Daumier und Édouard Manet schufen Werke, die die harte Realität des modernen Lebens einfingen und oft sozialkritische Botschaften vermittelten. In der Literatur brachten Autoren wie Gustave Flaubert, Charles Dickens und Fjodor Dostojewski die Realismusbewegung voran, indem sie das Leben der einfachen Menschen und die sozialen Probleme ihrer Zeit darstellten. Der Realismus hatte auch einen Einfluss auf die Architektur und die Darstellenden Künste, wobei Gebäude und Bühnenbilder oft auf realistische Prinzipien zurückgriffen. Der Realismus hatte eine nachhaltige Wirkung auf die Kunst des 20. Jahrhunderts und legte den Grundstein für spätere Bewegungen wie den Naturalismus und den Sozialrealismus.

Courbets Malerei des Alltags
Gustave Courbet, ein führender Vertreter des Realismus im 19. Jahrhundert, prägte die Kunstwelt seiner Zeit maßgeblich durch seine einzigartige Malerei des Alltags. Mit einem unverblümten Blick auf die Realität und einem Engagement für die Darstellung des einfachen Lebens schuf Courbet Werke, die sowohl provokativ als auch revolutionär waren.

Courbet wurde 1819 in Ornans, Frankreich, geboren und wuchs in einfachen Verhältnissen auf. Er erhielt seine Ausbildung an der École des Beaux-Arts in Paris, doch seine Vorliebe galt schon bald der Darstellung des Lebens in der Provinz und der Arbeit der einfachen Menschen. Dieses Interesse an der Realität und Authentizität sollte sein künstlerisches Schaffen prägen.

Courbet war ein Meister der Landschaftsmalerei und porträtierte oft das Landleben und die Natur in ihrer Rohheit und Schönheit. Seine Gemälde zeichnen sich durch kräftige Pinselstriche, lebendige Farben und eine eindringliche Darstellung des Lichts aus. Ein herausragendes Beispiel für seine Landschaftsmalerei ist das Gemälde "Die Steinklopfer", das zwei Arbeiter bei der mühsamen Arbeit zeigt, Steine zu zerkleinern. Courbet verzichtet auf jegliche Idealisierung und stellt die harte Realität der Arbeiterschicht schonungslos dar.

Ein weiteres zentrales Thema in Courbets Werk ist das Porträt. Er malte zahlreiche Porträts von Familienmitgliedern, Freunden und Bekannten, wobei er stets darauf bedacht war, die Persönlichkeit und Charakteristik seiner Modelle einzufangen. Sein berühmtestes Porträt ist wohl "Das Atelier des Künstlers", das eine Vielzahl von Personen aus verschiedenen sozialen Schichten zeigt, darunter auch den Künstler selbst. Dieses Gemälde ist ein Spiegelbild von Courbets Vorstellung von Kunst als einem demokratischen Medium, das allen Schichten der Gesellschaft zugänglich sein sollte.

Courbet war auch für seine Darstellung des weiblichen Körpers bekannt, die oft als kontrovers und provokativ empfunden wurde. In Werken wie "Die Quelle" und "Der Ursprung der Welt" zeigt er den weiblichen Körper in einer Weise, die in der damaligen Gesellschaft als tabubrechend galt. Diese Werke lösten bei den Zeitgenossen heftige Diskussionen aus, trugen aber auch dazu bei, das Verständnis für die Schönheit des menschlichen Körpers zu erweitern.

Ein wichtiger Aspekt von Courbets Malerei war sein Streben nach Unabhängigkeit von akademischen Konventionen und dem Geschmack des Publikums. Er lehnte es ab, sich den Erwartungen der Kunstkritiker und Galeristen zu beugen und verfolgte stattdessen seinen eigenen künstlerischen Weg. Dies führte dazu, dass Courbet häufig von der offiziellen Kunstwelt isoliert war und seine Werke oft auf Ablehnung stießen.

Trotz dieser Hindernisse blieb Courbet seinen Prinzipien treu und setzte sich für eine Kunst ein, die ehrlich, authentisch und frei von äußeren Zwängen war. Sein Einfluss auf die nachfolgenden Generationen von Künstlern, insbesondere auf die Impressionisten, kann nicht hoch genug eingeschätzt werden. Sie sahen in Courbet einen Vorläufer ihrer eigenen Suche nach einer unmittelbaren Erfassung der Realität und einer freien, individuellen Ausdrucksweise.

Insgesamt hinterließ Courbet ein bedeutendes künstlerisches Erbe, das bis heute nachwirkt. Seine Malerei des Alltags hat nicht nur die Kunst seiner Zeit geprägt, sondern auch neue Wege für die moderne Kunst erschlossen. Sein unerschütterlicher Glaube an die Kraft der Kunst, die Realität abzubilden und die Gesellschaft zu beeinflussen, macht ihn zu einem der bedeutendsten Künstler des 19. Jahrhunderts.

Die Fotografie von Daguerre
Die Fotografie von Daguerre markiert einen bedeutenden Meilenstein in der Geschichte der Fotografie und der visuellen Künste im Allgemeinen. Als einer der Pioniere auf dem Gebiet der Fotografie entwickelte Louis Daguerre eine bahnbrechende Technik, die als Daguerreotypie bekannt wurde. Diese Technik revolutionierte die Art und Weise, wie Menschen die Welt sahen und wie sie ihre Umgebung festhielten. In dieser ausführlichen Zusammenfassung werden wir einen genaueren Blick darauf werfen, wer Daguerre war, wie seine Technik funktionierte und welche Auswirkungen sie auf die Kunstwelt hatte.

Louis Daguerre, ein französischer Künstler und Erfinder, wurde am 18. November 1787 in Cormeilles-en-Parisis, Frankreich, geboren. Vor seiner Arbeit in der Fotografie war Daguerre als Bühnenbildner, Maler und Erfinder tätig. Seine künstlerischen Fähigkeiten und sein technisches Geschick führten ihn schließlich zur Erforschung der Fotografie, die zu dieser Zeit noch in den Kinderschuhen steckte.

In den 1820er und 1830er Jahren begann Daguerre mit seinen Experimenten zur Fotografie. Zu dieser Zeit wurde die Daguerreotypie entwickelt, eine fotografische Technik, die auf der Belichtung einer mit Silber beschichteten Kupferplatte basierte. Diese Platte wurde mit Jod verdampft und dann in einer Kamera platziert. Wenn das Objektiv der Kamera geöffnet wurde, wurde das Licht auf die Platte gelenkt, was eine latente Bildaufnahme ermöglichte. Anschließend wurde die Platte mit Quecksilberdämpfen entwickelt und dann mit einer Lösung aus Natriumthiosulfat fixiert. Das Ergebnis war ein einzigartiges, detailliertes Bild auf der Platte, das die Szene oder das Motiv in erstaunlicher Klarheit festhielt.

Die Einführung der Daguerreotypie im Jahr 1839 war ein Wendepunkt in der Geschichte der Fotografie. Zum ersten Mal war es möglich, Bilder schnell und präzise zu reproduzieren, ohne dass künstlerische Fähigkeiten wie beim Malen erforderlich waren. Diese Innovation hatte weitreichende Auswirkungen auf die Kunstwelt und darüber hinaus.

Daguerres Fotografien faszinierten die Menschen seiner Zeit. Sie boten eine neuartige Möglichkeit, die Welt zu betrachten und festzuhalten, und trugen zur Entstehung einer neuen visuellen Kultur bei. Die Daguerreotypie ermöglichte es den Menschen, Momente festzuhalten und Erinnerungen zu bewahren, die zuvor verloren gegangen wären. Sie revolutionierte auch die Bereiche der Wissenschaft und des Journalismus, indem sie eine präzise und genaue Dokumentation von Ereignissen und Entdeckungen ermöglichte.

Die Fotografie von Daguerre hatte auch einen tiefgreifenden Einfluss auf die Kunstwelt. Sie veränderte die Art und Weise, wie Künstler ihre Umgebung wahrnahmen und darstellten. Die detaillierten und realistischen Bilder, die mit der Daguerreotypie erzeugt wurden, inspirierten viele Künstler zu neuen kreativen Ansätzen und Techniken. Die Fotografie beeinflusste die Entwicklung des Realismus und anderer kunstgeschichtlicher

Strömungen und trug dazu bei, die Grenzen zwischen Kunst und Fotografie zu verwischen.

Darüber hinaus trug die Erfindung der Daguerreotypie dazu bei, die Verbreitung von Informationen und Ideen zu beschleunigen. Fotografien konnten schnell vervielfältigt und über weite Entfernungen hinweg transportiert werden, was zu einer neuen Ära der visuellen Kommunikation führte. Dies hatte weitreichende Auswirkungen auf die Gesellschaft und half, die Entstehung einer globalen Kultur voranzutreiben.

Insgesamt hat die Fotografie von Daguerre die Art und Weise, wie wir die Welt sehen, verändert und einen nachhaltigen Einfluss auf die Kunst, die Wissenschaft und die Gesellschaft im Allgemeinen hinterlassen. Ihre Einführung im Jahr 1839 markierte den Beginn einer neuen Ära der visuellen Kultur und legte den Grundstein für die moderne Fotografie, wie wir sie heute kennen.

Millets Bauernmotive
Jean-François Millet, ein bedeutender französischer Künstler des 19. Jahrhunderts, ist besonders bekannt für seine Darstellungen des ländlichen Lebens und der Bauernschaft. Seine Gemälde, die oft als "Bauernmotive" bezeichnet werden, bieten ein eindringliches und realistisches Porträt des bäuerlichen Lebens in Frankreich während der industriellen Revolution. In dieser Zusammenfassung werden wir einen tieferen Einblick in Millets Bauernmotive erhalten, seine künstlerische Herangehensweise analysieren und die Bedeutung seiner Werke für die Kunstgeschichte betrachten.

Millet wurde 1814 in Gruchy, einer kleinen Gemeinde in der Normandie, geboren und wuchs in bescheidenen Verhältnissen auf. Seine eigenen Erfahrungen auf dem Bauernhof seiner Eltern sowie seine Liebe zur Natur prägten sein Interesse an der Darstellung des ländlichen Lebens in seinen Gemälden. Millet studierte an der École des Beaux-Arts in Paris und wurde später Teil der sogenannten "Barbizon-Schule", einer Gruppe von Künstlern, die sich dem Realismus und der Darstellung der Natur verschrieben hatten.

Millet war fasziniert von der harten Arbeit und den einfachen Freuden des bäuerlichen Lebens und verbrachte viel Zeit damit, die Bauern bei ihrer täglichen Arbeit zu beobachten und zu studieren. Seine Gemälde zeigen oft Szenen von Bauern bei der Feldarbeit, bei der Ernte oder bei der Viehzucht. Dabei konzentrierte er sich weniger auf das idyllische oder romantische Bild des Landlebens, sondern vielmehr auf die harte Realität und die Mühsal, mit der die Bauern konfrontiert waren. Millet strebte danach, die Würde und Stärke der bäuerlichen Gemeinschaft zu vermitteln und ihre Arbeit als essenziellen Beitrag zum Wohlstand der Gesellschaft darzustellen.

Ein herausragendes Beispiel für Millets Darstellung des bäuerlichen Lebens ist sein Gemälde "Die Sense" (1857). Das Bild zeigt einen Bauern, der mühsam seine Sense schärft, bereit für einen weiteren Tag harter Arbeit auf dem Feld. Die Szene strahlt eine gewisse Ruhe und Gelassenheit aus, während gleichzeitig die Anstrengung und Entschlossenheit des Bauern deutlich wird. Millet zeigt hier die Schönheit und Erhabenheit selbst in den einfachsten Handlungen des täglichen Lebens.

Ein weiteres berühmtes Werk von Millet ist "Das Angelus" (1857-1859), das eines seiner bekanntesten und meistdiskutierten Gemälde ist. Das Bild zeigt ein bäuerliches Paar, das inbrünstig betet, während sie ihre Arbeit unterbrechen, um dem Angelus-Gebet zu lauschen. Millet fängt die Stimmung der Andacht und des stillen Respekts ein und vermittelt gleichzeitig die harte Arbeit und die Bescheidenheit der Bauern.

Die Bauernmotive von Millet zeichnen sich durch ihre kraftvolle Einfachheit und ihre sorgfältige Beobachtung der Natur aus. Seine Gemälde sind frei von jeglicher Sentimentalität oder Romantik und zeigen stattdessen die harte Realität des bäuerlichen Lebens. Millet schätzte die Schönheit und Würde der einfachen Lebensweise und vermittelte diese in seinen Werken mit großer Sensibilität und Empathie.

Die Bedeutung von Millets Bauernmotiven für die Kunstgeschichte kann nicht überschätzt werden. Seine realistische Darstellung des bäuerlichen Lebens war wegweisend für die Entwicklung des Realismus als Kunstbewegung. Millet war einer der ersten Künstler, der die harte Arbeit und die Opferbereitschaft der Bauern in den Mittelpunkt seiner Kunst stellte und sie damit aus der Anonymität hob. Seine Gemälde hatten einen starken Einfluss auf nachfolgende Generationen von Künstlern und trugen dazu bei, das Bild des bäuerlichen Lebens in der Kunst nachhaltig zu prägen.

Die Literatur von Flaubert
Gustave Flaubert (1821-1880) war einer der bedeutendsten Schriftsteller des 19. Jahrhunderts und ein Vorreiter des literarischen Realismus. Seine Werke, bekannt für ihre präzise Sprache, ihre psychologische Tiefe und ihre schonungslose Darstellung der menschlichen Natur, haben einen dauerhaften Einfluss auf die Weltliteratur ausgeübt. In dieser Zusammenfassung werden wir einen eingehenden Blick auf Flauberts Literatur werfen, seine wichtigsten Werke analysieren und seinen Beitrag zur Literaturgeschichte würdigen.

Flaubert wurde in Rouen, Frankreich, geboren und verbrachte den Großteil seines Lebens in der Normandie. Schon früh zeigte er eine Leidenschaft für das Lesen und Schreiben, und sein literarisches Talent manifestierte sich in seiner Jugend. Während seines Studiums am Collège Royal de Rouen entdeckte Flaubert sein Interesse an der Literatur und begann, eigene Werke zu verfassen. Seine frühen Versuche waren von einer stark romantischen Ästhetik geprägt, doch bald wandte er sich dem Realismus zu, einer literarischen Bewegung, die die Welt so darstellte, wie sie wirklich war.

Flauberts literarisches Schaffen ist geprägt von einer tiefen Auseinandersetzung mit den menschlichen Abgründen und der

Komplexität des menschlichen Geistes. Seine Werke zeichnen sich durch eine präzise Sprache, eine genaue Beobachtungsgabe und eine radikale Ehrlichkeit aus. Ein herausragendes Merkmal von Flauberts Stil ist seine sorgfältige Auswahl der Worte und sein Streben nach Perfektion in der Formulierung jedes Satzes. Er war ein Meister der Prosa und verstand es, mit Worten zu jonglieren, um die feinsten Nuancen von Gedanken und Gefühlen auszudrücken.

Eines von Flauberts bekanntesten Werken ist "Madame Bovary" (1857), ein Roman, der als Meisterwerk des literarischen Realismus gilt. Das Buch erzählt die Geschichte von Emma Bovary, einer unglücklichen Ehefrau, die sich in romantische Fantasien flüchtet und letztendlich an den Zwängen der bürgerlichen Gesellschaft scheitert. "Madame Bovary" ist ein brillantes Porträt einer Frau, die gegen die Grenzen ihres gesellschaftlichen Standes und ihrer eigenen Unzufriedenheit kämpft. Flaubert schildert ihre inneren Kämpfe und Sehnsüchte mit großer Empathie und Sensibilität, während er gleichzeitig die Fehltritte und Illusionen der bürgerlichen Welt entlarvt.

Ein weiteres bedeutendes Werk von Flaubert ist "Die Erziehung des Herzens" (1869), ein Roman, der die Geschichte eines jungen Mannes namens Frédéric Moreau erzählt, der auf der Suche nach Liebe und Erfüllung durch das Paris des 19. Jahrhunderts wandelt. Der Roman ist ein faszinierendes Porträt der Pariser Gesellschaft seiner Zeit und eine scharfe Kritik an den Oberflächlichkeiten und Illusionen des bürgerlichen Lebens. Flaubert zeigt die Leere und das Elend hinter dem Glanz und Glamour der Pariser Salons und enthüllt die Tragödie einer Generation, die von ihren eigenen Illusionen betrogen wird.

Flauberts literarisches Schaffen umfasst auch eine Vielzahl von Kurzgeschichten und Essays, die sich mit einer Vielzahl von Themen befassen, darunter die Natur der Kunst, die Rolle des Schriftstellers in der Gesellschaft und die Grenzen des menschlichen Verstandes. Seine Erzählungen, wie "Eine einfache

Seele" und "Herodias", zeugen von seinem scharfen Beobachtungsvermögen und seiner Fähigkeit, die menschliche Psyche zu durchdringen.

Die Bedeutung von Flauberts Literatur für die Literaturgeschichte liegt vor allem in seiner radikalen Neuerung der Erzähltechnik und seinem Beitrag zur Entwicklung des literarischen Realismus. Flaubert war ein Vorreiter der modernen Erzählkunst und experimentierte mit neuen Formen der Darstellung und Charakterisierung. Seine präzise Sprache und seine psychologische Tiefe haben zahlreiche Schriftsteller und Schriftstellerinnen nach ihm beeinflusst und inspiriert.

Darüber hinaus war Flaubert ein Pionier in der Auseinandersetzung mit moralischen und gesellschaftlichen Fragen seiner Zeit. Seine Werke stellen ein schonungsloses Spiegelbild der bürgerlichen Gesellschaft des 19. Jahrhunderts dar und zeigen die Hypokrisie, die Korruption und die moralische Verkommenheit, die hinter der Fassade des bürgerlichen Lebens verborgen sind. Flauberts Kritik an der Gesellschaft seiner Zeit war schonungslos und oft provokativ, und seine Werke lösten kontroverse Diskussionen über Moral, Ethik und die Rolle des Individuums in der Gesellschaft aus.

Die Opern von Verdi
Die Opern von Giuseppe Verdi gehören zu den bedeutendsten Werken der Operngeschichte und haben einen nachhaltigen Einfluss auf die Entwicklung dieses musikalischen Genres ausgeübt. Verdi, ein herausragender Komponist des 19. Jahrhunderts, schuf eine Vielzahl von Opern, die bis heute auf den Bühnen der ganzen Welt aufgeführt werden und das Publikum mit ihrer emotionalen Tiefe, dramatischen Kraft und unvergesslichen Melodien begeistern.

Verdi wurde 1813 in Le Roncole, einem Dorf in der Nähe von Busseto, Italien, geboren. Er begann seine musikalische Ausbildung in jungen Jahren und zeigte früh ein außergewöhnliches Talent für die Komposition. Seine Karriere als Opernkomponist begann in den

1830er Jahren, und schon bald darauf erlangte er große Anerkennung für seine Werke.

Eine der markantesten Eigenschaften von Verdis Opern ist ihre emotionale Intensität und ihre Fähigkeit, die menschliche Erfahrung in all ihren Facetten zu erfassen. Seine Musik ist von starken Gefühlen, leidenschaftlichen Liebesgeschichten, politischen Intrigen und moralischen Konflikten geprägt. In Opern wie "La Traviata", "Rigoletto" und "Il Trovatore" erkundet Verdi die tiefsten Regungen der menschlichen Seele und verleiht seinen Charakteren eine unvergleichliche emotionale Tiefe.

Ein weiteres herausragendes Merkmal von Verdis Opern ist ihre melodische Schönheit und ihre Fähigkeit, Ohrwürmer zu schaffen, die auch nach Jahrhunderten noch im Gedächtnis bleiben. Verdi war ein Meister der Melodie und schuf unzählige unvergessliche Musikstücke, die zu den bekanntesten und beliebtesten in der Opernliteratur gehören. Von den ergreifenden Arien über die mitreißenden Chöre bis hin zu den bewegenden Ensembleszenen ist Verdis Musik geprägt von einer einzigartigen melodischen Erfindungsgabe und einer unverwechselbaren klanglichen Schönheit.

Darüber hinaus zeichnen sich Verdis Opern durch ihre dramatische Kraft und ihre meisterhafte Orchestration aus. Verdi verstand es meisterhaft, die Musik mit den Handlungssträngen zu verweben und den dramatischen Spannungsbogen der Geschichten zu unterstützen. Seine Orchestrierung ist vielschichtig und einfallsreich, und sein Einsatz von Instrumenten und Stimmen trägt dazu bei, die Stimmung und Atmosphäre der Opern zu verstärken.

Verdis Opern behandeln eine Vielzahl von Themen, darunter Liebe, Eifersucht, Rache, Macht und Politik. Seine Werke spiegeln oft die politischen und sozialen Verhältnisse seiner Zeit wider und nehmen Stellung zu den wichtigsten gesellschaftlichen Fragen. In Opern wie "Nabucco" und "Macbeth" greift Verdi historische Ereignisse auf und hinterfragt die Natur von Macht und Herrschaft. In "La Forza del

Destino" und "Don Carlos" thematisiert er die Konflikte zwischen Individuum und Gesellschaft sowie zwischen Pflicht und persönlicher Freiheit.

Verdi war nicht nur ein brillanter Komponist, sondern auch ein einfallsreicher Dramatiker, der die Oper als Kunstform revolutionierte und neue Maßstäbe setzte. Sein Werk hat zahlreiche nachfolgende Komponisten beeinflusst und inspiriert und prägt die Opernwelt bis heute. Verdis Opern sind zeitlose Meisterwerke, die auch nach mehr als einem Jahrhundert nichts von ihrer Faszination und emotionalen Wirkung verloren haben. Sie bleiben ein wichtiger Bestandteil des kulturellen Erbes der Menschheit und werden auch in Zukunft die Herzen der Zuhörer auf der ganzen Welt berühren.

Whistlers Nocturnes
Die Nocturnes von James McNeill Whistler sind eine Serie von Gemälden, die für ihre subtile Schönheit, ihre atmosphärische Stimmung und ihre einzigartige Interpretation von Licht und Schatten bekannt sind. Als einer der bedeutendsten Künstler des späten 19. Jahrhunderts schuf Whistler diese faszinierenden Werke, die eine introspektive und poetische Atmosphäre einfangen und den Betrachter in eine Welt der Ruhe und Kontemplation entführen.

Whistler, ein amerikanischer Maler, der in Großbritannien lebte und arbeitete, wurde für seinen Beitrag zur Entwicklung des modernen Kunstverständnisses sowie für seine Rolle als Vorläufer des Impressionismus und des Symbolismus anerkannt. Die Nocturnes sind eines seiner markantesten und einflussreichsten Werke und stellen einen Höhepunkt seines künstlerischen Schaffens dar.

Die Nocturnes, die ihren Namen von der musikalischen Form des Nocturne entlehnen, sind bekannt für ihre impressionistische Darstellung von Nachtlandschaften, nebligen Flussufern, verschleierten Brücken und nächtlichen Straßenszenen. Whistler war fasziniert von der stimmungsvollen Atmosphäre der Nacht und der Art und Weise, wie das Licht in der Dunkelheit spielt, und diese Faszination spiegelt sich in seinen Gemälden wider.

Ein herausragendes Merkmal der Nocturnes ist ihre malerische Unschärfe und ihre reduzierte Farbpalette, die dem Betrachter ein Gefühl von Träumerei und Melancholie vermittelt. Whistler bevorzugte gedämpfte Farbtöne wie Blau, Grau und Violett, um die mysteriöse und geheimnisvolle Atmosphäre der Nacht einzufangen. Seine Technik des Malens mit dünnen Schichten von Farbe und das Verwischen von Konturen verleihen den Gemälden eine unverwechselbare Weichheit und Leichtigkeit.

Die Nocturnes sind auch für ihre abstrakten Qualitäten bekannt, die den Betrachter dazu einladen, seine eigene Interpretation der Bilder zu finden. Whistler war weniger daran interessiert, eine realistische Darstellung der Welt zu schaffen, als vielmehr daran, die emotionale Wirkung von Licht, Farbe und Form zu erfassen. Seine Gemälde sind daher oft eher impressionistische Studien von Stimmungen und Atmosphären als genaue Abbildungen von Landschaften oder Szenen.

Ein weiteres charakteristisches Element der Nocturnes ist ihre feine und subtile Pinselarbeit, die Whistlers virtuose Beherrschung der Maltechnik zeigt. Seine Fähigkeit, Licht und Schatten mit einer beinahe fotografischen Genauigkeit darzustellen, verleiht den Gemälden eine besondere Tiefe und Lebendigkeit. Whistler experimentierte auch mit ungewöhnlichen Kompositionen und unkonventionellen Blickwinkeln, um eine einzigartige visuelle Erfahrung zu schaffen.

Obwohl Whistler zu Lebzeiten nicht immer die Anerkennung erfuhr, die er verdiente, haben seine Nocturnes im Laufe der Zeit eine große Wertschätzung erfahren und gelten heute als Meisterwerke der Malerei des 19. Jahrhunderts. Sie haben zahlreiche Künstler und Kunstbewegungen beeinflusst und sind ein wichtiges Beispiel für die Bedeutung von Stimmung und Atmosphäre in der Kunst.

Insgesamt sind Whistlers Nocturnes ein faszinierendes und inspirierendes Kapitel in der Geschichte der Kunst und ein wertvolles Erbe, das auch heute noch die Fantasie und die Sinne der Betrachter beflügelt. Durch ihre subtile Schönheit und ihre poetische Ausstrahlung laden sie dazu ein, in die Welt der Nacht einzutauchen und die verborgenen Wunder und Geheimnisse der Dunkelheit zu entdecken.

Die Architektur von Haussmanns Paris
Die Architektur von Haussmanns Paris steht symbolisch für eine der bedeutendsten städtebaulichen Umgestaltungen der Geschichte. Im 19. Jahrhundert, während der Amtszeit von Napoleon III. und unter der Leitung des Präfekten Georges-Eugène Haussmann, wurde Paris zu einer modernen Metropole umgebaut, die die Ästhetik und das Funktionieren der Stadt radikal veränderte. Diese Umgestaltung prägte nicht nur das Stadtbild von Paris, sondern beeinflusste auch Stadtplanung und Architektur weltweit.

Haussmanns Projekt umfasste breite Boulevards, öffentliche Plätze, Parks und Gebäude im neoklassizistischen Stil, die eine neue urbanistische Ordnung schufen und die Stadt zugänglicher und hygienischer gestalteten. Die Umgestaltung war auch ein politisches Instrument, um die Kontrolle über die Stadt zu festigen und potenzielle Unruhen zu verhindern. Durch den Bau von breiten Boulevards wurde die Stadt für die Armee leichter zugänglich, was dazu beitrug, die revolutionären Bewegungen einzudämmen.

Haussmanns Planung konzentrierte sich auf mehrere Schlüsselelemente, die das neue Stadtbild prägten. Dazu gehörten breite, gerade Boulevards, die das Durchkommen von Truppen erleichtern sollten und gleichzeitig dem Verkehr und der Belüftung der Stadt dienten. Alte, enge Gassen und Viertel wurden abgerissen, um Platz für diese neuen, großzügigen Straßen zu schaffen, die auch dazu beitrugen, das Licht und die Luftzirkulation in der Stadt zu verbessern.

Ein weiteres wichtiges Merkmal von Haussmanns Architektur war die Errichtung von Prachtbauten und öffentlichen Plätzen. Diese repräsentativen Gebäude, wie der Pariser Oper oder der Place de l'Étoile mit dem Arc de Triomphe, sollten die Macht und Größe des Zweiten Kaiserreichs unterstreichen. Sie wurden im neoklassizistischen Stil erbaut, der auf antiken Vorbildern basierte und eine klare, monumentale Ästhetik vermittelte.

Zu Haussmanns Vision gehörte auch die Schaffung von Grünflächen und Parks, die als Erholungsorte für die Bevölkerung dienten und gleichzeitig das Stadtbild verschönerten. Bekannte Beispiele dafür sind der Bois de Boulogne im Westen und der Bois de Vincennes im Osten von Paris sowie der Parc Monceau im Zentrum.

Die Umgestaltung von Paris unter Haussmann war jedoch nicht unumstritten. Viele Bewohner wurden aus ihren Vierteln vertrieben, um Platz für die neuen Boulevards und Gebäude zu schaffen. Dies führte zu sozialen Spannungen und Protesten, insbesondere unter den ärmeren Bevölkerungsschichten, die ihre Heimat verloren hatten. Darüber hinaus wurden ganze Viertel zerstört, darunter historische Gebäude und enge Gassen, die dem traditionellen Charme von Paris entsprachen.

Dennoch hinterließ Haussmanns Arbeit ein dauerhaftes Erbe, das die moderne Stadt Paris prägt. Die breiten Boulevards, die prächtigen Gebäude und die grünen Oasen sind weiterhin charakteristisch für das Stadtbild. Haussmanns Architektur hat nicht nur die physische Struktur von Paris transformiert, sondern auch die Art und Weise, wie Menschen die Stadt erleben und wahrnehmen. Sie hat Paris zu einer der schönsten und faszinierendsten Städte der Welt gemacht, die jährlich Millionen von Besuchern anzieht und weiterhin inspiriert.

Die Skulpturen von Rodin
Auguste Rodin war ein bahnbrechender Bildhauer des späten 19. und frühen 20. Jahrhunderts, dessen Arbeit die Grenzen der

traditionellen Skulptur sprengte und die moderne Kunst maßgeblich beeinflusste. Seine Skulpturen sind für ihre expressiven Darstellungen des menschlichen Körpers und ihre innovative Herangehensweise an Form und Material bekannt. Rodin wurde am 12. November 1840 in Paris geboren und verstarb am 17. November 1917. Er begann seine künstlerische Laufbahn früh und wurde zunächst als Zeichner und Modellierer angestellt, bevor er später als unabhängiger Künstler arbeitete.

Rodins Werk reflektiert die tiefen emotionalen und psychologischen Dimensionen des menschlichen Daseins. Eine seiner bekanntesten Skulpturen, "Der Denker", verkörpert die menschliche Reflexion und Kontemplation und ist ein Symbol für die menschliche Existenz. Rodin schuf diese Skulptur als Teil eines größeren Werkes namens "Das Tor zur Hölle", das von Dante Alighieris "Göttlicher Komödie" inspiriert wurde. In diesem monumentalen Projekt zeigt Rodin eine Vielzahl von Figuren, die die verschiedenen Aspekte der menschlichen Erfahrung verkörpern.

Ein weiteres berühmtes Werk Rodins ist "Der Kuss", das die Leidenschaft und Intimität einer Umarmung darstellt. Diese Skulptur ist ein zentrales Beispiel für Rodins Fähigkeit, menschliche Emotionen und Beziehungen in Stein zu erfassen und gleichzeitig eine erstaunliche Sinnlichkeit zu vermitteln. "Der Kuss" wurde zu einem Symbol der romantischen Liebe und hat viele Künstler und Betrachter auf der ganzen Welt inspiriert.

Rodins Arbeit zeichnet sich durch ihre innovative Herangehensweise an Material und Technik aus. Er war bekannt für seine unkonventionelle Verwendung von Texturen und Oberflächen, die seinen Skulpturen eine lebendige und dynamische Qualität verliehen. Durch das Spiel mit Licht und Schatten schuf Rodin Skulpturen, die sich je nach Blickwinkel und Beleuchtung veränderten und eine einzigartige räumliche Wirkung erzeugten.

Ein weiteres wichtiges Merkmal von Rodins Werk ist seine Fähigkeit, Bewegung und Dynamik einzufangen. Viele seiner

Skulpturen wirken, als würden sie sich in einem Moment der Bewegung einfrieren, was ihnen eine unvergleichliche Vitalität verleiht. Diese Darstellung von Bewegung war zu seiner Zeit revolutionär und beeinflusste später bedeutende Künstler wie den Futurismus und den Expressionismus.

Rodins Einfluss auf die moderne Bildhauerei kann nicht überschätzt werden. Er brach mit den Konventionen seiner Zeit und eröffnete neue Möglichkeiten für die künstlerische Darstellung des menschlichen Körpers und der menschlichen Erfahrung. Seine Arbeit war wegweisend für nachfolgende Generationen von Bildhauern und prägte das Verständnis von Skulptur als Ausdrucksmittel der menschlichen Seele.

Darüber hinaus war Rodin ein produktiver Künstler, der eine Vielzahl von Werken schuf, darunter Porträts berühmter Persönlichkeiten, mythologische Szenen und religiöse Allegorien. Seine Vielseitigkeit und sein kreatives Genie machten ihn zu einem der einflussreichsten Künstler seiner Zeit und seine Werke werden auch heute noch in Museen und Galerien auf der ganzen Welt bewundert.

Insgesamt hinterließ Auguste Rodin ein bleibendes Erbe in der Kunstwelt und seine Skulpturen sind bis heute Meisterwerke der Bildhauerkunst. Seine innovativen Techniken, seine expressiven Darstellungen und seine tiefgreifenden Einsichten in die menschliche Natur machen ihn zu einem der bedeutendsten Künstler der Moderne. Seine Werke sprechen auch heute noch unmittelbar zu den Betrachtern und bleiben eine unerschöpfliche Quelle der Inspiration und Bewunderung.

Die sozialkritischen Werke von Daumier
Die Kunstwerke von Honoré Daumier, einem bedeutenden französischen Künstler des 19. Jahrhunderts, sind bekannt für ihre kraftvolle soziale Kritik und ihre eindrucksvolle Darstellung des Lebens in der französischen Gesellschaft seiner Zeit. Daumier, geboren 1808 in Marseille und gestorben 1879 in Valmondois, war

ein vielseitiger Künstler, der sich in verschiedenen Medien wie Malerei, Skulptur und vor allem in Grafik und Karikatur ausdrückte. Sein Werk zeichnet sich durch eine einzigartige Mischung aus Realismus, Humor, Satire und sozialer Sensibilität aus.

Daumier wurde besonders bekannt für seine Karikaturen, die in Zeitungen und Zeitschriften veröffentlicht wurden und die politischen und sozialen Missstände seiner Zeit kommentierten. Seine Werke waren oft politisch provokativ und kritisch gegenüber der Monarchie, der Regierung und den sozialen Ungerechtigkeiten der damaligen Gesellschaft. Er griff Themen wie Korruption, Armut, Ungerechtigkeit und die Ausbeutung der Arbeiterklasse auf und machte sie auf humorvolle und satirische Weise der Öffentlichkeit zugänglich.

Ein herausragendes Merkmal von Daumiers Arbeit ist sein einzigartiger künstlerischer Stil, der von kräftigen Linien, expressiven Gesichtsausdrücken und einer starken Dynamik geprägt ist. Seine Figuren sind oft überzeichnet und karikiert, um bestimmte soziale oder politische Charaktereigenschaften hervorzuheben. Trotz ihrer Überzeichnung behalten seine Werke eine hohe Maß an Realismus und Detailtreue bei, was seine Fähigkeiten als Beobachter und Kommentator der Gesellschaft unterstreicht.

Ein zentrales Thema in Daumiers Werk ist die Darstellung der Arbeiterklasse und ihrer Lebensbedingungen im Frankreich des 19. Jahrhunderts. Er porträtierte die harte Realität des städtischen Lebens, die Armut, den sozialen Abstieg und die Arbeitsbedingungen vieler Menschen. Dabei vermied er jegliche Romantisierung und idealisierte Darstellung und zeigte stattdessen die Rohheit und Brutalität des Alltagslebens.

Darüber hinaus griff Daumier auch politische Ereignisse und Persönlichkeiten seiner Zeit in seinen Werken auf. Er war ein scharfer Kritiker der politischen Elite und scheute sich nicht, die Machtmissbrauch und die Korruption anzuprangern. Seine

Karikaturen von König Louis-Philippe und anderen politischen Figuren brachten ihm oft Ärger ein, und er wurde mehrmals wegen seiner politischen Ansichten verhaftet und zensiert.

Obwohl Daumier vor allem für seine Grafiken und Karikaturen bekannt ist, war er auch ein talentierter Maler und Bildhauer. In seinen Gemälden setzte er seine soziale Kritik und seine Beobachtungen des städtischen Lebens fort, wobei er oft Szenen aus der Pariser Arbeiterklasse darstellte. Seine Skulpturen zeugen von seinem meisterhaften Umgang mit dem Medium und seiner Fähigkeit, Emotionen und Charakter durch Form und Textur auszudrücken.

Daumiers Einfluss auf die Kunst des 19. Jahrhunderts und darüber hinaus kann nicht überschätzt werden. Seine Werke hatten einen großen Einfluss auf nachfolgende Generationen von Künstlern und trugen zur Entwicklung des Realismus und der sozialkritischen Kunst bei. Sie inspirierten auch andere Künstler, sich für politische und soziale Fragen zu engagieren und die Macht der Kunst als Instrument des Wandels zu erkennen.

Insgesamt hinterließ Daumier ein beeindruckendes Erbe, das bis heute relevant und inspirierend ist. Seine Werke bieten nicht nur einen faszinierenden Einblick in das Leben im 19. Jahrhundert, sondern regen auch dazu an, über zeitlose Themen wie soziale Gerechtigkeit, politische Korruption und die Rolle der Kunst in der Gesellschaft nachzudenken.

Die Musik von Brahms
Johannes Brahms, ein bedeutender deutscher Komponist der Romantik, wurde am 7. Mai 1833 in Hamburg geboren und starb am 3. April 1897 in Wien. Sein musikalisches Erbe umfasst eine Vielzahl von Werken, darunter Symphonien, Kammermusik, Klavierkonzerte, Chorwerke und Lieder. Brahms' Musik ist geprägt von einer reichen harmonischen Sprache, melodischer Erfindungsgabe und einer tiefen emotionalen Ausdruckskraft.

Brahms' musikalische Laufbahn begann früh. Er erhielt Unterricht in Klavier und Komposition und verdiente sich seinen Lebensunterhalt als Pianist in Tanzorchestern und Klavierlehrer. Sein Talent wurde schnell erkannt, und er wurde in die musikalische Szene Hamburgs eingeführt. Dort traf er den Violinisten Joseph Joachim und den Komponisten Robert Schumann, die beide großen Einfluss auf sein Schaffen hatten.

Eine bedeutende Phase in Brahms' Leben war seine enge Freundschaft mit Schumann und seiner Frau Clara. Schumanns enthusiastische Anerkennung von Brahms als Retter der Musik, die er in einem Artikel in der Neuen Zeitschrift für Musik veröffentlichte, trug dazu bei, Brahms' Ruf als aufstrebender Komponist zu festigen. Clara Schumann war ebenfalls eine wichtige Unterstützerin und Interpretin seiner Werke.

Brahms' sinfonisches Schaffen umfasst vier Symphonien, von denen jede ein Meisterwerk für sich ist. Seine Erste Symphonie, komponiert über einen Zeitraum von fast 20 Jahren, ist ein Monument der romantischen Symphonik. Die Zweite Symphonie zeigt eine lebensbejahendere und pastoralere Seite von Brahms' Musik, während die Dritte Symphonie eine unvergleichliche Tiefe und emotionale Vielschichtigkeit aufweist. Die Vierte Symphonie ist ein dramatisches und kraftvolles Werk, das oft als eines der Höhepunkte der sinfonischen Literatur betrachtet wird.

Brahms' Kammermusik ist ebenfalls von großer Bedeutung. Seine Streichquartette, Klavierquartette und Klaviertrios gehören zu den Eckpfeilern des Repertoires dieser Gattung. Besonders bemerkenswert sind seine beiden Klavierquartette, die eine einzigartige Balance zwischen Soloklavier und Streichensemble erreichen.

Die Klaviermusik von Brahms ist von großer Vielfalt und umfasst Werke wie die berühmten Klavierkonzerte, Klaviersonaten, Intermezzi, Capriccios und Variationen. Seine beiden Klavierkonzerte gelten als Höhepunkte des romantischen

Klavierrepertoires und sind sowohl technisch anspruchsvoll als auch von tiefgründiger emotionaler Substanz.

Brahms' Lieder sind ebenfalls von großer Bedeutung. Seine Sammlungen von Kunstliedern, darunter die berühmten "Vier ernsten Gesänge", zeugen von seiner Fähigkeit, poetische Texte mit musikalischem Ausdruck zu verbinden. Brahms' Lieder sind oft von introspektiver Natur und erkunden Themen wie Liebe, Verlust und Sehnsucht.

Ein weiterer wichtiger Aspekt von Brahms' Schaffen ist seine Chormusik, darunter die "Ein deutsches Requiem", eines seiner bekanntesten und beliebtesten Werke. Dieses monumentale Stück für Chor, Solisten und Orchester ist ein Meisterwerk der geistlichen Musik und unterscheidet sich von traditionellen Requiem-Vertonungen durch seine Auswahl nicht-liturgischer Texte und seine Betonung des Trostes und der Hoffnung.

Brahms' Musik ist gekennzeichnet durch ihre strukturelle Strenge, melodische Erfindungskraft und emotionale Tiefe. Sein Stil verbindet die Formstrenge der Klassik mit der emotionalen Ausdruckskraft der Romantik. Brahms war ein Meister der musikalischen Entwicklung und Variation, und seine Werke zeugen von einer unvergleichlichen handwerklichen Meisterschaft.

Impressionismus

Der Impressionismus war eine bedeutende künstlerische Bewegung, die im späten 19. Jahrhundert in Frankreich entstand und einen revolutionären Ansatz zur Darstellung von Licht, Farbe und Bewegung in der Malerei darstellte. Die Bewegung begann in den 1860er Jahren als Reaktion auf die starren Konventionen der damaligen Kunstakademien und erreichte ihren Höhepunkt in den 1870er und 1880er Jahren. Die Impressionisten, darunter Claude Monet, Pierre-Auguste Renoir und Edgar Degas, malten oft im Freien und fingen die flüchtigen Momente des täglichen Lebens ein, wobei sie die Wirkung des Lichts und der Atmosphäre auf die Landschaften und Szenen festhielten. Ihr lockerer Pinselstrich und die Verwendung von reinen, leuchtenden Farben brachen mit den traditionellen Techniken der Malerei und lösten eine Revolution in der Kunstwelt aus. Obwohl die Impressionisten anfangs auf Ablehnung stießen, wurden sie im Laufe der Zeit immer mehr anerkannt und gelten heute als eine der einflussreichsten Kunstbewegungen der Geschichte. Ihre Experimente mit Licht und Farbe legten den Grundstein für die moderne Kunst des 20. Jahrhunderts und inspirierten zahlreiche nachfolgende Künstler.

Monets Seerosenbilder
Claude Monets Seerosenbilder sind zweifellos einige der bekanntesten und faszinierendsten Werke der impressionistischen Malerei des 19. Jahrhunderts. Diese Reihe von Gemälden, die die Natur in ihrer flüchtigen Schönheit einfangen, wurde zu einem Sinnbild für die impressionistische Bewegung und prägte die moderne Kunst des 20. Jahrhunderts maßgeblich. In dieser ausführlichen Zusammenfassung werden wir Monets Leben, seine künstlerische Entwicklung, die Entstehungsgeschichte der Seerosenbilder und ihre Bedeutung für die Kunstwelt näher betrachten.

Claude Monet, geboren am 14. November 1840 in Paris, Frankreich, war ein bahnbrechender Maler des Impressionismus, einer Kunstbewegung, die sich durch ihre Betonung von Licht, Farbe und atmosphärischer Stimmung auszeichnete. Monet zeigte schon früh ein außergewöhnliches Talent für die Malerei und studierte an renommierten Kunstakademien in Paris. Während seiner Ausbildung entwickelte er eine Vorliebe für das Malen im Freien und begann, die sich ständig ändernden Lichtverhältnisse und Farbtöne der Natur zu erfassen.

Der Durchbruch von Monet als Künstler kam mit seinem Beitrag zur ersten Ausstellung der sogenannten "Impressionisten" im Jahr 1874, bei der sein Gemälde "Impression, soleil levant" (Impression, Sonnenaufgang) gezeigt wurde. Der Begriff "Impressionismus" leitet sich tatsächlich von diesem Gemälde ab, das eine flüchtige, impressionistische Darstellung eines Sonnenaufgangs über dem Hafen von Le Havre zeigt. Diese Ausstellung markierte den Beginn einer neuen Ära in der Kunstgeschichte und legte den Grundstein für Monets Karriere als führender Vertreter des Impressionismus.

Monets Seerosenbilder entstanden in den letzten Jahren seines Lebens und sind das Ergebnis seiner intensiven Auseinandersetzung mit dem Motiv der Seerosen in seinem eigenen Garten in Giverny, einer kleinen Stadt in der Nähe von Paris. Nachdem Monet das Anwesen gekauft hatte, widmete er sich mit Leidenschaft der Gestaltung und Pflege der Gärten, die zu einem lebenden Kunstwerk wurden und ihn zu zahlreichen Meisterwerken inspirierten.

Die Seerosenbilder von Monet sind bekannt für ihre malerische Darstellung von Licht, Farbe und Reflexion, die die Betrachter in eine Welt der Ruhe und Schönheit entführen. Monet malte seine Seerosenbilder oft in Serie, wobei er dieselben Motive zu verschiedenen Tageszeiten und unter unterschiedlichen Lichtverhältnissen festhielt. Dieser Ansatz ermöglichte es ihm, die flüchtigen Momente der Natur einzufangen und die subtilen Veränderungen von Licht und Farbe einzufangen, die die Atmosphäre seiner Gärten prägten.

Die Seerosenbilder von Monet sind auch für ihre abstrakte und experimentelle Darstellung des Motivs bekannt, die die Grenzen der traditionellen Malerei herausforderte und neue Wege der künstlerischen Ausdrucksweise erschloss. Monet verwendete breite Pinselstriche, lebendige Farben und eine lockere, spontane

Technik, um die flüchtigen Eindrücke der Natur festzuhalten und eine malerische Vision zu schaffen, die die Grenzen zwischen Realität und Abstraktion verwischte.

Die Seerosenbilder von Monet hatten einen tiefgreifenden Einfluss auf die Entwicklung der modernen Kunst des 20. Jahrhunderts und prägten eine ganze Generation von Künstlern und Kunstschaffenden. Ihre innovative Darstellung von Licht und Farbe, ihre abstrakte und experimentelle Technik und ihre malerische Vision beeinflussten bedeutende Kunstbewegungen wie den Expressionismus, den Kubismus und den Abstrakten Expressionismus.

Monets Seerosenbilder stehen als Symbol für die unendliche Schönheit und Vielfalt der Natur und erinnern uns an die transzendenten Qualitäten der Kunst, die uns dazu inspirieren, die Welt um uns herum mit neuen Augen zu sehen. Ihr Erbe ist ein bleibendes Vermächtnis der impressionistischen Bewegung und ein faszinierendes Beispiel für die Kraft der Kunst, uns zu berühren, zu bewegen und zu inspirieren.

Die Ballettszenen von Degas
Edgar Degas, ein herausragender Maler des 19. Jahrhunderts, wurde am 19. Juli 1834 in Paris, Frankreich, geboren und starb am 27. September 1917. Seine Arbeit, insbesondere seine Darstellungen von Ballettszenen, prägte die Kunstwelt nachhaltig und bleibt bis heute ein faszinierendes Beispiel für die Meisterschaft in der Darstellung menschlicher Bewegung und Emotion.

Degas' Interesse an Ballettszenen entwickelte sich in den 1860er Jahren, als er begann, die Proben und Aufführungen der Pariser Oper zu besuchen. Fasziniert von der Anmut und Eleganz der Tänzerinnen, sah er im Ballett eine einzigartige Möglichkeit, menschliche Emotionen und Dynamik zu erforschen. Seine Gemälde und Skulpturen zeigen die Tänzerinnen in verschiedenen Posen und Haltungen, während sie sich aufwärmen, dehnen oder auf ihre Auftritte warten. Dabei fokussierte er sich auf die Proben, Pausen und intimen Momente hinter den Kulissen des Theaters.

Degas' Darstellungen von Ballettszenen zeichnen sich durch ihre realistische Darstellung des Alltagslebens der Tänzerinnen aus. Er interessierte sich für die harte Arbeit und Disziplin, die mit dem Ballett verbunden waren, und versuchte, die Atmosphäre des Tanzstudios und die Beziehungen zwischen den Tänzerinnen einzufangen. Seine Bilder zeigen die Tänzerinnen oft in unvorteilhaften oder ungeschminkten Momenten, wodurch er eine ehrliche und ungeschönte Darstellung des Berufslebens der Tänzerinnen schuf.

Degas' Blick hinter die Kulissen des Balletts war revolutionär und brach mit den romantischen Klischees und Idealbildern, die zuvor in der Kunst dargestellt worden waren. Anstatt glamouröse Aufführungen zu zeigen, konzentrierte er sich auf die Proben, Pausen und intimen Momente hinter den Kulissen des Theaters. Er porträtierte die Tänzerinnen in unvorteilhaften oder ungeschminkten Momenten, wodurch er eine ehrliche und ungeschönte Darstellung des Berufslebens der Tänzerinnen schuf.

Degas war ein Meister der Licht- und Farbgebung und nutzte diese Techniken, um die Atmosphäre und Stimmung seiner Ballettszenen einzufangen. Seine Bilder sind oft von einem diffusen Licht durchdrungen, das die Konturen der Figuren verwischt und eine scheinbar mühelose Bewegung suggeriert. Ein weiteres charakteristisches Merkmal seiner Arbeit ist seine Fähigkeit, menschliche Bewegung und Anatomie präzise darzustellen. Er studierte die Bewegungen der Tänzerinnen eingehend und machte unzählige Skizzen und Zeichnungen, um ihre Bewegungen und Posen genau zu erfassen.

Degas' Darstellungen von Ballettszenen hatten einen tiefgreifenden Einfluss auf die moderne Kunst des 20. Jahrhunderts und prägten eine ganze Generation von Künstlern und Kunstschaffenden. Seine innovative Herangehensweise an das Thema, seine subtile Beobachtungsgabe und seine Fähigkeit, menschliche Emotionen und Bewegung einzufangen, beeinflussten viele Künstler, darunter Pablo Picasso, Henri Matisse und Mary Cassatt.

Degas' Vermächtnis bleibt bis heute ein faszinierendes und inspirierendes Beispiel für die Schönheit und Eleganz des menschlichen Körpers in Bewegung. Seine meisterhaften Darstellungen des Balletts haben eine zeitlose Anziehungskraft und erinnern uns an die unendliche Faszination des Tanzes und der menschlichen Gestalt. Degas' Blick hinter die Kulissen des Balletts und seine einfühlsame Darstellung der Tänzerinnen haben eine ganze Ära der Kunst geprägt und sein Vermächtnis als einer der größten Maler des 19. Jahrhunderts gefestigt.

Renoirs Gesellschaftsporträts
Pierre-Auguste Renoir, einer der führenden Maler des Impressionismus, ist für seine meisterhaften Gesellschaftsporträts bekannt, die das Leben der Pariser Oberschicht im 19. Jahrhundert einfangen. Geboren am 25. Februar 1841 in Limoges, Frankreich, begann Renoir seine künstlerische Karriere als Porzellanmaler, bevor er sich der Malerei zuwandte. Sein Talent wurde früh erkannt, und er erhielt ein Stipendium für die renommierte École des Beaux-Arts in Paris, wo er sein Handwerk weiterentwickelte und sich mit anderen aufstrebenden Künstlern wie Claude Monet und Frédéric Bazille anfreundete.

Renoirs künstlerische Reise führte ihn durch verschiedene Stile und Techniken, und er experimentierte mit verschiedenen Genres, bevor er seinen eigenen unverwechselbaren Stil fand. Inspiriert von der Natur und dem modernen Leben begann er, Szenen des täglichen Lebens in den Straßen von Paris festzuhalten. Dabei interessierte er sich besonders für die Darstellung von Menschen und ihren Beziehungen zueinander.

In den 1870er Jahren wurde Renoir zunehmend von der Pariser Gesellschaft angezogen und begann, Porträts von Mitgliedern der Oberschicht zu malen. Diese Gesellschaftsporträts sollten zu einem wesentlichen Bestandteil seines Werkes werden und seinen Ruf als einer der herausragenden Porträtmaler seiner Zeit festigen.

Renoirs Gesellschaftsporträts zeichnen sich durch ihre lebendigen Farben, ihre fließenden Pinselstriche und ihre sorgfältige Beobachtung der menschlichen Form aus. Er hatte eine außergewöhnliche Fähigkeit, die Persönlichkeit und den Charakter seiner Modelle einzufangen und auf die Leinwand zu übertragen. Seine Porträts sind für ihre lebendigen Darstellungen menschlicher Emotionen und Beziehungen bekannt und bieten einen einzigartigen Einblick in das Leben der Pariser Oberschicht im 19. Jahrhundert.

Ein charakteristisches Merkmal von Renoirs Gesellschaftsporträts ist ihre Eleganz und Anmut, die sie von vielen anderen zeitgenössischen Porträts abhebt. Renoir war ein Meister der Komposition und wusste, wie er seine Modelle am vorteilhaftesten in Szene setzen konnte. Seine Porträts strahlen oft eine Atmosphäre von Leichtigkeit und Freude aus und vermitteln dem Betrachter das Gefühl, Teil der Szene zu sein.

Renoir arbeitete in einer Vielzahl von Medien, darunter Öl, Pastell und Aquarell, und seine Technik variierte je nach Medium und Thema. In seinen Ölgemälden zeigte er eine bemerkenswerte Fähigkeit, Licht und Farbe zu manipulieren, um eine warme und einladende Atmosphäre zu schaffen. Seine Pastellzeichnungen waren oft lebhaft und spontan, während seine Aquarelle eine zarte und luftige Qualität aufwiesen.

Renoirs Gesellschaftsporträts waren zu seiner Zeit äußerst beliebt und wurden von wohlhabenden Sammlern und Mäzenen geschätzt. Sie spiegelten den Zeitgeist des späten 19. Jahrhunderts wider und wurden als Inbegriff von Eleganz und Raffinesse betrachtet. Trotz seines kommerziellen Erfolgs blieb Renoir zeitlebens ein unabhängiger Künstler, der sich nie scheute, neue Wege der künstlerischen Ausdrucksweise zu erforschen.

Der Einfluss von Renoirs Gesellschaftsporträts auf die moderne Kunstwelt ist unbestreitbar. Seine lebendigen und ansprechenden Porträts inspirierten zahlreiche Nachfolger und trugen dazu bei, den Impressionismus als eine der wichtigsten Kunstbewegungen des 19. Jahrhunderts zu etablieren. Renoirs Gesellschaftsporträts stehen als Meisterwerke der impressionistischen Malerei und erinnern uns an die zeitlose Schönheit und Eleganz des Pariser Lebens im 19. Jahrhundert. Ihre Anziehungskraft bleibt bis heute unvermindert, und sie werden weiterhin bewundert und geschätzt für ihre einfühlsame Darstellung menschlicher Emotionen und Beziehungen.

Pissarros Landschaften

Camille Pissarro, einer der bedeutendsten Maler des Impressionismus, ist bekannt für seine faszinierenden Landschaftsbilder, die die Schönheit und Vielfalt der Natur einfangen. Geboren am 10. Juli 1830 auf der Insel St. Thomas in der Karibik und gestorben am 13. November 1903 in Paris, Frankreich, war Pissarro ein Wegbereiter für die moderne Landschaftsmalerei und ein Schlüsselfigur des Impressionismus. Seine Werke zeugen von einem tiefen Verständnis für die Natur und einer außergewöhnlichen Fähigkeit, die Stimmung und Atmosphäre der Landschaft einzufangen.

Pissarro war von Kindheit an von der Natur fasziniert und entwickelte früh eine Leidenschaft für die Malerei. Er zog nach Paris, um seine künstlerische Ausbildung zu vertiefen, und wurde bald von den Impressionisten beeinflusst, einer Gruppe von Künstlern, die sich für die Darstellung des Lichts und der Farbe in der Natur interessierten. Pissarro wurde zu einem engen Freund und Mentor von vielen der führenden Impressionisten, darunter Claude Monet, Auguste Renoir und Paul Cézanne.

Pissarros Landschaftsbilder sind für ihre lebendigen Farben, ihre flüchtigen Pinselstriche und ihre einfühlsame Darstellung der Natur bekannt. Er war ein Meister der Farbe und des Lichts und nutzte diese Elemente geschickt, um die Stimmung und Atmosphäre seiner Bilder einzufangen. Seine Gemälde strahlen oft eine Atmosphäre von Ruhe und Gelassenheit aus und vermitteln dem Betrachter ein Gefühl von Frieden und Harmonie mit der Natur.

Ein charakteristisches Merkmal von Pissarros Landschaftsbildern ist seine Fähigkeit, die sich ständig verändernden Wetterbedingungen und Lichtverhältnisse der Natur einzufangen. Er malte oft im Freien, um die natürlichen Effekte von Licht und Schatten direkt zu beobachten und auf die Leinwand zu übertragen. Seine Bilder zeigen eine Vielzahl von Lichtstimmungen, von den warmen, goldenen Tönen eines sonnigen Tages bis zu den kühlen, blauen Schattierungen eines bewölkten Himmels.

Pissarros Landschaftsbilder hatten einen tiefgreifenden Einfluss auf die moderne Kunstwelt und beeinflussten eine ganze Generation von Künstlern und Kunstschaffenden. Seine innovative Verwendung von Farbe und Licht half dabei, den Impressionismus als eine der wichtigsten Kunstbewegungen des 19. Jahrhunderts zu etablieren und die Richtung der modernen Landschaftsmalerei zu prägen.

Darüber hinaus trugen Pissarros Landschaftsbilder dazu bei, das Verständnis und die Wertschätzung der Natur in der Kunst zu fördern und die Rolle des Künstlers als Vermittler zwischen Mensch und Natur zu stärken. Seine einfühlsame Darstellung der Landschaft als Ort der Schönheit und Erhabenheit half dabei, eine neue Ära der Landschaftsmalerei einzuleiten, die die natürliche Welt in all ihrer Vielfalt und Pracht feierte.

Camille Pissarros Landschaftsbilder stehen als lebendige Zeugnisse seiner Liebe und Leidenschaft für die Natur und erinnern uns an die zeitlose Schönheit und Vielfalt der natürlichen Welt. Seine meisterhaften Gemälde haben eine zeitlose Anziehungskraft und sind bis heute für ihre lebendigen Farben, ihre flüchtigen Pinselstriche und ihre einfühlsame Darstellung der Landschaft bekannt.

Die Musik von Debussy
Die Musik von Claude Debussy gilt als wegweisend für die Entwicklung der modernen Musik im 20. Jahrhundert. Geboren am 22. August 1862 in Saint-Germain-en-Laye, Frankreich, und verstorben am 25. März 1918 in Paris, war Debussy ein innovativer Komponist, dessen Werke einen einzigartigen Klangkosmos schufen und die Grenzen der traditionellen Harmonie und Form sprengten.

Debussy wurde in einer Zeit des Umbruchs geboren, als sich die westliche Musik von den strengen Regeln der Romantik zu befreien begann und neue Ausdrucksformen suchte. Debussy war einer der ersten Komponisten, der den Einfluss von außereuropäischen Musiktraditionen wie der javanischen Gamelan-Musik und der spanischen Flamenco-Musik in seine Werke integrierte. Dies führte zu einer radikalen Veränderung der Klangästhetik und legte den Grundstein für die Entstehung der sogenannten "modernen Musik".

Debussys Musik ist geprägt von einer Vielzahl von Einflüssen, darunter Impressionismus, Symbolismus, orientalische Musik und die Romantik. Seine Werke zeichnen sich durch ihre ungewöhnlichen Harmonien, ihre freie Rhythmik, ihre Vorliebe für exotische Skalen und ihre suggestive Klangfarben aus. Er war ein Meister der Klangmalerei und konnte mit seinen Kompositionen eine Vielzahl von Stimmungen und Atmosphären einfangen.

Ein charakteristisches Merkmal von Debussys Musik ist ihr impressionistischer Charakter, der von den Gemälden seines Zeitgenossen, der impressionistischen Maler, inspiriert wurde. Seine Musik ist oft geprägt von flüchtigen Harmonien und Klangfarben, die ein Gefühl von Unschärfe und Bewegung erzeugen. Debussy war fasziniert von den Möglichkeiten der Musik, Stimmungen und Emotionen ohne Worte auszudrücken, und seine Werke sind voll von suggestiven Klangbildern, die die Phantasie des Zuhörers anregen.

Debussys innovativer Ansatz zur Harmonie und Form revolutionierte die Musik seiner Zeit und beeinflusste eine ganze Generation von Komponisten. Er brach mit den traditionellen Formen der Klassik und Romantik und schuf neue Strukturen und Texturen, die den Weg für die Entstehung der modernen Musik ebneten. Seine Verwendung von unkonventionellen Harmonien und Tonarten, seine Vorliebe für Pentatonik und Ganztonleitern sowie seine Experimente mit Klangfarben und Texturen trugen dazu bei, die Grenzen der Musik zu erweitern und neue kreative Möglichkeiten zu eröffnen.

Debussys Musik ist eine vielschichtige und facettenreiche Welt, die eine breite Palette von Emotionen und Ausdrucksformen umfasst. Von den zarten und impressionistischen Klangbildern seiner Klavierstücke wie "Clair de Lune" und "Prélude à l'après-midi d'un faune" bis hin zu den dramatischen und expressiven Orchesterwerken wie "La Mer" und "Images", Debussy war ein Meister der musikalischen Vielfalt und Originalität.

Sein Vermächtnis als einer der wichtigsten Komponisten des 20. Jahrhunderts ist unbestreitbar, und seine Musik wird bis heute als eine der bedeutendsten Errungenschaften der westlichen Musikgeschichte gefeiert. Debussys Werke haben eine zeitlose Anziehungskraft und bleiben eine unerschöpfliche Quelle der Inspiration für Musiker und Zuhörer auf der ganzen Welt. Sein Einfluss erstreckt sich über alle musikalischen Gattungen und Stile und wird auch in Zukunft weiterhin präsent sein.

Die Gedichte von Rimbaud
Arthur Rimbaud, geboren am 20. Oktober 1854 in Charleville, Frankreich, und verstorben am 10. November 1891 in Marseille, gilt als einer der einflussreichsten Dichter des 19. Jahrhunderts und als Wegbereiter der modernen Dichtung. Sein literarisches Schaffen, obwohl von kurzer Dauer, hat einen nachhaltigen Einfluss auf die Literaturgeschichte ausgeübt und zahlreiche Schriftsteller und Künstler inspiriert. Rimbauds Gedichte zeichnen sich durch ihre unkonventionelle Sprache, ihre radikale Experimentierfreude und ihre tiefgründige Sinnlichkeit aus. In dieser ausführlichen Zusammenfassung werden wir Rimbauds Leben, sein literarisches Werk und seinen Einfluss auf die moderne Dichtung eingehend betrachten.

Rimbaud wuchs in Charleville, einer Stadt in Nordfrankreich, auf. Schon früh zeigte er eine außergewöhnliche Begabung für das Schreiben und interessierte sich leidenschaftlich für Literatur und Poesie. Im Alter von 15 Jahren schrieb er seine ersten Gedichte, die bereits von einer erstaunlichen Reife zeugten. Rimbauds frühe Werke reflektierten oft die Landschaften und Stimmungen seiner Heimatregion, aber auch seine persönlichen Erfahrungen und Sehnsüchte.

Im Jahr 1870, im Alter von 16 Jahren, verließ Rimbaud sein Elternhaus und zog nach Paris, um seine literarischen Ambitionen zu verfolgen. Die Pariser Kunstszene war zu dieser Zeit ein

Schmelztiegel kreativer Energie und kultureller Innovation. Rimbaud wurde von der Atmosphäre der Stadt angezogen und von den Ideen des Symbolismus und der Romantik inspiriert, die dort blühten.

Es war auch in Paris, wo Rimbaud auf den Dichter Paul Verlaine traf, der sein Mentor und Liebhaber werden sollte. Verlaine, beeindruckt von Rimbauds Talent und seiner ungestümen Natur, nahm ihn unter seine Fittiche und führte ihn in die Welt der Dichtung ein. Die Beziehung zwischen Rimbaud und Verlaine war von Leidenschaft, Konflikten und künstlerischer Zusammenarbeit geprägt und hatte einen tiefgreifenden Einfluss auf Rimbauds Entwicklung als Dichter.

Rimbauds Schaffen erreichte seinen Höhepunkt in den Jahren 1872 bis 1875, als er einige seiner bedeutendsten Werke schrieb, darunter die berühmten "Illuminationen". Diese Gedichte, geprägt von einer tiefen spirituellen Suche und einer radikalen Experimentierfreude, sind ein Meisterwerk der symbolistischen Dichtung und ein Höhepunkt in Rimbauds Schaffen. Sie erkunden Themen wie Liebe, Tod, Wahnsinn und die Suche nach dem Absoluten auf eine Weise, die damals völlig neu und unerhört war.

Rimbauds Sprache in den "Illuminationen" ist explosiv und gewagt, seine Bilder sind oft halluzinatorisch und surreal. Er brach mit den traditionellen Formen der Dichtung und schuf eine neue, poetische Sprache, die geprägt war von einer explosiven Mischung aus Sinnlichkeit, Gewalt und Vision. Seine Gedichte sind ein Feuerwerk der Sprachbilder und Metaphern, die die Grenzen der Vorstellungskraft sprengen und den Leser auf eine Reise in die Tiefen des Unbewussten mitnehmen.

Rimbaud war ein Meister der suggestiven und vielschichtigen Sprache, der es verstand, mit wenigen Worten komplexe Gedanken und Gefühle auszudrücken. Seine Gedichte sind reich an Symbolen und Metaphern, die oft mehrdeutig und mysteriös sind. Sie laden den Leser ein, zwischen den Zeilen zu lesen und die verborgenen Bedeutungen zu entdecken, die unter der Oberfläche lauern.

Rimbauds Einfluss auf die moderne Dichtung ist unbestritten. Seine Gedichte haben zahlreiche Dichter und Künstler inspiriert und beeinflusst, darunter die Surrealisten, die Dadaisten und die Beat- Poeten. Rimbauds revolutionäre Herangehensweise an die Sprache und seine radikale Experimentierfreude haben die Grenzen der Poesie erweitert und neue Möglichkeiten des Ausdrucks eröffnet.

Seine Gedichte bleiben eine unerschöpfliche Quelle der Inspiration und eine lebendige Erinnerung an die Kraft der Poesie, die Welt zu verändern und zu verstehen. Rimbauds Werk bleibt ein faszinierendes Kapitel in der Geschichte der Dichtung und eine dauerhafte Hommage an die unerschöpfliche Kreativität des menschlichen Geistes.

Sisleys Flusslandschaften
Alfred Sisley, ein bedeutender Vertreter des Impressionismus, wurde am 30. Oktober 1839 in Paris geboren und verstarb am 29. Januar 1899 in Moret-sur-Loing, Frankreich. Als englischer Staatsbürger französischer Herkunft spielte Sisley eine wichtige Rolle in der Entwicklung der impressionistischen Bewegung, die Ende des 19. Jahrhunderts die Kunstwelt revolutionierte. Insbesondere seine Darstellungen von Flusslandschaften gelten als Meisterwerke dieses Genres und prägen bis heute das Verständnis von impressionistischer Landschaftsmalerei.
Sisley wuchs in einer wohlhabenden Familie auf und erhielt eine solide Ausbildung. Obwohl er zunächst ein eher unauffälliges Leben führte, entschied er sich in den 1860er Jahren, seinen Lebensunterhalt als Künstler zu verdienen. Inspiriert von den Werken anderer impressionistischer Maler wie Monet und Renoir begann er, im Freien zu malen und die flüchtigen Eindrücke von Licht und Farbe einzufangen.

Die Flusslandschaften von Sisley sind geprägt von einer bemerkenswerten Leichtigkeit und einem Gefühl der Unmittelbarkeit. Seine Bilder zeigen oft ruhige, idyllische Flussufer, belebt von der Bewegung des Wassers und der Weite des Himmels. Die Farbpalette ist lebendig und leuchtend, mit satten

Grüntönen für das Laub der Bäume und klaren Blautönen für den Himmel und das Wasser.

Ein charakteristisches Merkmal von Sisleys Flusslandschaften ist die subtile Behandlung von Licht und Schatten. Durch geschickte Verwendung von Licht und Farbe gelang es ihm, die Stimmung und Atmosphäre jeder Szene einzufangen. Die Sonnenstrahlen brechen durch die Baumkronen und werfen sanfte Schatten auf den Boden, während das Wasser glitzert und reflektiert.

Ein weiteres herausragendes Merkmal von Sisleys Arbeit ist seine Fähigkeit, die Schönheit der Natur in all ihren Facetten einzufangen. Seine Flusslandschaften zeigen oft malerische Dörfer, alte Brücken und üppige Uferbepflanzungen, die die Harmonie zwischen Mensch und Natur betonen. Sisley hatte eine besondere Vorliebe für die Ufer der Seine und der Themse, die er immer wieder in seinen Gemälden verewigte.

Obwohl Sisley zeitlebens ein relativ bescheidener Erfolg vergönnt war und seine Werke lange Zeit im Schatten seiner berühmteren Kollegen standen, hat er sich heute einen festen Platz in der Kunstgeschichte gesichert. Seine Flusslandschaften werden als Höhepunkt des Impressionismus angesehen und sind beispielhaft für die Fähigkeit des Genres, die Schönheit und Vielfalt der natürlichen Welt einzufangen.

Sisleys Einfluss reicht weit über seine eigene Zeit hinaus und prägt bis heute das Verständnis von Landschaftsmalerei. Seine Werke werden in renommierten Museen auf der ganzen Welt ausgestellt und von Sammlern hoch geschätzt. Durch seine einzigartige Vision und sein handwerkliches Können hat Sisley einen unvergesslichen Beitrag zur Kunstgeschichte geleistet und das Erbe des Impressionismus auf ewig bereichert.

Morisots Intime Szenen
Berthe Morisot, eine der bedeutendsten Künstlerinnen des Impressionismus, wurde am 14. Januar 1841 in Bourges, Frankreich, geboren und verstarb am 2. März 1895 in Paris. Als eine der wenigen Frauen in der männlich dominierten Kunstwelt

des 19. Jahrhunderts hinterließ Morisot dennoch einen bleibenden Eindruck durch ihre beeindruckende künstlerische Vision und ihr Talent. Insbesondere ihre intimen Szenen, die das private Leben und die Beziehungen der Menschen einfangen, sind heute als herausragende Beispiele impressionistischer Malerei anerkannt.

Morisot wurde in eine wohlhabende und kultivierte Familie hineingeboren, die ihr eine solide Ausbildung und den Zugang zur Pariser Kunstszene ermöglichte. Ihr Talent wurde früh erkannt, und sie erhielt Unterricht von renommierten Malern wie Jean-Baptiste-Camille Corot und Achille Oudinot. Diese frühe Ausbildung prägte Morisots Stil und Technik und ebnete den Weg für ihre spätere künstlerische Entwicklung.

Als junge Frau trat Morisot in die Pariser Kunstwelt ein, wo sie andere aufstrebende Künstler kennenlernte, darunter Édouard Manet, der einen tiefgreifenden Einfluss auf sie ausübte. Unter seiner Anleitung begann Morisot, im Freien zu malen und die flüchtigen Eindrücke von Licht und Farbe einzufangen, die charakteristisch für den Impressionismus sind. Ihre frühen Arbeiten zeigten bereits eine bemerkenswerte Fähigkeit, Stimmungen und Atmosphären durch subtile Variationen von Farbe und Licht einzufangen.

Morisots intime Szenen konzentrieren sich oft auf das private Leben und die Beziehungen der Menschen, insbesondere von Frauen und Kindern. Sie malte häufig Szenen des Alltags, die Momente der Ruhe und Entspannung zeigen, wie zum Beispiel Frauen beim Lesen oder Kinder beim Spielen. Diese intimen Momente des privaten Lebens vermitteln eine Atmosphäre der Geborgenheit und Vertrautheit und geben Einblick in die Welt des späten 19. Jahrhunderts.

Ein charakteristisches Merkmal von Morisots Werk ist ihre Fähigkeit, Licht und Farbe einzufangen und damit Stimmungen und Atmosphären zu erzeugen. Ihre Bilder sind oft von einem warmen, diffusen Licht durchflutet, das die Szene in einen sanften Schleier hüllt und eine Atmosphäre der Intimität und Gelassenheit schafft. Morisots Farbpalette ist subtil und nuanciert, mit sanften

Übergängen zwischen Licht und Schatten und lebendigen Akzenten von Farbe, die die Aufmerksamkeit des Betrachters auf sich ziehen.

Morisots intime Szenen sind nicht nur ästhetisch ansprechend, sondern auch von großer kultureller Bedeutung. Als eine der ersten Frauen, die es wagten, das häusliche Leben und die weibliche Erfahrung in den Mittelpunkt ihrer Kunst zu stellen, trug Morisot dazu bei, traditionelle Rollenbilder in Frage zu stellen und die Vielfalt und Komplexität weiblicher Identität zu betonen. Ihre Werke sind ein Zeugnis für die zunehmende Emanzipation der Frauen im 19. Jahrhundert und zeigen die Vielfalt und Komplexität weiblicher Identität.

Obwohl Morisot zu Lebzeiten nicht die gleiche Anerkennung erfuhr wie ihre männlichen Kollegen, hat sie sich heute einen festen Platz in der Kunstgeschichte gesichert. Ihre intime Szenen sind nicht nur technisch brillant, sondern auch von einer tiefen Menschlichkeit und Empathie geprägt, die sie zu zeitlosen Meisterwerken macht. Morisots Werk inspiriert bis heute Künstler und Kunstliebhaber auf der ganzen Welt und bleibt ein lebendiges Zeugnis für die Kraft der Kunst, das Leben zu verstehen und zu feiern.

Cézannes Stillleben
Paul Cézanne, einer der bedeutendsten Maler des 19. Jahrhunderts und Wegbereiter der modernen Kunst, wurde am 19. Januar 1839 in Aix-en-Provence, Frankreich, geboren und verstarb am 22. Oktober 1906 in derselben Stadt. Bekannt für seine radikale Neuinterpretation traditioneller Motive, prägte Cézanne die Entwicklung der modernen Kunst maßgeblich und beeinflusste Generationen von Künstlern.

Cézannes Stillleben sind von einer einzigartigen Vision und einem innovativen Ansatz geprägt, der die Grenzen der Malerei neu definierte. Schon früh in seiner Karriere begann er, sich intensiv mit diesem Genre zu beschäftigen und entwickelte dabei einen unverwechselbaren Stil, der auf präziser Beobachtung, geometrischer Struktur und einer subtilen, aber kraftvollen Farbpalette beruhte.

Ein herausragendes Merkmal von Cézannes Stillleben ist seine Fähigkeit, die materielle Welt in all ihrer Komplexität und Vielfalt darzustellen. Seine Gemälde zeigen oft einfache, alltägliche Gegenstände wie Früchte, Geschirr und Stoffe, aber auch komplexere Arrangements von Tischen, Stühlen und anderen Möbelstücken. Trotz ihrer scheinbaren Einfachheit strahlen diese Motive eine tiefe Ruhe und Stille aus, die den Betrachter in ihren Bann ziehen.

Cézannes Stillleben sind geprägt von einer bemerkenswerten Formalität und Struktur. Er zerlegte die Komposition in geometrische Formen und baute sie dann sorgfältig wieder auf, wobei er auf präzise Linien und Flächen achtete. Diese strukturelle Klarheit verleiht seinen Bildern eine zeitlose Eleganz und eine unverwechselbare ästhetische Qualität, die bis heute fasziniert.

Ein weiteres charakteristisches Merkmal von Cézannes Stillleben ist seine kraftvolle Verwendung von Farbe. Er setzte auf eine subtile, aber raffinierte Farbpalette, die oft aus gedämpften Erdtönen und sanften Pastelltönen besteht. Durch geschickte Variationen von Licht und Schatten schuf er eine Atmosphäre von Tiefe und Raum, die seine Bilder lebendig werden ließ.

Cézannes Stillleben sind nicht nur formale Studien, sondern auch psychologisch komplexe Darstellungen. Sie laden den Betrachter ein, die Beziehung zwischen den Objekten zu erforschen und die verborgene Harmonie hinter ihrer scheinbaren Unordnung zu entdecken. Cézanne interessierte sich besonders für die Wechselwirkungen von Form und Raum und für die Art und Weise, wie sie die Wahrnehmung des Betrachters beeinflussen.

Cézannes Einfluss auf die moderne Kunst ist unbestritten. Sein innovativer Ansatz und sein unermüdlicher Ehrgeiz haben die Grenzen der Malerei erweitert und neue Möglichkeiten des Ausdrucks eröffnet. Seine Stillleben haben zahlreiche Künstler inspiriert und beeinflusst, darunter Pablo Picasso, Georges Braque und die Kubisten, die seine Arbeit als Ausgangspunkt für ihre eigene revolutionäre Ästhetik betrachteten.

Trotz seiner anfänglichen Ablehnung durch die Kunstwelt seiner Zeit hat Cézanne heute einen festen Platz in der Kunstgeschichte. Seine Stillleben sind nicht nur technisch brillant, sondern auch von einer tiefen emotionalen Kraft und einer zeitlosen Schönheit geprägt, die sie zu Meisterwerken der Malerei machen. Cézannes Werk bleibt eine unerschöpfliche Quelle der Inspiration und ein lebendiges Zeugnis für die Kraft der Kunst, die Welt zu sehen und zu verstehen.

Die Architektur des Haussmannschen Paris
Das Haussmannsche Paris, auch bekannt als das modernisierte Paris des 19. Jahrhunderts, ist ein ikonisches Beispiel für städtische Umgestaltung und städtebauliche Planung. Es verdankt seinen Namen dem Baron Georges-Eugène Haussmann, der von 1853 bis 1870 unter der Herrschaft von Napoleon III. als Präfekt von Paris fungierte und verantwortlich war für die weitreichenden Veränderungen, die die Stadt während dieser Zeit erlebte. Die Architektur des Haussmannschen Paris prägt bis heute das Stadtbild und ist ein Symbol für den Übergang von der traditionellen zur modernen Stadt.

Die Modernisierung von Paris unter Haussmann war eine monumentale Unternehmung, die die städtische Infrastruktur, die Architektur und die Lebensweise der Bewohner radikal veränderte. Eine der wichtigsten Maßnahmen war die Durchführung von weitreichenden Stadterneuerungsprojekten, die den Bau neuer Boulevards, Parks, Plätze und öffentlicher Gebäude umfassten. Ziel war es, die Lebensqualität in Paris zu verbessern, die hygienischen Bedingungen zu optimieren und die Stadt für das moderne Leben fit zu machen.

Ein charakteristisches Merkmal der Architektur des Haussmannschen Paris ist die Einführung von breiten, geraden Boulevards, die die alten, engen Gassen und Straßen der Stadt ersetzten. Diese Boulevards waren nicht nur dazu gedacht, den Verkehr zu erleichtern, sondern auch dazu, das Stadtbild zu öffnen und zu verschönern. Sie waren von repräsentativen Gebäuden gesäumt, darunter Regierungsgebäude, Geschäfte, Cafés und Wohnhäuser, die den neuen urbanen Lebensstil verkörperten.

Ein weiteres markantes Merkmal der Architektur des Haussmannschen Paris ist die Einführung von neoklassizistischen Baustilen, die von der Antike und der Renaissance inspiriert waren. Diese Gebäude waren oft reich verziert und mit Skulpturen, Säulen und Balkonen geschmückt, die den Glanz und die Pracht der neuen Pariser Architektur unterstreichen sollten. Zu den bekanntesten Beispielen gehören der Palais Garnier, die Opéra Bastille und der Palais de Justice.

Die Architektur des Haussmannschen Paris hatte nicht nur ästhetische, sondern auch soziale und wirtschaftliche Auswirkungen auf die Stadt. Die Modernisierung von Paris trug dazu bei, die Lebensbedingungen für die Bewohner zu verbessern, indem sie sanitäre Einrichtungen, Bildungseinrichtungen und öffentliche Verkehrsmittel bereitstellte. Sie zog auch Investitionen und Geschäftsaktivitäten an und machte Paris zu einem führenden Zentrum für Handel, Kultur und Tourismus.

Trotz ihrer eindrucksvollen Leistungen war die Modernisierung von Paris unter Haussmann nicht ohne Kontroversen. Die umfangreichen Abrissarbeiten und die Umsiedlung von Tausenden von Menschen führten zu Protesten und Unruhen, insbesondere unter den ärmeren Bevölkerungsschichten, die von den Veränderungen am stärksten betroffen waren. Kritiker warfen Haussmann auch vor, den städtischen Raum im Dienste des Autoritarismus und der sozialen Kontrolle umgestaltet zu haben, indem er breite Boulevards schuf, die es den Behörden ermöglichten, Demonstrationen und Aufstände leichter zu kontrollieren.

Trotz dieser Kontroversen hat die Architektur des Haussmannschen Paris die Zeit überdauert und prägt bis heute das Stadtbild von Paris. Ihre breiten Boulevards, repräsentativen Gebäude und eleganten Plätze sind ein fester Bestandteil der Pariser Identität und ein Symbol für die Schönheit und den Glanz der Stadt. Die Architektur des Haussmannschen Paris ist ein Zeugnis für die Fähigkeit des Menschen, seine Umgebung zu gestalten und zu transformieren, und ein Vermächtnis, das auch nach mehr als einem Jahrhundert noch bewundert und geschätzt wird.

Expressionismus

Der Expressionismus war eine bedeutende künstlerische Bewegung, die sich im frühen 20. Jahrhundert in Europa entwickelte und eine starke Betonung der subjektiven Erfahrung und Emotion in der Kunst hatte. Die Bewegung entstand um die Jahre 1905 bis 1910 als Reaktion auf die zunehmende Industrialisierung und Urbanisierung und erreichte ihren Höhepunkt in den Jahren vor dem Ersten Weltkrieg. Expressionistische Künstler wie Edvard Munch, Wassily Kandinsky und Ernst Ludwig Kirchner drückten in ihren Werken Gefühle wie Angst, Einsamkeit und Verzweiflung aus, oft durch verzerrte Formen, leuchtende Farben und dramatische Kontraste. Die expressionistische Bewegung erstreckte sich über verschiedene Kunstformen, darunter Malerei, Bildhauerei, Literatur, Theater und Film, und hatte einen tiefgreifenden Einfluss auf die gesamte kulturelle Landschaft des 20. Jahrhunderts. Während der Expressionismus in den 1920er Jahren in Deutschland stark war, breitete er sich auch auf andere Länder wie Österreich, Russland und die Niederlande aus. Obwohl der Expressionismus als Bewegung in den 1930er Jahren an Bedeutung verlor, blieb sein Einfluss auf die moderne Kunst und Kultur unbestreitbar und inspirierte nachfolgende Generationen von Künstlern auf der ganzen Welt.

Die Gemälde von Munch

Edvard Munch, einer der einflussreichsten und bedeutendsten Künstler des späten 19. und frühen 20. Jahrhunderts, ist vor allem für seine intensiven und expressiven Gemälde bekannt. Sein Werk ist geprägt von einer tiefen Auseinandersetzung mit existenziellen Themen wie Liebe, Tod, Angst und Einsamkeit, die er in einer persönlichen und emotionalen Bildsprache ausdrückte. Die Gemälde von Munch haben Generationen von Künstlern und Betrachtern fasziniert und beeinflusst und tragen bis heute zur kulturellen Debatte über Kunst und menschliche Erfahrung bei.

Geboren am 12. Dezember 1863 in Loten, Norwegen, entwickelte Munch früh eine Leidenschaft für die Kunst und begann schon in jungen Jahren zu malen. Er studierte zunächst an der Königlichen Schule für Kunst und Handwerk in Oslo und später in Paris, wo er von den modernen Strömungen der Zeit, darunter Impressionismus und Symbolismus, beeinflusst wurde. Diese frühen Erfahrungen prägten sein künstlerisches Schaffen und legten den Grundstein für sein späteres Werk.

Ein Schlüsselmoment in Munchs Leben und Werk war der Tod seines Vaters im Jahr 1889, der eine tiefe Krise in ihm auslöste und sein Verständnis von Leben, Tod und menschlicher Existenz nachhaltig prägte. Diese persönliche Tragödie spiegelt sich in vielen seiner Gemälde wider, die von einer existenziellen Unruhe und Melancholie geprägt sind. Ein Beispiel dafür ist sein berühmtestes Werk, "Der Schrei", das die Angst und Verzweiflung des modernen Menschen symbolisiert und zu einem ikonischen Symbol für die menschliche Erfahrung geworden ist.

Munchs Malstil zeichnet sich durch seine expressive und symbolische Bildsprache aus, die eine unmittelbare emotionale Wirkung auf den Betrachter hat. Er bevorzugte eine reduzierte Farbpalette, die oft von kräftigen, leuchtenden Farben dominiert wurde, um eine intensive und emotionale Atmosphäre zu schaffen. Seine Bilder sind oft von starken Kontrasten und dynamischen Linien geprägt, die eine Spannung und Bewegung im Bild erzeugen und seine Themen und Motive verstärken.

Ein wiederkehrendes Motiv in Munchs Werk ist die Figur des einsamen und isolierten Menschen, der von inneren Konflikten und Emotionen geplagt wird. Diese Figuren sind oft verzerrt und entfremdet dargestellt, um die innere Zerrissenheit und Verzweiflung des modernen Menschen zu verdeutlichen. In Gemälden wie "Die Madonna" und "Der Schrei" drückt Munch seine tiefsten Ängste und Sehnsüchte aus und lädt den Betrachter ein, sich mit den existenziellen Fragen des Lebens auseinanderzusetzen.

Ein weiteres wichtiges Motiv in Munchs Werk ist die Natur, die er als Spiegelbild der menschlichen Psyche und Emotionen betrachtete. In vielen seiner Gemälde verwendet er die Natur als Metapher für die menschlichen Erfahrungen von Leben, Tod und Vergänglichkeit. Die Landschaften in seinen Bildern sind oft düster und bedrohlich, um die existenzielle Verlorenheit und Isolation des modernen Menschen zu unterstreichen.

Munchs Gemälde sind auch von einer starken symbolischen Bedeutung geprägt, die es dem Betrachter ermöglicht, verschiedene Interpretationen und Lesarten zu entdecken. Er verwendete Symbole wie die Sonne, den Mond, das Kreuz und die Blume, um universelle Themen und Emotionen zu veranschaulichen und eine tiefe spirituelle Dimension in seinen Werken zu schaffen. Diese symbolische Sprache ermöglicht es dem Betrachter, über das sichtbare Bild hinauszudenken und eine tiefere Bedeutungsebene zu entdecken.

Einflüsse aus der Literatur, Philosophie und Psychologie sind in Munchs Werk deutlich erkennbar und tragen zur Komplexität und Vielschichtigkeit seiner Gemälde bei. Er war fasziniert von den Ideen des deutschen Philosophen Friedrich Nietzsche und des dänischen Philosophen Søren Kierkegaard, die die menschliche Existenz und das Streben nach Sinn und Bedeutung erforschten. Diese philosophischen Ideen fanden Eingang in Munchs Werk, das oft von einer existenziellen Unruhe und Sehnsucht nach Transzendenz geprägt ist.

Ein weiterer wichtiger Einfluss auf Munchs Werk war die psychoanalytische Theorie von Sigmund Freud, die die Rolle des Unbewussten und der Triebkräfte im menschlichen Verhalten und Denken betonte. Munch war fasziniert von Freuds Ideen und nutzte sie, um seine eigenen inneren Konflikte und Emotionen zu erforschen und in seinen Gemälden auszudrücken. Diese psychoanalytische Perspektive verlieh seinen Werken eine neue Dimension der Tiefe und Komplexität und trug dazu bei, dass sie bis heute faszinierend und aktuell sind.

Insgesamt haben die Gemälde von Edvard Munch eine bleibende Wirkung auf die Kunstwelt hinterlassen und sind zu ikonischen Symbolen für die menschliche Erfahrung geworden. Sein einzigartiger Malstil, seine expressiven Motive und seine symbolische Bildsprache haben Generationen von Künstlern und Betrachtern inspiriert und beeinflusst und tragen bis heute zur kulturellen Debatte über Kunst und menschliche Existenz bei. Munchs Werk ist ein kraftvolles Zeugnis für die Tiefe und Komplexität der menschlichen Seele und ein bleibendes Erbe der modernen Kunst des 20. Jahrhunderts.

Die Dramen von Strindberg

August Strindberg (1849-1912) war ein bedeutender schwedischer Dramatiker, Schriftsteller und Maler des späten 19. und frühen 20. Jahrhunderts. Er gehört zu den herausragenden Figuren der modernen europäischen Literatur und hinterließ ein umfangreiches literarisches Werk, das von Dramen über Romane bis hin zu Essays reicht. Strindbergs Dramen zeichnen sich durch ihre Vielschichtigkeit, ihre psychologische Tiefe und ihre innovative Form aus und haben die moderne Theaterkunst nachhaltig geprägt.

Strindbergs dramatisches Schaffen erstreckt sich über mehrere Jahrzehnte und umfasst eine Vielzahl von Themen und Stilen. In seinen frühen Stücken, wie etwa "Fröken Julie" (1888) und "Der Vater" (1887), untersuchte er die sozialen und psychologischen Dynamiken zwischen den Geschlechtern und innerhalb der Familie. Diese Werke zeichnen sich durch ihre düstere Atmosphäre, ihre komplexen Charaktere und ihre provokative Themenwahl aus und brachten Strindberg internationale Anerkennung ein.

Ein wichtiges Merkmal von Strindbergs Dramen ist ihre innovative Formgebung und ihre experimentelle Herangehensweise an das Theater. Strindberg war ein Vorreiter des Naturalismus im Theater und strebte danach, die Realität so genau wie möglich abzubilden. Er experimentierte mit neuen Techniken der Bühnengestaltung und Inszenierung, um eine unmittelbare und immersive Erfahrung für das Publikum zu schaffen. Seine Werke zeichnen sich oft durch eine offene Dramaturgie, eine fragmentierte Handlung und einen starken Fokus auf die Psychologie der Charaktere aus.

Ein weiteres wichtiges Merkmal von Strindbergs Dramen ist ihre intensive Auseinandersetzung mit den Themen der Existenz, des Schicksals und der menschlichen Natur. Strindberg war fasziniert von den dunklen Seiten des menschlichen Geistes und untersuchte in seinen Werken Themen wie Wahnsinn, Verzweiflung und die Abgründe der menschlichen Psyche. Seine Dramen sind oft von einer starken emotionalen Intensität und einem tiefen Verständnis für die menschliche Natur geprägt und haben eine nachhaltige Wirkung auf das Theater der Moderne ausgeübt.

Einflüsse aus Literatur, Philosophie und Psychologie sind in Strindbergs Dramen deutlich erkennbar und tragen zur Komplexität und Tiefe seiner Werke bei. Strindberg war ein vielseitig gebildeter Schriftsteller, der sich intensiv mit den Ideen und Theorien seiner Zeit auseinandersetzte und sie in seinen Werken reflektierte. Seine Dramen sind oft von literarischen Einflüssen wie Shakespeare, Goethe und Ibsen geprägt und zeigen eine enge Verbindung zu den philosophischen Strömungen des Existentialismus und der Psychoanalyse.

Ein charakteristisches Merkmal von Strindbergs Dramen ist ihre Vielschichtigkeit und Mehrdeutigkeit, die es dem Publikum ermöglicht, verschiedene Interpretationen und Perspektiven zu entwickeln. Strindberg war ein Meister der ambivalenten Figurengestaltung und nutzte oft das Prinzip der "doppelten Belichtung", um unterschiedliche Facetten seiner Charaktere zu zeigen. Diese Mehrdeutigkeit und Vielschichtigkeit trug dazu bei, Strindbergs Dramen zu zeitlosen Werken zu machen, die auch heute noch eine aktuelle Relevanz haben.

Ein weiteres wichtiges Merkmal von Strindbergs Dramen ist ihre politische und gesellschaftliche Dimension, die oft in subtiler Weise in die Handlung eingewoben ist. Strindberg war ein scharfer Beobachter der politischen und sozialen Entwicklungen seiner Zeit und nutzte sein Theater als Plattform, um aktuelle gesellschaftliche Fragen zu thematisieren. Seine Werke sind oft von einem kritischen Blick auf die gesellschaftlichen Verhältnisse seiner Zeit geprägt und zeigen eine Sensibilität für die sozialen und politischen Konflikte seiner Epoche.

Einflüsse aus Strindbergs persönlichem Leben und seiner Biografie sind ebenfalls in seinen Dramen deutlich erkennbar und tragen zur Intensität und Authentizität seiner Werke bei. Strindberg führte ein bewegtes Leben, das von persönlichen Krisen, familiären Konflikten und psychischen Problemen geprägt war. Diese persönlichen Erfahrungen fanden Eingang in seine Dramen und verliehen ihnen eine aufrichtige und unmittelbare Emotionalität, die das Publikum tief berührte und bewegte.

Insgesamt hinterließ August Strindberg ein beeindruckendes literarisches Erbe, das auch heute noch eine wichtige Rolle im Theater der Moderne spielt. Seine Dramen zeichnen sich durch ihre Vielschichtigkeit, ihre psychologische Tiefe und ihre innovative Form aus und haben eine nachhaltige Wirkung auf die Entwicklung des modernen Theaters ausgeübt. Strindberg war ein visionärer Künstler, der die Grenzen des Theaters erweiterte und neue Wege der Darstellung und Inszenierung erforschte, die auch heute noch eine Inspirationsquelle für nachfolgende Generationen von Theatermachern sind.

Marcs Abstrakte Kunst
Franz Marc war ein bedeutender deutscher Maler und einer der Pioniere des Expressionismus. Er wurde am 8. Februar 1880 in München geboren und starb tragisch jung am 4. März 1916 während des Ersten Weltkriegs. Marc war bekannt für seine abstrakten Gemälde von Tieren, die er in lebendigen Farben und mit einer starken emotionalen Kraft darstellte. Sein Werk ist geprägt von einer tiefen Verbindung zur Natur und einem ausgeprägten Sinn für Spiritualität. In dieser ausführlichen Zusammenfassung werden wir uns eingehend mit seinem Leben, seinem künstlerischen Schaffen, seinen Einflüssen und seinem Vermächtnis befassen.

Marc wurde in eine wohlhabende Familie hineingeboren und zeigte schon früh eine starke Affinität zur Kunst. Er studierte zunächst an der Münchner Kunstakademie, wo er sich mit verschiedenen Stilen und Techniken auseinandersetzte. Während dieser Zeit entwickelte er auch enge Freundschaften mit anderen aufstrebenden Künstlern wie Wassily Kandinsky und August Macke, die später wichtige Figuren in der Entwicklung des Expressionismus werden sollten.

Der Expressionismus war eine Kunstbewegung, die sich gegen die traditionelle Vorstellung von Realismus und Naturalismus richtete. Statt die äußere Welt realistisch abzubilden, suchten die Expressionisten nach einer subjektiven, oft verzerrten Darstellung der Realität, die ihre inneren Empfindungen und Emotionen widerspiegelte. Marc war von dieser neuen künstlerischen Vision fasziniert und fand darin einen Ausdruck für seine eigenen Gefühle und Überzeugungen.

Eine der einflussreichsten Erfahrungen in Marcs Leben war seine Begegnung mit dem Blauen Reiter, einer Künstlergruppe, die er zusammen mit Kandinsky gründete. Der Blaue Reiter war ein zentraler Bestandteil der Expressionismusbewegung und setzte sich für eine freiere, spirituellere Kunst ein. Marc und seine Kollegen organisierten Ausstellungen und veröffentlichten Manifeste, in denen sie ihre Ideen über die Kunst und ihre Rolle in der Gesellschaft darlegten.

Marc war besonders fasziniert von der Darstellung von Tieren in der Kunst. Er sah in ihnen reine, unverfälschte Wesen, die eine Verbindung zur göttlichen Schöpfung verkörpern. Seine Gemälde von Tieren, darunter Pferde, Rehe und Vögel, zeugen von einer tiefen Verehrung für die Natur und einer intensiven Auseinandersetzung mit dem Tierreich. Er nutzte leuchtende Farben und abstrakte Formen, um die emotionale Intensität seiner Motive zu verstärken und eine spirituelle Dimension zu erzeugen.

Ein Schlüsselwerk in Marcs Œuvre ist sein Gemälde "Der Turm der blauen Pferde". Das Bild zeigt eine Gruppe von Pferden, die sich vor einem Turm auftürmen, und ist eines der bekanntesten Beispiele für den Expressionismus in der deutschen Kunstgeschichte. Die lebendigen blauen und grünen Farben, die dynamische Komposition und die kraftvolle Ausdruckskraft machen dieses Gemälde zu einem Meisterwerk des Expressionismus.

Marc wurde jedoch vom Ausbruch des Ersten Weltkriegs überschattet, der sein Leben und sein Schaffen tragisch beeinflusste. Als überzeugter Pazifist und Tierliebhaber litt er unter dem Leid und der Zerstörung des Krieges. Seine späteren Werke reflektieren diese Erfahrungen und zeigen eine tiefere Melancholie und Verzweiflung.

Trotz seines frühen Todes hinterließ Franz Marc ein beeindruckendes künstlerisches Erbe, das weit über seinen eigenen Lebensraum hinausreicht. Seine Gemälde sind heute in renommierten Museen und Galerien auf der ganzen Welt zu sehen und inspirieren weiterhin Künstler und Kunstliebhaber. Sein Beitrag zum Expressionismus und seine einzigartige Vision der Natur und des Lebens werden für immer in der Kunstgeschichte verankert sein.

Die Filme von Murnau
Die Filme von Friedrich Wilhelm Murnau gehören zu den bedeutendsten Werken der Stummfilmära und haben einen unvergleichlichen Einfluss auf die Filmgeschichte ausgeübt. Murnau, geboren am 28. Dezember 1888 in Bielefeld, Deutschland, gilt als einer der innovativsten Regisseure seiner Zeit und wird oft mit Meisterwerken wie "Nosferatu – Eine Symphonie des Grauens" und "Der letzte Mann" in Verbindung gebracht. Seine Filme zeichnen sich durch ihre visuelle Opulenz, ihre expressiven Bildkompositionen und ihre eindringlichen erzählerischen Techniken aus, die das Medium Film auf ein neues Niveau hoben und bis heute als Meilensteine der Kinogeschichte gelten.

Um die Filme von Murnau zu verstehen, ist es wichtig, seinen künstlerischen Hintergrund und seine einzigartige Vision des Films zu betrachten. Murnau begann seine Karriere als Theaterregisseur und erlangte schnell Anerkennung für seine einfallsreichen Inszenierungen und seine innovative Verwendung von Licht und Schatten. Diese Erfahrungen prägten seinen Ansatz als Filmemacher und beeinflussten seine Techniken der visuellen Darstellung und Inszenierung.

Murnaus Filme zeichnen sich durch ihre raffinierte Bildkomposition und ihre meisterhafte Nutzung von Licht und Schatten aus, um Atmosphäre und Stimmung zu erzeugen. Er war ein Pionier des deutschen Expressionismus, einer künstlerischen Bewegung, die

die inneren Realitäten und Emotionen der Figuren durch stilisierte Bildsprache und abstrakte Formen zum Ausdruck brachte. Diese Ästhetik des Expressionismus prägte viele seiner frühen Filme und verlieh ihnen eine unverwechselbare visuelle Intensität und Dramatik.

Ein charakteristisches Merkmal von Murnaus Filmen ist ihre Fähigkeit, die psychologischen Zustände und inneren Konflikte der Figuren auf subtile und nuancierte Weise darzustellen. Er war ein Meister der Inszenierung von Emotionen und nutzte Bildkomposition, Kamerabewegung und Schauspielerführung, um die tiefsten Sehnsüchte, Ängste und Hoffnungen seiner Figuren zum Ausdruck zu bringen. Diese Fähigkeit, die menschliche Erfahrung auf der Leinwand zu erfassen, machte seine Filme zu zeitlosen Meisterwerken des menschlichen Dramas.

Ein weiteres wichtiges Merkmal von Murnaus Filmen ist ihre innovative Verwendung von filmischen Techniken und Effekten, um eine einzigartige visuelle Ästhetik zu schaffen. Er war ein Pionier des visuellen Erzählens und experimentierte mit verschiedenen filmischen Mitteln wie Montage, Schnitt, Perspektive und Bewegung, um eine immersive und fesselnde filmische Erfahrung zu schaffen. Diese technischen Innovationen trugen dazu bei, seine Filme von anderen seiner Zeit abzuheben und ihn als einen der innovativsten Regisseure des Stummfilmzeitalters zu etablieren.

Einflüsse aus der Literatur und dem Theater sind ebenfalls in Murnaus Filmen deutlich erkennbar und tragen zur Entwicklung seiner einzigartigen erzählerischen Stimme bei. Er war ein begeisterter Leser und ließ sich von literarischen Werken verschiedener Genres und Epochen inspirieren, um seine eigenen Geschichten zu entwickeln und zu gestalten. Seine Filme zeichnen sich oft durch komplexe narrative Strukturen, symbolische Motive und allegorische Elemente aus, die von der Welt der Literatur und des Theaters beeinflusst sind.

Einflüsse aus der zeitgenössischen Kultur und Gesellschaft sind ebenfalls in Murnaus Filmen deutlich erkennbar und tragen zur Entwicklung seiner einzigartigen ästhetischen Vision bei. Er war fasziniert von den gesellschaftlichen Veränderungen und politischen Umbrüchen seiner Zeit und spiegelte diese Themen in seinen Filmen wider, indem er soziale Ungerechtigkeiten, Klassenkonflikte und existenzielle Ängste auf subtile und metaphorische Weise behandelte. Diese kritische Auseinandersetzung mit den sozialen Realitäten seiner Zeit verlieh seinen Filmen eine politische Relevanz und machte sie zu wichtigen Zeitdokumenten des frühen 20. Jahrhunderts.

Murnaus Filme hatten einen tiefgreifenden Einfluss auf die Entwicklung des Films als Kunstform und haben bis heute eine vielfältige und nachhaltige Wirkung auf die Filmwelt ausgeübt. Seine innovativen Techniken, seine expressive Bildsprache und seine eindringlichen erzählerischen Stimme haben eine ganze Generation von Filmemachern und Denkern inspiriert und einen tiefgreifenden Einfluss auf die Entwicklung des Kinos des 20. Jahrhunderts ausgeübt. Bis heute bleiben Murnaus Filme ein faszinierendes und inspirierendes Beispiel für die Kraft der filmischen Vorstellungskraft und die Möglichkeiten der kreativen Selbstentfaltung.

Die Musik von Schoenberg
Die Musik von Arnold Schoenberg, einem der bedeutendsten Komponisten des 20. Jahrhunderts, ist von revolutionärem Einfluss und einzigartiger künstlerischer Vision geprägt. Geboren am 13. September 1874 in Wien, Österreich-Ungarn, und gestorben am 13. Juli 1951 in Los Angeles, USA, war Schoenberg ein Wegbereiter der modernen Musik und ein führender Vertreter der sogenannten Zweiten Wiener Schule. Seine Musik, die oft als radikal und avantgardistisch angesehen wird, hat die Grenzen der traditionellen Tonalität gesprengt und neue Wege der künstlerischen Ausdrucksweise erschlossen, die bis heute die Musikwelt prägen.

Um die Musik von Schoenberg zu verstehen, ist es wichtig, seine künstlerische Entwicklung und seine einzigartige ästhetische Vision zu betrachten. Schoenberg begann seine musikalische Laufbahn zunächst als Schüler von Alexander von Zemlinsky, einem bedeutenden Komponisten und Dirigenten seiner Zeit, der ihn in die Grundlagen der musikalischen Komposition einführte. Diese frühe Ausbildung legte den Grundstein für Schoenbergs späteres Schaffen und beeinflusste seine Herangehensweise an Musik und Komposition.

Ein entscheidender Moment in Schoenbergs künstlerischer Entwicklung war seine Entwicklung der Zwölftontechnik, auch bekannt als Dodekaphonie oder Zwölftonmusik. Diese radikale Neuerung brach mit den traditionellen Prinzipien der Tonalität und führte zu einer vollständigen Neugestaltung der musikalischen Sprache. Die Zwölftontechnik basiert auf der Verwendung einer Reihe von zwölf chromatischen Tönen, die in einer bestimmten Reihenfolge angeordnet sind und in einem Stück verwendet werden müssen, bevor sie wiederholt werden dürfen. Dieser Ansatz ermöglichte es Schoenberg, neue Formen der Harmonie, Melodie und Rhythmus zu erforschen und eine Musik zu schaffen, die frei von traditionellen harmonischen Bindungen war.

Ein charakteristisches Merkmal von Schoenbergs Musik ist ihre expressive und emotionale Intensität, die oft von einer tiefen persönlichen Erfahrung und inneren Notwendigkeit getragen wird. Schoenberg war ein sehr introspektiver und reflektierender Künstler, der seine eigenen Emotionen und Gedanken in seiner Musik zum Ausdruck brachte und sie als Mittel zur Selbstreflexion und Selbstausdruck nutzte. Diese emotionale Authentizität und persönliche Tiefe verlieh seiner Musik eine unvergleichliche Intensität und Anziehungskraft, die bis heute fasziniert und berührt.

Ein weiteres wichtiges Merkmal von Schoenbergs Musik ist ihre Vielseitigkeit und Experimentierfreude, die sich in einer breiten Palette von Gattungen und Stilen manifestiert. Schoenberg war ein äußerst vielseitiger Komponist, der in nahezu allen musikalischen Genres und Formen tätig war, darunter Oper, Sinfonie, Kammermusik, Klaviermusik und Lied. Diese Vielseitigkeit spiegelte seine künstlerische Neugier und seinen unermüdlichen Drang wider, neue Wege der künstlerischen Ausdrucksweise zu erforschen und zu entdecken.

Einflüsse aus der Literatur, Philosophie und Kunst sind ebenfalls in Schoenbergs Musik deutlich erkennbar und tragen zur Entwicklung seiner einzigartigen ästhetischen Sprache bei. Schoenberg war ein begeisterter Leser und ließ sich von literarischen Werken verschiedener Genres und Epochen inspirieren, um seine eigenen musikalischen Geschichten zu entwickeln und zu gestalten. Seine Musik zeichnet sich oft durch komplexe narrative Strukturen, symbolische Motive und allegorische Elemente aus, die von der Welt der Literatur und der Kunst beeinflusst sind.

Einflüsse aus der zeitgenössischen Kultur und Gesellschaft sind ebenfalls in Schoenbergs Musik deutlich erkennbar und tragen zur Entwicklung seiner einzigartigen ästhetischen Vision bei. Schoenberg lebte in einer Zeit des Umbruchs und der Transformation, geprägt von politischen Unruhen, sozialen Spannungen und kulturellen Veränderungen. Diese Themen spiegelten sich in seiner Musik wider, die oft soziale Ungerechtigkeiten, politische Konflikte und existenzielle Ängste auf subtile und metaphorische Weise behandelte. Diese kritische Auseinandersetzung mit den sozialen Realitäten seiner Zeit verlieh seiner Musik eine politische Relevanz und machte sie zu wichtigen Zeitdokumenten des frühen 20. Jahrhunderts.

Schoenbergs Musik hatte einen tiefgreifenden Einfluss auf die Entwicklung der modernen Musik des 20. Jahrhunderts und hat bis heute eine vielfältige und nachhaltige Wirkung auf die Musikwelt ausgeübt. Seine innovativen Techniken, seine expressive und emotionale Intensität und seine einzigartige ästhetische Vision haben eine ganze Generation von Komponisten und Denkern inspiriert und einen tiefgreifenden Einfluss auf die Entwicklung der modernen Musik des 20. Jahrhunderts ausgeübt. Bis heute bleibt Schoenbergs Musik ein faszinierendes und inspirierendes Beispiel für die Kraft der musikalischen Vorstellungskraft und die Möglichkeiten der kreativen Selbstentfaltung.

Die Skulpturen von Barlach
Die Skulpturen von Ernst Barlach, einem der bedeutendsten Bildhauer des 20. Jahrhunderts, zeichnen sich durch ihre expressive Kraft, ihre spirituelle Tiefe und ihre einzigartige

ästhetische Vision aus. Geboren am 2. Januar 1870 in Wedel bei Hamburg, Deutschland, und gestorben am 24. Oktober 1938 in Rostock, hinterließ Barlach ein umfangreiches Œuvre an Skulpturen, die eine breite Palette von Themen und Emotionen umfassen. Seine Werke reflektieren die sozialen, politischen und spirituellen Herausforderungen seiner Zeit und spiegeln seine tief empfundene Humanität und sein Mitgefühl für die menschliche Existenz wider.

Um die Skulpturen von Barlach zu verstehen, ist es wichtig, seinen künstlerischen Hintergrund und seine einzigartige ästhetische Vision zu betrachten. Barlach wurde zunächst als Bildhauer ausgebildet und studierte an renommierten Kunstakademien in Deutschland. Seine frühen Arbeiten waren von den romantischen Traditionen des 19. Jahrhunderts geprägt, zeigten jedoch bereits Anzeichen seines späteren Stils, der von einer starken emotionalen Intensität und einem tiefen Sinn für Spiritualität geprägt war.

Ein entscheidender Moment in Barlachs künstlerischer Entwicklung war seine Begegnung mit dem Expressionismus, einer künstlerischen Bewegung, die die inneren Realitäten und Emotionen der menschlichen Existenz durch stilisierte Bildsprache und expressive Formen zum Ausdruck brachte. Unter dem Einfluss des Expressionismus begann Barlach, seine eigene künstlerische Stimme zu finden und eine Bildsprache zu entwickeln, die von einer starken emotionalen und spirituellen Dimension geprägt war.

Ein charakteristisches Merkmal von Barlachs Skulpturen ist ihre expressive und dynamische Formgebung, die oft von einer tiefen emotionalen Intensität und einem starken Sinn für Bewegung und Bewegung geprägt ist. Barlach war ein Meister der Form und Gestaltung und nutzte seine handwerklichen Fähigkeiten, um Skulpturen zu schaffen, die lebendig und kraftvoll wirkten und eine starke emotionale Resonanz beim Betrachter auslösten. Seine Figuren wirken oft wie in Bewegung erstarrt, als würden sie aus einer anderen Welt kommend auf den Betrachter zukommen.

Ein weiteres wichtiges Merkmal von Barlachs Skulpturen ist ihre spirituelle Tiefe und ihr tiefes Verständnis für die menschliche

Seele. Barlach war ein tief religiöser Mensch und seine Kunst war stark von seinen spirituellen Überzeugungen und seiner Suche nach Sinn und Bedeutung im Leben geprägt. Seine Skulpturen zeugen von einer tiefen spirituellen Dimension und reflektieren Themen wie Glaube, Hoffnung, Zweifel und Erlösung, die eine universelle Resonanz haben und über religiöse Grenzen hinweg verständlich sind.

Einflüsse aus der Literatur, Philosophie und Musik sind ebenfalls in Barlachs Skulpturen deutlich erkennbar und tragen zur Entwicklung seiner einzigartigen ästhetischen Sprache bei. Barlach war ein begeisterter Leser und ließ sich von literarischen Werken verschiedener Genres und Epochen inspirieren, um seine eigenen Skulpturen zu entwickeln und zu gestalten. Seine Skulpturen zeichnen sich oft durch komplexe narrative Strukturen, symbolische Motive und allegorische Elemente aus, die von der Welt der Literatur und der Philosophie beeinflusst sind.

Einflüsse aus der zeitgenössischen Kultur und Gesellschaft sind ebenfalls in Barlachs Skulpturen deutlich erkennbar und tragen zur Entwicklung seiner einzigartigen ästhetischen Vision bei. Barlach lebte in einer Zeit des Umbruchs und der Transformation, geprägt von politischen Unruhen, sozialen Spannungen und kulturellen Veränderungen. Diese Themen spiegelten sich in seinen Skulpturen wider, die oft soziale Ungerechtigkeiten, politische Konflikte und existenzielle Ängste auf subtile und metaphorische Weise behandelten. Diese kritische Auseinandersetzung mit den sozialen Realitäten seiner Zeit verlieh seinen Skulpturen eine politische Relevanz und machte sie zu wichtigen Zeitdokumenten des frühen 20. Jahrhunderts.

Barlachs Skulpturen hatten einen tiefgreifenden Einfluss auf die Entwicklung der modernen Bildhauerei des 20. Jahrhunderts und haben bis heute eine vielfältige und nachhaltige Wirkung auf die Kunstwelt ausgeübt. Seine expressiven Formen, seine spirituelle Tiefe und sein tiefes Verständnis für die menschliche Existenz haben eine ganze Generation von Bildhauern und Denkern inspiriert und einen tiefgreifenden Einfluss auf die Entwicklung der modernen Kunst des 20. Jahrhunderts ausgeübt. Bis heute bleiben

Barlachs Skulpturen ein faszinierendes und inspirierendes Beispiel für die Kraft der künstlerischen Vorstellungskraft und die Möglichkeiten der kreativen Selbstentfaltung.

Kirchners Straßenszenen
Ernst Ludwig Kirchner, ein prominenter Vertreter des Expressionismus, prägte die Kunstwelt des 20. Jahrhunderts maßgeblich mit seinen dynamischen und faszinierenden Straßenszenen. Geboren am 6. Mai 1880 in Aschaffenburg, Deutschland, und verstorben am 15. Juni 1938 in Frauenkirch-Wildboden, Schweiz, hinterließ Kirchner ein reichhaltiges Erbe an Werken, die die Essenz der modernen urbanen Erfahrung einfangen. Seine Straßenszenen sind nicht nur künstlerische Meisterwerke, sondern auch Zeitdokumente, die die Atmosphäre und den Puls des beginnenden 20. Jahrhunderts widerspiegeln.

Um Kirchners Straßenszenen vollständig zu verstehen, ist es wichtig, seinen künstlerischen Hintergrund und den kulturellen Kontext seiner Zeit zu betrachten. Kirchner war einer der Gründungsmitglieder der Künstlergruppe "Die Brücke", die 1905 in Dresden gegründet wurde und eine der einflussreichsten Bewegungen des deutschen Expressionismus darstellte. Die Mitglieder dieser Gruppe, zu denen auch Fritz Bleyl, Erich Heckel und Karl Schmidt-Rottluff gehörten, strebten danach, eine neue künstlerische Sprache zu entwickeln, die die individuellen und kollektiven Erfahrungen der modernen Welt einfangen konnte.

Kirchners Straßenszenen zeichnen sich durch ihre lebendige Farbpalette, dynamische Komposition und expressiven Pinselstriche aus, die eine Atmosphäre von Bewegung, Energie und Vitalität vermitteln. Er war fasziniert von der Hektik und dem Trubel des städtischen Lebens und nutzte seine Straßenszenen als Mittel, um die Vielfalt und Komplexität der modernen Welt darzustellen. Seine Bilder sind voller Menschen, die eilig durch belebte Straßen gehen, geschäftige Plätze überqueren und an geschäftigen Schauplätzen vorbeiziehen, und sie fangen die Essenz der urbanen Erfahrung auf eine Weise ein, die bis heute fasziniert.

Ein charakteristisches Merkmal von Kirchners Straßenszenen ist ihre expressive Verzerrung und Vereinfachung der Form, die eine subjektive und emotionale Interpretation der Realität ermöglicht. Kirchner war weniger an einer realistischen Wiedergabe der äußeren Welt interessiert als vielmehr an der Erfassung der inneren Realität und emotionalen Resonanz der Szene. Er nutzte kräftige Farben, kantige Formen und vereinfachte Linien, um eine künstlerische Vision zu schaffen, die die Essenz der Szene einfing und gleichzeitig eine tiefere emotionale Wahrheit offenbarte.

Ein weiteres wichtiges Merkmal von Kirchners Straßenszenen ist ihre kraftvolle Atmosphäre und emotionale Intensität, die den Betrachter in den Bann zieht und ihn in die Szene hineinzieht. Kirchner war ein Meister der Inszenierung von Licht und Schatten, und er nutzte diese Elemente, um eine dramatische und eindringliche Stimmung zu erzeugen, die die Atmosphäre der Szene verstärkte und ihre emotionale Resonanz vertiefte. Seine Straßenszenen sind oft von einem starken Kontrast zwischen Licht und Dunkelheit geprägt, der die Spannung und Dynamik der Szene unterstreicht und eine fesselnde visuelle Erfahrung schafft.

Einflüsse aus der zeitgenössischen Kultur und Gesellschaft sind ebenfalls in Kirchners Straßenszenen deutlich erkennbar und tragen zur Entwicklung seiner einzigartigen ästhetischen Vision bei. Kirchner lebte in einer Zeit des Umbruchs und der Transformation, geprägt von politischen Unruhen, sozialen Spannungen und kulturellen Veränderungen. Diese Themen spiegelten sich in seinen Straßenszenen wider, die oft soziale Ungerechtigkeiten, Klassenkonflikte und existenzielle Ängste auf subtile und metaphorische Weise behandelten. Diese kritische Auseinandersetzung mit den sozialen Realitäten seiner Zeit verlieh seinen Straßenszenen eine politische Relevanz und machte sie zu wichtigen Zeitdokumenten des frühen 20. Jahrhunderts.

Ein weiteres wichtiges Merkmal von Kirchners Straßenszenen ist ihre innovative Verwendung von Raum und Perspektive, die eine neue Dimension der künstlerischen Darstellung eröffnete. Kirchner war ein Vorreiter in der Erforschung neuer Möglichkeiten der räumlichen Organisation und Perspektive und nutzte seine

Straßenszenen als Mittel, um die Komplexität und Vielfalt des städtischen Raums darzustellen. Seine Bilder sind oft von einer starken räumlichen Dynamik geprägt, die den Betrachter in die Szene hineinzieht und ihm das Gefühl gibt, mitten im Geschehen zu sein.

Die Straßenszenen von Kirchner hatten einen tiefgreifenden Einfluss auf die Entwicklung der modernen Kunst des 20. Jahrhunderts und haben bis heute eine vielfältige und nachhaltige Wirkung auf die Kunstwelt ausgeübt. Seine innovativen Techniken, seine expressive Bildsprache und seine einzigartige ästhetische Vision haben eine ganze Generation von Künstlern und Denkern inspiriert und einen tiefgreifenden Einfluss auf die Entwicklung der modernen Kunst des 20. Jahrhunderts ausgeübt. Bis heute bleiben Kirchners Straßenszenen ein faszinierendes und inspirierendes Beispiel für die Kraft der künstlerischen Vorstellungskraft und die Möglichkeiten der kreativen Selbstentfaltung.

Die Literatur von Kafka
Franz Kafka (1883-1924) ist einer der bedeutendsten Schriftsteller des 20. Jahrhunderts und bekannt für seine einzigartigen Werke, die das moderne Verständnis von Literatur nachhaltig geprägt haben. Seine Schriften sind von einer einzigartigen Mischung aus Realismus, Surrealismus und existenzieller Philosophie geprägt, die eine tiefgreifende und oft verstörende Wirkung auf den Leser haben. Kafka's Werke haben Themen wie Isolation, Bürokratie, Macht und Identitätserfahrung behandelt und bieten einen tiefen Einblick in die menschliche Psyche und die Absurdität des modernen Lebens.

Franz Kafka wurde am 3. Juli 1883 in Prag, damals Teil des österreichisch-ungarischen Reiches, in eine deutschsprachige jüdische Familie geboren. Er studierte Jura und arbeitete später in verschiedenen Versicherungsunternehmen, eine Erfahrung, die sein literarisches Werk stark beeinflusste, insbesondere seine Auseinandersetzung mit der bürokratischen Welt und dem Gefühl der Entfremdung und Isolation.

Kafka's literarische Werke sind bekannt für ihre präzise und zugleich fesselnde Sprache sowie für ihre tiefgründigen und oft metaphorischen Geschichten. Eines seiner bekanntesten Werke ist "Die Verwandlung", eine Novelle, die die Geschichte von Gregor Samsa erzählt, der sich eines Morgens in einen riesigen Käfer verwandelt. Durch diese absurde Metapher erforscht Kafka Themen wie Entfremdung, Identität und die Unfähigkeit, mit den Erwartungen der Gesellschaft in Einklang zu kommen.

Ein weiteres berühmtes Werk von Kafka ist "Der Prozess", ein Roman, der die Geschichte von Josef K. erzählt, der ohne ersichtlichen Grund verhaftet und vor ein undurchsichtiges Gericht gestellt wird. Dieser Roman ist eine allegorische Darstellung von Kafkas Auseinandersetzung mit Macht, Autorität und dem Gefühl der Ohnmacht des Individuums gegenüber einer undurchsichtigen und tyrannischen Bürokratie.

Ein charakteristisches Merkmal von Kafkas Literatur ist ihre oft verstörende und beklemmende Atmosphäre, die den Leser in eine Welt der Angst, Paranoia und Verzweiflung entführt. Seine Protagonisten befinden sich häufig in ausweglosen Situationen und werden von einer unsichtbaren Macht kontrolliert, die ihr Leben und ihre Handlungen bestimmt. Diese düstere und beklemmende Stimmung ist ein Markenzeichen von Kafkas Werk und hat seine Werke zu Klassikern der modernen Literatur gemacht.

Kafka's literarisches Werk wurde von verschiedenen literarischen Strömungen beeinflusst, darunter der Existenzialismus, Surrealismus und Expressionismus. Seine einzigartige Mischung aus Realismus und Surrealismus hat seine Werke zu zeitlosen Meisterwerken gemacht, die bis heute eine breite Leserschaft ansprechen und eine Vielzahl von Interpretationen und Analysen hervorrufen.

Einflüsse aus der Philosophie und Psychologie sind ebenfalls in Kafkas Literatur deutlich erkennbar und tragen zur Entwicklung seiner einzigartigen ästhetischen Vision bei. Kafka war ein begeisterter Leser und ließ sich von philosophischen Werken verschiedener Denker und Schulen inspirieren, darunter Søren

Kierkegaard, Friedrich Nietzsche und Sigmund Freud. Diese philosophischen Einflüsse sind in seinem Werk deutlich spürbar und tragen zur Komplexität und Vielschichtigkeit seiner Geschichten bei.

Ein weiteres wichtiges Merkmal von Kafkas Literatur ist ihre Vielschichtigkeit und Mehrdeutigkeit, die es dem Leser ermöglicht, eine Vielzahl von Interpretationen und Perspektiven zu entdecken. Seine Geschichten sind oft bewusst vage und unvollständig, was dem Leser Raum für eigene Interpretationen und Reflexionen lässt. Diese Offenheit und Mehrdeutigkeit machen seine Werke zu einem endlosen Quell der Analyse und Diskussion und haben dazu beigetragen, dass sie bis heute relevant und faszinierend bleiben.

Kafka's literarisches Erbe ist von unschätzbarem Wert und hat die moderne Literatur nachhaltig geprägt. Seine Werke haben Generationen von Lesern und Schriftstellern inspiriert und bleiben bis heute faszinierende und provokative Meisterwerke, die eine tiefgreifende Auseinandersetzung mit den grundlegenden Fragen der menschlichen Existenz und Erfahrung ermöglichen. Kafka's einzigartiger Stil, seine tiefgründigen Themen und seine zeitlose Relevanz machen ihn zu einem der bedeutendsten Schriftsteller des 20. Jahrhunderts und sein Werk wird auch in Zukunft weiterhin Studien und Diskussionen inspirieren.

Die Gedichte von Rilke
Die Gedichte von Rainer Maria Rilke gehören zu den bedeutendsten Werken der deutschen Literatur des 20. Jahrhunderts. Rilke, geboren am 4. Dezember 1875 in Prag und gestorben am 29. Dezember 1926 in Montreux, Schweiz, ist für seine tiefgründigen und einfühlsamen Verse bekannt, die eine Vielzahl von Themen und Emotionen ansprechen. Seine Gedichte sind geprägt von einer intensiven Auseinandersetzung mit der menschlichen Existenz, der Natur, der Kunst und der Spiritualität und zeichnen sich durch ihre lyrische Sprache, ihre metaphorische Bildsprache und ihre klangliche Schönheit aus.

Um die Gedichte von Rilke zu verstehen, ist es wichtig, seinen künstlerischen Hintergrund und seine einzigartige ästhetische

Vision zu betrachten. Rilke wuchs in einer Zeit des kulturellen Umbruchs und der politischen Instabilität auf und wurde von einer Vielzahl von Einflüssen geprägt, darunter die Romantik, der Symbolismus und der Expressionismus. Diese vielfältigen Einflüsse spiegelten sich in seinen Gedichten wider, die eine Synthese aus persönlicher Erfahrung, ästhetischer Sensibilität und metaphysischem Nachdenken darstellen.

Ein entscheidender Moment in Rilkes künstlerischer Entwicklung war seine Begegnung mit dem Maler und Bildhauer Auguste Rodin, der ihn tief beeindruckte und einen bleibenden Einfluss auf sein Schaffen hatte. Unter Rodins Mentorship begann Rilke, eine tiefere Verbindung zur Welt der Kunst und der Schönheit zu entwickeln und seine eigene künstlerische Stimme zu finden. Diese Erfahrung prägte sein Verständnis von Kunst und Kreativität und fand einen Ausdruck in seinen späteren Gedichten.

Ein charakteristisches Merkmal von Rilkes Gedichten ist ihre intensive Auseinandersetzung mit den grundlegenden Fragen der menschlichen Existenz und des menschlichen Daseins. Rilke war fasziniert von der Komplexität und Vielschichtigkeit des menschlichen Lebens und versuchte, diese in seinen Gedichten zu erfassen und zu reflektieren. Seine Gedichte sind geprägt von einer tiefen Empfindsamkeit und einem Sinn für die Wunder und Rätsel des Lebens, die er mit einer poetischen Sprache und einer einfühlsamen Beobachtungsgabe zum Ausdruck brachte.

Ein weiteres wichtiges Merkmal von Rilkes Gedichten ist ihre intensive Auseinandersetzung mit der Natur und der natürlichen Welt. Rilke hatte eine innige Beziehung zur Natur und fand in ihrer Schönheit und Stille Inspiration für seine Dichtung. Seine Gedichte sind oft von landschaftlichen Motiven und Naturbildern durchdrungen, die er mit einer tiefen Empathie und einem Sinn für die mystische Dimension der Natur erforschte.

Einflüsse aus der Spiritualität und der Religion sind ebenfalls in Rilkes Gedichten deutlich erkennbar und tragen zur Entwicklung seiner einzigartigen ästhetischen Vision bei. Rilke war ein suchender Geist und interessierte sich für die metaphysischen und transzendentalen Dimensionen des Lebens. Seine Gedichte reflektieren eine tiefe spirituelle Sehnsucht und einen Glauben an die Existenz einer höheren Wirklichkeit, die jenseits der materiellen Welt liegt. Diese spirituelle Dimension verleiht seinen Gedichten eine zeitlose und universelle Bedeutung und macht sie zu spirituellen Leitfäden für viele Menschen auf der Suche nach Sinn und Erfüllung.

Einflüsse aus der Literatur und der Philosophie sind ebenfalls in Rilkes Gedichten deutlich erkennbar und tragen zur Entwicklung seiner einzigartigen ästhetischen Sprache bei. Rilke war ein begeisterter Leser und ließ sich von literarischen Werken verschiedener Genres und Epochen inspirieren, um seine eigene Dichtung zu entwickeln und zu gestalten. Seine Gedichte zeichnen sich oft durch komplexe narrative Strukturen, symbolische Motive und allegorische Elemente aus, die von der Welt der Literatur und der Philosophie beeinflusst sind.

Rilkes Gedichte hatten einen tiefgreifenden Einfluss auf die Entwicklung der modernen Dichtung des 20. Jahrhunderts und haben bis heute eine vielfältige und nachhaltige Wirkung auf die literarische Welt ausgeübt. Seine einfühlsamen Verse, seine metaphysischen Einsichten und seine einfallsreiche Sprache haben eine ganze Generation von Dichtern und Denkern inspiriert und einen tiefgreifenden Einfluss auf die Entwicklung der modernen Dichtung des 20. Jahrhunderts ausgeübt. Bis heute bleiben Rilkes Gedichte ein faszinierendes und inspirierendes Beispiel für die Kraft der poetischen Vorstellungskraft und die Möglichkeiten der kreativen Selbstentfaltung.

Die Architektur von Gropius
Walter Gropius, einer der einflussreichsten Architekten des 20. Jahrhunderts, prägte maßgeblich die moderne Architektur seiner Zeit und hinterließ ein bleibendes Erbe, das bis heute die Gestaltung von Städten und Gebäuden auf der ganzen Welt beeinflusst. Seine visionären Ideen und sein innovativer Ansatz haben eine ganze Generation von Architekten und Designer inspiriert und die Grundlagen für eine neue Ära des architektonischen Denkens gelegt. In dieser ausführlichen

Zusammenfassung werden wir Gropius' Leben, seine architektonischen Prinzipien, seine bedeutendsten Werke und seinen Einfluss auf die moderne Architekturwelt genauer betrachten.

Walter Gropius wurde am 18. Mai 1883 in Berlin geboren und wuchs in einer Familie von Architekten auf. Bereits früh entwickelte er eine Leidenschaft für Architektur und Kunst, die ihn dazu veranlasste, eine Ausbildung zum Architekten zu absolvieren. Nach seinem Studium und ersten beruflichen Erfahrungen gründete Gropius im Jahr 1919 das Bauhaus in Weimar, das sich schnell als Zentrum des avantgardistischen architektonischen und künstlerischen Denkens etablierte.

Das Bauhaus war mehr als eine Schule; es war eine revolutionäre Bewegung, die darauf abzielte, die Kluft zwischen Kunst und Handwerk zu überbrücken und eine neue Form der ästhetischen und funktionalen Gestaltung zu schaffen. Gropius glaubte an die Idee eines "Gesamtkunstwerks", bei dem Architektur, Design, Kunst und Handwerk miteinander verschmelzen, um eine ganzheitliche ästhetische Erfahrung zu schaffen. Dieser integrative Ansatz prägte nicht nur das Lehrprogramm des Bauhauses, sondern auch Gropius' eigene architektonische Arbeit.

In Gropius' Architektur standen Funktionalität, Einfachheit und Rationalität im Vordergrund. Er strebte danach, architektonische Formen zu schaffen, die nicht nur ästhetisch ansprechend waren, sondern auch den Bedürfnissen und Anforderungen der Menschen entsprachen. Seine Gebäude waren klar strukturiert, mit klaren Linien und geometrischen Formen, und wurden oft durch die Verwendung von modernen Materialien wie Stahl, Glas und Beton gekennzeichnet. Diese nüchterne, reduzierte Ästhetik spiegelte Gropius' Überzeugung wider, dass Architektur eine soziale Verantwortung hat und zur Verbesserung des menschlichen Lebens beitragen sollte.

Das Bauhaus und Gropius' Werk hatten einen tiefgreifenden Einfluss auf die moderne Architektur des 20. Jahrhunderts und prägten eine ganze Generation von Architekten und Designer. Sein

Ansatz, Architektur als eine integrierte Disziplin zu betrachten, die Kunst, Handwerk und Technologie vereint, wurde zum Leitfaden für die Entwicklung der Internationalen Moderne und beeinflusste die Gestaltung von Gebäuden auf der ganzen Welt. Gropius' Ideen von Funktionalität, Rationalität und sozialer Verantwortung haben bis heute eine nachhaltige Wirkung auf die Architekturpraxis und das architektonische Denken.

Unter Gropius' bedeutendsten Werken befindet sich das Fagus-Werk in Alfeld, das als eines der frühesten Beispiele der modernen Industriearchitektur gilt. Mit seiner innovativen Verwendung von Stahl und Glas sowie seiner transparenten Fassade setzte das Gebäude neue Maßstäbe für die Industriearchitektur und beeinflusste zahlreiche Architekten weltweit.

Ein weiteres Meisterwerk von Gropius ist das Bauhausgebäude in Dessau, das als Symbol für die Ideale des Bauhauses und der Internationalen Moderne steht. Mit seiner rationalen Struktur, seinen klaren Linien und seiner funktionalen Gestaltung verkörpert das Bauhausgebäude Gropius' Vision einer integrierten Schule für Kunst, Handwerk und Technologie.

Die Siedlung Dessau-Törten, eine Wohnsiedlung, die Gropius entworfen hat, setzte neue Maßstäbe in der sozialen Wohnraumgestaltung. Durch ihre funktionale Gestaltung, ihre effiziente Nutzung des Raums und ihre Integration von Grünflächen und Gemeinschaftseinrichtungen bot die Siedlung eine moderne und lebenswerte Umgebung für ihre Bewohner.

Auch in den USA hinterließ Gropius bleibende Spuren, insbesondere mit dem Harvard Graduate Center in Cambridge. Das Gebäude gilt als Meisterwerk der späten Gropius-Ära und zeichnet sich durch seine monumentale Struktur, seine klaren Linien und seine innovative Nutzung von Materialien aus.

Walter Gropius' architektonisches Erbe ist von unermesslichem Wert und hat die moderne Architektur nachhaltig geprägt. Seine visionären Ideen und sein innovativer Ansatz haben eine ganze Generation von Architekten und Designer inspiriert und die

Grundlagen für eine neue Ära des architektonischen Denkens gelegt. Bis heute bleibt Gropius' Werk ein faszinierendes Beispiel für die Kraft der architektonischen Vorstellungskraft und die Möglichkeiten der kreativen Selbstentfaltung. Seine Gebäude stehen als Denkmäler der Moderne und erinnern uns an die zeitlose Bedeutung von Innovation, Funktionalität und sozialer Verantwortung in der Architektur.

Kubismus

Der Kubismus war eine bedeutende künstlerische Bewegung des 20. Jahrhunderts, die sich in den frühen 1900er Jahren in Frankreich entwickelte. Der Kubismus zeichnete sich durch die Darstellung von Objekten und Figuren durch geometrische Formen, das Brechen von Formen und die Darstellung von Objekten aus verschiedenen Blickwinkeln gleichzeitig aus. Die Bewegung begann um 1907 mit den Werken von Pablo Picasso und Georges Braque und erreichte ihren Höhepunkt in den 1910er Jahren. Kubistische Gemälde zeigen oft fragmentierte Formen, die eine Vielzahl von Perspektiven und Ebenen gleichzeitig darstellen, wodurch eine neue Form der Abstraktion entsteht. Der Kubismus hatte einen bedeutenden Einfluss auf die Entwicklung der modernen Kunst und beeinflusste zahlreiche nachfolgende Stile und Bewegungen wie den Futurismus, den Konstruktivismus und den abstrakten Expressionismus. Obwohl der Kubismus als Bewegung in den 1920er Jahren nachließ, blieb sein Einfluss auf die Kunstwelt dauerhaft und inspirierte Künstler auf der ganzen Welt.

Picassos kubistische Porträts
Picassos kubistische Porträts repräsentieren einen Wendepunkt in der Geschichte der Kunst und markieren den Höhepunkt des kubistischen Stils, der eine der bedeutendsten und einflussreichsten Bewegungen des 20. Jahrhunderts ist. Pablo Picasso, einer der führenden Köpfe des Kubismus, revolutionierte die Kunstwelt mit seiner innovativen Herangehensweise an das Porträtieren und schuf eine Vielzahl von Werken, die die Grenzen der Wahrnehmung und Darstellung herausforderten. Diese kubistischen Porträts sind nicht nur ästhetisch ansprechende Kunstwerke, sondern auch komplexe Studien über Identität, Perspektive und Wahrnehmung, die bis heute faszinieren und inspirieren.

Picassos Reise in den Kubismus begann in den frühen 1900er Jahren, als er begann, sich von den konventionellen Regeln der Malerei zu lösen und nach neuen Wegen der Darstellung zu suchen. Inspiriert von afrikanischer Kunst, primitiven Skulpturen und der abstrakten Geometrie, begann Picasso, Formen zu zerlegen, Perspektiven zu verschieben und multiple Blickwinkel in seine Werke zu integrieren. Diese experimentelle Phase führte schließlich zur Entstehung des Kubismus, einer radikalen künstlerischen Bewegung, die die traditionelle Vorstellung von Raum und Form in Frage stellte.

Picassos kubistische Porträts zeichnen sich durch ihre fragmentierte Darstellung von Form und Raum aus, die oft aus verschiedenen Blickwinkeln gleichzeitig dargestellt wird. Anstelle einer linearen Perspektive, die die Illusion von Tiefe erzeugt, verwenden Picassos Porträts eine simultane Darstellung von Vorder-, Seiten- und Hinteransichten, die die traditionellen Grenzen zwischen Innen und Außen, Vordergrund und Hintergrund aufheben. Diese kubistische Technik, die als "analytischer Kubismus" bekannt ist, ermöglichte es Picasso, die Essenz seiner Modelle einzufangen und gleichzeitig die Komplexität und Vielschichtigkeit der menschlichen Erfahrung darzustellen.

Ein herausragendes Beispiel für Picassos kubistische Porträts ist sein berühmtes Werk "Les Demoiselles d'Avignon" (1907), das als eines der Schlüsselwerke des Kubismus gilt. In diesem Gemälde verzerrt Picasso die Gesichtszüge und Körper der fünf weiblichen Figuren auf radikale Weise und präsentiert sie in einer verstörenden und unkonventionellen Darstellung. Die Frauen werden nicht als individuelle Persönlichkeiten dargestellt, sondern vielmehr als abstrakte Formen und geometrische Muster, die miteinander verschmelzen und sich überlappen. Diese kubistische Technik, die als "dekonstruktiver Kubismus" bekannt ist, revolutionierte die Art und Weise, wie Porträts geschaffen und interpretiert wurden, und eröffnete neue Möglichkeiten der künstlerischen Selbstentfaltung.

Picassos kubistische Porträts waren auch eine wichtige Quelle der Inspiration für andere Künstler und trugen dazu bei, den Kubismus als eine führende künstlerische Bewegung des 20. Jahrhunderts zu etablieren. Künstler wie Georges Braque, Juan Gris und Fernand Léger wurden von Picassos innovativen Techniken und experimentellen Ansätzen beeinflusst und entwickelten ihre eigenen Versionen des Kubismus. Diese vielfältigen Beiträge trugen dazu bei, den Kubismus als eine dynamische und vielschichtige Bewegung zu etablieren, die eine breite Palette von künstlerischen Ausdrucksformen umfasste.

Ein weiteres bedeutendes Merkmal von Picassos kubistischen Porträts ist ihre Verwendung von Symbolen und Metaphern, die eine tiefere Bedeutungsebene enthüllen und den Betrachter dazu einladen, über die Oberfläche hinauszudenken und die verborgenen Schichten der menschlichen Erfahrung zu erkunden. Viele seiner Porträts enthalten versteckte Symbole und allegorische Elemente, die verschiedene Interpretationen zulassen und den Betrachter dazu herausfordern, seine eigenen Vorstellungen von Identität, Persönlichkeit und Wahrnehmung zu hinterfragen.

Picassos kubistische Porträts sind auch für ihre radikale Abkehr von der traditionellen Vorstellung von Schönheit und Idealismus bekannt. Anstelle der idealisierten Darstellung des menschlichen Körpers, die in der traditionellen Kunst oft zu finden ist, präsentiert Picasso seine Modelle in einer rohen und ungeschminkten Weise, die die vielfältigen Facetten der menschlichen Erfahrung offenbart. Diese ehrliche und ungeschönte Darstellung des menschlichen Seins war ein bedeutender Beitrag zur Entwicklung der modernen Kunst und trug dazu bei, die traditionellen Vorstellungen von Schönheit und Perfektion zu hinterfragen.

Picassos kubistische Porträts haben einen tiefgreifenden Einfluss auf die Entwicklung der Kunst im 20. Jahrhundert ausgeübt und eine neue Ära der künstlerischen Innovation eingeleitet. Durch ihre innovative Techniken, experimentellen Ansätze und subversiven Botschaften haben sie eine ganze Generation von Künstlern inspiriert und neue Wege der kreativen Selbstentfaltung eröffnet. Picassos kubistische Porträts sind nicht nur ästhetisch ansprechende Kunstwerke, sondern auch komplexe Studien über Identität, Perspektive und Wahrnehmung, die bis heute faszinieren und inspirieren.

Braques analytischer Kubismus
Der analytische Kubismus von Georges Braque ist eine bedeutende Phase in der Entwicklung der kubistischen Bewegung,

die einen tiefgreifenden Einfluss auf die moderne Kunst des 20. Jahrhunderts hatte. Als einer der Hauptvertreter des Kubismus neben Pablo Picasso spielte Braque eine entscheidende Rolle bei der Ausarbeitung und Weiterentwicklung dieser revolutionären künstlerischen Bewegung. Der analytische Kubismus ist gekennzeichnet durch seine experimentelle Herangehensweise an Form, Raum und Perspektive sowie durch seine Fähigkeit, die Wahrnehmung von Realität zu verändern und neue Möglichkeiten der Darstellung zu erkunden.

Georges Braque wurde am 13. Mai 1882 in Argenteuil-sur-Seine, Frankreich, geboren und begann seine künstlerische Karriere als Maler des Fauvismus, einer Bewegung, die durch ihre lebendige Farbpalette und expressive Darstellung von Formen und Figuren gekennzeichnet war. Braque war jedoch zunehmend von den kubistischen Experimenten von Pablo Picasso fasziniert und begann, sich intensiv mit den Ideen und Techniken des Kubismus auseinanderzusetzen.

Der analytische Kubismus, der zwischen 1909 und 1912 seinen Höhepunkt erreichte, ist gekennzeichnet durch seine abstrakte Darstellung von Formen und Objekten sowie durch seine Aufteilung des Bildraums in fragmentierte Facetten und Perspektiven. In Braques Werken dieser Phase finden sich oft geometrische Formen wie Kegel, Kugeln und Zylinder, die in verschiedene Richtungen gedreht und verschoben sind, um eine vielschichtige und mehrdimensionale Darstellung des Motivs zu erreichen.

Ein Schlüsselmerkmal des analytischen Kubismus ist die Verwendung von Collage-Techniken, bei denen verschiedene Materialien und Texturen auf der Leinwand kombiniert werden, um neue Formen und Oberflächen zu schaffen. Braque war einer der ersten Künstler, der Collage-Techniken in die Malerei einführte und damit eine neue Ära der künstlerischen Experimentation einläutete. Seine Collagen, die oft aus Zeitungsausschnitten, Tapetenstücken und anderen gefundenen Objekten bestanden, waren ein radikaler Bruch mit den traditionellen Konventionen der Malerei und öffneten neue Möglichkeiten der kreativen Selbstentfaltung.

Ein weiteres wichtiges Merkmal des analytischen Kubismus ist die Betonung der flachen, zweidimensionalen Oberfläche der Leinwand und die Reduzierung der räumlichen Tiefe und Perspektive. Braque und Picasso entwickelten eine neue Sprache der Form und des Raumgefühls, die es ihnen ermöglichte, die traditionellen Grenzen der Malerei zu überschreiten und eine neue Art der visuellen Darstellung zu schaffen. In Braques Werken aus dieser Phase verschmelzen Formen und Objekte zu einem komplexen Netzwerk von Linien und Flächen, das die Grenzen zwischen Figuration und Abstraktion verschwimmen lässt.

Ein wichtiger Einfluss auf den analytischen Kubismus war die Entdeckung der "Negativen Form" oder des "Raum Negativs", eine Technik, bei der nicht nur die sichtbaren Formen eines Objekts dargestellt werden, sondern auch der Raum um das Objekt herum. Diese Technik eröffnete neue Möglichkeiten der räumlichen Darstellung und ermöglichte es den Künstlern, die traditionellen Vorstellungen von Form und Raum zu überwinden und eine neue visuelle Sprache zu entwickeln.

Braques analytischer Kubismus ist auch bekannt für seine subtile und nuancierte Farbpalette, die oft aus gedämpften Erdtönen, Grautönen und Blautönen besteht. Diese Farben trugen dazu bei, eine Atmosphäre der Ruhe und Kontemplation zu schaffen und ermöglichten es Braque, die strukturellen und formalen Aspekte seiner Kompositionen zu betonen, ohne von der reinen Abstraktion abzulenken.

Ein weiterer wichtiger Aspekt des analytischen Kubismus ist seine Betonung der Fragmentierung und Dekonstruktion des Motivs, um eine neue Art der Wahrnehmung und Interpretation zu ermöglichen. Braque und Picasso zersplitterten die Formen und Objekte in ihre grundlegenden Bestandteile und arrangierten sie neu, um eine vielschichtige und mehrdeutige Darstellung zu schaffen, die den Betrachter dazu herausforderte, über die Natur der Realität und der Wahrnehmung nachzudenken.

Braques Werke des analytischen Kubismus sind Meisterwerke der modernen Kunst, die nicht nur eine radikale Abkehr von den traditionellen Konventionen der Malerei darstellen, sondern auch eine tiefgreifende Reflexion über die Natur der Wirklichkeit, der Wahrnehmung und des Bewusstseins bieten. Seine innovativen Ideen und experimentellen Techniken haben eine ganze Generation von Künstlern und Denkern inspiriert und einen tiefgreifenden Einfluss auf die Entwicklung der modernen Kunst des 20. Jahrhunderts ausgeübt. Bis heute bleiben Braques Werke ein faszinierendes und inspirierendes Beispiel für die Kraft der künstlerischen Vorstellungskraft und die Möglichkeiten der kreativen Selbstentfaltung.

Die Kubistische Skulptur von Lipchitz
Die kubistische Skulptur von Jacques Lipchitz ist eine faszinierende und innovative Strömung innerhalb der modernen Bildhauerei, die während des frühen 20. Jahrhunderts aufkam. Lipchitz, ein litauisch-französischer Bildhauer, spielte eine entscheidende Rolle bei der Entwicklung und Popularisierung des kubistischen Ansatzes in der Bildhauerei und schuf eine Reihe von Werken, die für ihre radikale Experimentierfreude, ihre geometrischen Formen und ihre vielschichtige Ästhetik bekannt sind. Die kubistische Skulptur von Lipchitz ist geprägt von ihrer Abstraktion, Fragmentierung und Neuinterpretation traditioneller Formen und Figuren, die die Grenzen der Wahrnehmung und des Verständnisses herausfordern.

Jacques Lipchitz wurde am 22. August 1891 in Druskininkai, Litauen, geboren und studierte zunächst in Paris, bevor er sich der Bildhauerei zuwandte. In den frühen Jahren seines künstlerischen Schaffens wurde er stark von der kubistischen Bewegung beeinflusst, die zu dieser Zeit in Paris blühte und von Künstlern wie Pablo Picasso und Georges Braque angeführt wurde. Lipchitz schloss sich der kubistischen Bewegung an und begann, ihre Ideen und Techniken in seine eigene Arbeit zu integrieren, wodurch er zu einem der wichtigsten Vertreter der kubistischen Skulptur wurde.

Die kubistische Skulptur von Lipchitz zeichnet sich durch ihre experimentelle Herangehensweise an Form, Raum und Struktur aus und erforscht neue Möglichkeiten der Darstellung und Interpretation des menschlichen Körpers, der Natur und der abstrakten Ideen. Ein charakteristisches Merkmal seiner Arbeit ist die Verwendung von geometrischen Formen wie Kegeln, Kugeln, Zylindern und Pyramiden, die in fragmentierte Facetten und Perspektiven aufgeteilt sind, um eine vielschichtige und mehrdimensionale Darstellung des Motivs zu erreichen.

Ein wichtiges Werk in Lipchitz' Œuvre ist seine Skulptur "Der Bote" (1916), die für ihre radikale Abstraktion und ihre innovative Formensprache bekannt ist. Die Skulptur zeigt eine menschliche Figur, die in geometrische Formen und abstrakte Linien zerlegt ist, die sich um den Raum herum winden und eine dynamische und lebendige Bewegung vermitteln. "Der Bote" ist ein herausragendes Beispiel für Lipchitz' Fähigkeit, die traditionellen Grenzen der Skulptur zu überwinden und eine neue Ära der künstlerischen Innovation einzuleiten.

Ein weiteres wichtiges Werk in Lipchitz' Œuvre ist seine Skulptur "Männer am Fluss" (1926), die für ihre monumentale Größe und ihre kraftvolle Präsenz bekannt ist. Die Skulptur zeigt eine Gruppe von Männern, die sich am Ufer eines Flusses versammelt haben und verschiedene Tätigkeiten ausführen, wie Fischen, Rudern und Jagen. Lipchitz' Interpretation des Themas ist geprägt von einer starken Abstraktion und einer expressiven Darstellung der Figuren, die die Vielfalt und Dynamik des menschlichen Lebens einfängt.

Einflüsse aus der afrikanischen und primitiven Kunst sind in Lipchitz' Werk deutlich erkennbar und tragen zur Entwicklung seiner einzigartigen Ästhetik bei. Er war fasziniert von der Einfachheit, der Spiritualität und der Expressivität der afrikanischen Kunst und ließ sich von ihren Formen und Symbolen inspirieren, um eine neue Sprache der Form und des Ausdrucks zu entwickeln. Diese Einflüsse sind in Werken wie "Die Negressen" (1915) und "Die Afrikanerinnen" (1929) deutlich sichtbar, die für ihre abstrakten Formen und ihre expressive Darstellung von Figuren und Gesichtern bekannt sind.

Lipchitz' kubistische Skulpturen sind auch für ihre innovative Verwendung von Materialien und Techniken bekannt, die neue Möglichkeiten der Formgebung und Gestaltung eröffnen. Er experimentierte mit einer Vielzahl von Materialien wie Bronze, Marmor, Holz und Gips und nutzte moderne Techniken wie Schweißen, Schneiden und Modellieren, um seine visionären Entwürfe zum Leben zu erwecken. Diese experimentellen Techniken trugen dazu bei, die Grenzen der traditionellen Bildhauerei zu erweitern und neue Wege der kreativen Selbstentfaltung zu erforschen.

Ein weiteres wichtiges Merkmal von Lipchitz' kubistischen Skulpturen ist ihre Betonung der Fragmentierung und Dekonstruktion des Motivs, um eine neue Art der Wahrnehmung und Interpretation zu ermöglichen. Er zerlegte die Formen und Figuren in ihre grundlegenden Bestandteile und arrangierte sie neu, um eine vielschichtige und mehrdeutige Darstellung zu schaffen, die den Betrachter dazu herausforderte, über die Natur der Realität und der Wahrnehmung nachzudenken.

Lipchitz' kubistische Skulpturen sind Meisterwerke der modernen Kunst, die nicht nur eine radikale Abkehr von den traditionellen Konventionen der Bildhauerei darstellen, sondern auch eine tiefgreifende Reflexion über die Natur der Wirklichkeit, der Wahrnehmung und des Bewusstseins bieten. Seine innovativen Ideen und experimentellen Techniken haben eine ganze Generation von Künstlern und Denkern inspiriert und einen tiefgreifenden Einfluss auf die Entwicklung der modernen Kunst des 20. Jahrhunderts ausgeübt. Bis heute bleiben Lipchitz' Werke ein faszinierendes und inspirierendes Beispiel für die Kraft der künstlerischen Vorstellungskraft und die Möglichkeiten der kreativen Selbstentfaltung.

Gris' konstruktiver Kubismus
Juan Gris, ein spanischer Maler und einer der wichtigsten Vertreter des kubistischen Stils, prägte die Kunstwelt des 20. Jahrhunderts maßgeblich mit seinem einzigartigen Ansatz, den man als konstruktiven Kubismus bezeichnet. Gris' Werke zeichnen sich durch ihre innovative Verwendung von Formen, Farben und Raum aus und veranschaulichen die Komplexität und Vielschichtigkeit des kubistischen Denkens. Sein konstruktiver Kubismus hebt sich durch eine klare Struktur, eine präzise Komposition und eine subtile

Farbpalette hervor, die eine einzigartige künstlerische Sprache formen.

Geboren am 23. März 1887 in Madrid, Spanien, als José Victoriano González-Pérez, war Gris einer der führenden Köpfe des künstlerischen Umbruchs, der sich zu Beginn des 20. Jahrhunderts in Paris abspielte. Nach seinem Umzug nach Paris im Jahr 1906 kam Gris schnell mit den Avantgarde-Künstlern der Stadt in Kontakt, insbesondere mit Pablo Picasso und Georges Braque, den Pionieren des Kubismus. Inspiriert von ihren Ideen und Techniken begann Gris, seinen eigenen einzigartigen Stil zu entwickeln, der eine Synthese aus traditionellen Formen und kubistischer Abstraktion darstellte.

Gris' konstruktiver Kubismus zeichnet sich durch seine Betonung klarer, definierter Formen aus, die in einer präzisen geometrischen Anordnung angeordnet sind. Im Gegensatz zu Picasso und Braque, die oft fragmentarische Darstellungen wählten, um die Vielschichtigkeit und Subjektivität der Wahrnehmung zu betonen, bevorzugte Gris eine methodischere Herangehensweise, die darauf abzielte, die grundlegenden Strukturen und Beziehungen zwischen den Objekten zu erforschen. Seine Werke sind oft von einer gewissen Strenge und Klarheit geprägt, die eine ausgeprägte formale Ordnung und eine harmonische Balance der Elemente aufweisen.

Ein Schlüsselmerkmal von Gris' konstruktivem Kubismus ist die Verwendung von Farbe als strukturierendes Element, um die räumlichen Beziehungen zwischen den verschiedenen Elementen eines Bildes zu definieren. Gris' subtile Farbpalette, die oft aus gedämpften Tönen von Grau, Braun, Blau und Grün besteht, trägt dazu bei, eine kohärente und ausgewogene Komposition zu schaffen, die die verschiedenen Elemente des Bildes miteinander verbindet und eine harmonische Einheit bildet.

Ein weiteres wichtiges Merkmal von Gris' konstruktivem Kubismus ist seine Fähigkeit, komplexe räumliche Beziehungen in seinen Werken darzustellen. Durch die Überlagerung und Verschmelzung verschiedener Perspektiven und Ansichten schuf Gris eine neue Art der räumlichen Darstellung, die die traditionellen Konventionen der Malerei herausforderte und eine vielschichtige und mehrdimensionale Erfahrung des Bildraums ermöglichte. Seine Werke laden den Betrachter dazu ein, die verschiedenen Ebenen und Schichten des Bildes zu erkunden und die vielfältigen Beziehungen zwischen den einzelnen Elementen zu erforschen.

Einflüsse aus der traditionellen Kunst, insbesondere der spanischen Malerei des 17. Jahrhunderts, sind in Gris' Werken deutlich erkennbar und tragen zur Entwicklung seiner einzigartigen künstlerischen Ästhetik bei. Er war fasziniert von der Klarheit, der Einfachheit und der Symmetrie der Werke von Künstlern wie Diego Velázquez und Francisco de Zurbarán und ließ sich von ihren formalen und kompositorischen Techniken inspirieren, um eine neue Sprache der Form und des Ausdrucks zu entwickeln.

Gris' konstruktiver Kubismus war auch von einem starken Interesse an der Beziehung zwischen Kunst und Musik geprägt, was sich in der rhythmischen Struktur und der harmonischen Komposition seiner Werke widerspiegelt. Er betrachtete die Malerei als eine Art musikalische Komposition, bei der die verschiedenen Elemente des Bildes wie Noten in einer Partitur angeordnet sind, um eine harmonische und ausgewogene Komposition zu schaffen.

Einflüsse aus der zeitgenössischen Literatur, insbesondere aus dem Werk des Dichters Guillaume Apollinaire, waren ebenfalls prägend für Gris' konstruktiven Kubismus und trugen zur Entwicklung seiner einzigartigen künstlerischen Sprache bei. Apollinaire war ein Verfechter des Kubismus und propagierte die Ideen der Bewegung in seinen Schriften und Gedichten, die Gris stark beeinflussten und dazu beitrugen, seine künstlerische Vision zu formen.

Gris' konstruktiver Kubismus hatte einen tiefgreifenden Einfluss auf die Entwicklung der modernen Kunst des 20. Jahrhunderts und hat bis heute eine vielfältige und nachhaltige Wirkung auf die zeitgenössische Kunstwelt. Seine innovativen Ideen, seine subtile Farbpalette und seine präzise Komposition haben eine ganze Generation von Künstlern und Denkern inspiriert und einen tiefgreifenden Einfluss auf die Entwicklung der modernen Kunst des 20. Jahrhunderts ausgeübt. Bis heute bleiben Gris' Werke ein faszinierendes und inspirierendes Beispiel für die Kraft der künstlerischen Vorstellungskraft und die Möglichkeiten der kreativen Selbstentfaltung.

Légers mechanische Malerei
Fernand Légers mechanische Malerei markiert eine wegweisende Ära in der Kunst des 20. Jahrhunderts, in der er die Kraft der Maschinenzeitalters einfängt und eine einzigartige visuelle Sprache schafft. Léger, ein französischer Maler und Bildhauer, war ein bedeutender Vertreter des Kubismus und einer der Pioniere der abstrakten Kunst. Seine mechanische Malerei zeichnet sich durch ihre klaren Linien, lebendigen Farben und die Darstellung von Maschinen, Industrieanlagen und städtischen Landschaften aus, die die Ästhetik und Dynamik der modernen Welt einfängt.

Fernand Léger wurde am 4. Februar 1881 in Argentan, Frankreich, geboren und studierte zunächst Architektur, bevor er sich der Malerei zuwandte. Seine frühen Arbeiten waren stark vom Kubismus beeinflusst, einer künstlerischen Bewegung, die die traditionellen Konventionen der Malerei herausforderte und neue Wege der Darstellung und Interpretation erforschte. Léger war fasziniert von der visuellen Sprache des Kubismus und begann, seine eigenen einzigartigen Interpretationen der Bewegung zu entwickeln.

Légers mechanische Malerei, die in den 1910er und 1920er Jahren entstand, reflektiert seine Faszination für die Technologie und die Ästhetik des Maschinenzeitalters. Er war fasziniert von der Präzision, der Geschwindigkeit und der Dynamik der Maschinen und sah in ihnen eine ästhetische Schönheit, die es zu erforschen galt. Seine Werke zeigen oft Maschinen, Roboter, Automobil- und Flugzeugteile sowie städtische Landschaften, die von der Industrialisierung geprägt sind.

Ein Schlüsselmerkmal von Légers mechanischer Malerei ist ihre klare und prägnante Darstellung von Form und Raum. Er bevorzugte eine reduzierte Formensprache, die aus klaren Linien, geometrischen Formen und flächigen Farben bestand, um die Essenz der dargestellten Objekte einzufangen und eine klare und lebendige Komposition zu schaffen. Seine Werke zeichnen sich durch eine klare Struktur und eine harmonische Balance der Elemente aus, die eine einzigartige visuelle Wirkung erzeugen.

Ein weiteres wichtiges Merkmal von Légers mechanischer Malerei ist ihre lebendige Farbpalette, die aus kräftigen Primärfarben wie Rot, Gelb und Blau sowie aus gedämpften Grautönen und Schwarz besteht. Diese Farben tragen dazu bei, eine lebendige und dynamische Atmosphäre zu schaffen und die Ästhetik und Energie des Maschinenzeitalters einzufangen. Léger experimentierte auch mit der Verwendung von kontrastierenden Farben und Texturen, um visuelle Spannung und Interesse zu erzeugen und die Vielfalt und Komplexität der modernen Welt widerzuspiegeln.

Einflüsse aus der zeitgenössischen Technologie und Populärkultur sind in Légers mechanischer Malerei deutlich erkennbar und tragen zur Entwicklung seiner einzigartigen künstlerischen Sprache bei. Er war fasziniert von der Ästhetik und der Dynamik des modernen Lebens und ließ sich von den visuellen Elementen der Populärkultur wie Plakaten, Werbung und Fotografie inspirieren, um eine neue Art der visuellen Darstellung zu schaffen. Diese Einflüsse sind in Werken wie "Die drei Frauen" (1921) und "Die Stadt" (1919) deutlich sichtbar, die die Dynamik und Vielfalt des städtischen Lebens einfangen.

Légers mechanische Malerei war auch von einem starken Interesse an der Beziehung zwischen Mensch und Maschine geprägt, was sich in seinen Werken durch die Darstellung von mechanischen Objekten und menschlichen Figuren zeigt, die eng miteinander verbunden sind. Er betrachtete die Maschinen nicht nur als Werkzeuge der Produktion, sondern auch als Symbole des Fortschritts und der Modernität, die eine neue Ära des menschlichen Lebens einläuten.

Ein weiteres wichtiges Merkmal von Légers mechanischer Malerei ist ihre Betonung der Bewegung und Dynamik, die die Energie und Lebendigkeit des modernen Lebens einfängt. Er war fasziniert von der Geschwindigkeit und der Bewegung der Maschinen und versuchte, diese Energie in seinen Werken einzufangen, indem er fließende Linien, dynamische Formen und gestische Bewegungen einsetzte, um eine lebendige und dynamische Komposition zu schaffen.

Légers mechanische Malerei hatte einen tiefgreifenden Einfluss auf die Entwicklung der modernen Kunst des 20. Jahrhunderts und hat bis heute eine vielfältige und nachhaltige Wirkung auf die zeitgenössische Kunstwelt. Seine innovativen Ideen, seine lebendige Farbpalette und seine dynamische Komposition haben eine ganze Generation von Künstlern und Denkern inspiriert und einen tiefgreifenden Einfluss auf die Entwicklung der modernen Kunst des 20. Jahrhunderts ausgeübt. Bis heute bleiben Légers Werke ein faszinierendes und inspirierendes Beispiel für die Kraft der künstlerischen Vorstellungskraft und die Möglichkeiten der kreativen Selbstentfaltung.

Architektur des kubistischen Raumes
Die Architektur des kubistischen Raumes ist ein faszinierendes Kapitel in der Geschichte der modernen Architektur, das die Ideen und Prinzipien des Kubismus auf die Gestaltung und den Bau von Gebäuden anwendet. Diese Strömung, die während des frühen 20. Jahrhunderts aufkam, wurde von den kubistischen Malern und Bildhauern beeinflusst, die neue Wege der Wahrnehmung und Darstellung von Raum erforschten. Die Architektur des kubistischen Raumes zeichnet sich durch ihre fragmentierten Formen, ihre abstrakten Strukturen und ihre vielschichtige Ästhetik aus, die eine neue Art der Raumwahrnehmung und -gestaltung einführt.

Die Ursprünge der Architektur des kubistischen Raumes lassen sich bis zum Kubismus zurückverfolgen, einer künstlerischen Bewegung, die zu Beginn des 20. Jahrhunderts in Paris entstand und von Künstlern wie Pablo Picasso und Georges Braque angeführt wurde. Der Kubismus war gekennzeichnet durch seine Abstraktion, Fragmentierung und Neuinterpretation traditioneller Formen und Objekte und forderte die traditionellen Konventionen der Malerei und Bildhauerei heraus. Inspiriert von den Ideen des

Kubismus begannen Architekten, diese Prinzipien auf die Gestaltung von Gebäuden anzuwenden und eine neue Sprache der Architektur zu entwickeln.

Einflüsse aus der kubistischen Malerei und Bildhauerei sind in der Architektur des kubistischen Raumes deutlich sichtbar und tragen zur Entwicklung ihrer einzigartigen Ästhetik bei. Architekten wie Le Corbusier, Josef Hoffmann und Frank Lloyd Wright waren fasziniert von den Ideen des Kubismus und sahen darin eine Möglichkeit, die Grenzen der traditionellen Architektur zu erweitern und neue Formen des Raums zu erforschen. Sie experimentierten mit der Verwendung von fragmentierten Formen, abstrakten Strukturen und dynamischen Linien, um eine neue Art der Raumwahrnehmung und -gestaltung zu schaffen, die die Vielschichtigkeit und Komplexität der modernen Welt einfängt.

Ein charakteristisches Merkmal der Architektur des kubistischen Raumes ist die Verwendung von geometrischen Formen und abstrakten Strukturen, um einen dynamischen und lebendigen Raum zu schaffen. Architekten nutzten Formen wie Kegel, Kugeln, Zylinder und Pyramiden, die in fragmentierte Facetten und Perspektiven aufgeteilt waren, um eine vielschichtige und mehrdimensionale Darstellung des Raumes zu erreichen. Diese fragmentierten Formen wurden oft in einer asymmetrischen Anordnung angeordnet, um eine dynamische Spannung und Bewegung zu erzeugen, die den Raum lebendig und erlebnisreich machte.

Ein weiteres wichtiges Merkmal der Architektur des kubistischen Raumes ist die Betonung der Funktionalität und Effizienz in der Gestaltung von Gebäuden. Architekten strebten danach, Gebäude zu schaffen, die nicht nur ästhetisch ansprechend waren, sondern auch den Bedürfnissen und Anforderungen der Nutzer entsprachen. Sie experimentierten mit neuen Materialien, Techniken und Konstruktionsmethoden, um innovative Lösungen für die Herausforderungen der modernen Welt zu finden und eine neue Ära der architektonischen Innovation einzuleiten.

Einflüsse aus der zeitgenössischen Technologie und Industrie sind in der Architektur des kubistischen Raumes deutlich erkennbar und tragen zur Entwicklung ihrer einzigartigen Ästhetik bei. Architekten waren fasziniert von der Ästhetik und der Funktionalität der industriellen Maschinen und Gebäude und ließen sich von ihnen inspirieren, um eine neue Art der architektonischen Gestaltung zu entwickeln. Sie experimentierten mit neuen Baumaterialien wie Stahl, Beton und Glas und nutzten moderne Technologien wie Elektrizität, Heizung und Klimatisierung, um innovative Gebäude zu schaffen, die den Anforderungen der modernen Welt gerecht wurden.

Ein weiteres wichtiges Merkmal der Architektur des kubistischen Raumes ist ihre Beziehung zum städtischen Raum und zur städtischen Landschaft. Architekten betrachteten die Stadt als einen dynamischen und vielschichtigen Raum, der ständig im Wandel begriffen ist, und strebten danach, Gebäude zu schaffen, die sich harmonisch in ihre Umgebung einfügen und eine neue Art der städtischen Erfahrung bieten. Sie experimentierten mit neuen urbanen Formen und Typologien, um eine vielfältige und lebendige städtische Landschaft zu schaffen, die die Vielfalt und Komplexität des modernen Lebens einfängt.

Die Architektur des kubistischen Raumes hatte einen tiefgreifenden Einfluss auf die Entwicklung der modernen Architektur des 20. Jahrhunderts und hat bis heute eine vielfältige und nachhaltige Wirkung auf die zeitgenössische Architekturwelt. Ihre innovativen Ideen, ihre abstrakten Formen und ihre dynamische Ästhetik haben eine ganze Generation von Architekten und Denkern inspiriert und einen tiefgreifenden Einfluss auf die Entwicklung der modernen Architektur des 20. Jahrhunderts ausgeübt. Bis heute bleibt die Architektur des kubistischen Raumes ein faszinierendes und inspirierendes Beispiel für die Kraft der architektonischen Vorstellungskraft und die Möglichkeiten der kreativen Selbstentfaltung.

Delaunays Orphismus
Sonia und Robert Delaunay waren zwei bedeutende Künstler des 20. Jahrhunderts, die gemeinsam den Orphismus prägten, eine

innovative künstlerische Bewegung, die sich durch ihre lebendigen Farben, abstrakten Formen und dynamischen Kompositionen auszeichnete. Der Orphismus entstand in den frühen Jahren des 20. Jahrhunderts in Paris und war eng mit dem Kubismus verbunden, dessen Ideen und Techniken er aufgriff und weiterentwickelte. Die Delaunays spielten eine entscheidende Rolle bei der Entwicklung des Orphismus und trugen dazu bei, ihn zu einer bedeutenden künstlerischen Bewegung zu machen, die die Grenzen der traditionellen Kunst sprengte und neue Wege der Darstellung und Wahrnehmung erforschte.

Sonia Delaunay, geboren als Sara Stern am 14. November 1885 in Odessa, Ukraine, war eine russisch-französische Künstlerin, die für ihre lebendigen Farbkompositionen und abstrakten Muster bekannt war. Sie zog nach Paris, wo sie ihren späteren Ehemann Robert Delaunay kennenlernte. Robert Delaunay, geboren am 12. April 1885 in Paris, war ein französischer Maler, der für seine abstrakten Gemälde und seine Verwendung von lebendigen Farben bekannt war. Zusammen entwickelten sie den Orphismus zu einer eigenständigen künstlerischen Bewegung, die sich durch ihre lebendigen Farben, abstrakten Formen und dynamischen Kompositionen auszeichnete.

Der Orphismus war eng mit dem Kubismus verbunden, einer künstlerischen Bewegung, die zu Beginn des 20. Jahrhunderts in Paris entstand und von Künstlern wie Pablo Picasso und Georges Braque angeführt wurde. Der Kubismus war gekennzeichnet durch seine Abstraktion, Fragmentierung und Neuinterpretation traditioneller Formen und Objekte und forderte die traditionellen Konventionen der Malerei und Bildhauerei heraus. Die Delaunays waren von den Ideen des Kubismus fasziniert, sahen jedoch die Notwendigkeit, neue Wege der Darstellung und Wahrnehmung zu erforschen, die über die fragmentierte Darstellung hinausgingen.

Einflüsse aus der zeitgenössischen Wissenschaft, insbesondere der Optik und der Farbtheorie, waren ebenfalls prägend für den Orphismus und trugen zur Entwicklung seiner einzigartigen Ästhetik bei. Die Delaunays waren fasziniert von den Ideen der Farbharmonie und der Farbkontraste und sahen in ihnen eine

Möglichkeit, die visuelle Sprache der Malerei zu erweitern und neue Formen des Ausdrucks zu erforschen. Sie experimentierten mit der Verwendung von lebendigen Farben, abstrakten Formen und dynamischen Kompositionen, um eine neue Art der Malerei zu schaffen, die die Sinne anspricht und die Vorstellungskraft anregt.

Ein charakteristisches Merkmal des Orphismus ist die Verwendung von lebendigen Farben, die in abstrakten Formen und Mustern angeordnet sind, um eine dynamische und lebendige Komposition zu schaffen. Die Delaunays experimentierten mit einer Vielzahl von Farben, darunter Rot, Blau, Gelb, Grün und Violett, und schufen lebendige und pulsierende Gemälde, die die Sinne ansprachen und die Vorstellungskraft anregten. Sie betrachteten Farbe als eigenständiges künstlerisches Element, das unabhängig von Form und Linie existiert und eine einzigartige emotionale Wirkung hat.

Ein weiteres wichtiges Merkmal des Orphismus ist die Verwendung von abstrakten Formen und dynamischen Kompositionen, um eine vielschichtige und mehrdimensionale Erfahrung des Bildraums zu schaffen. Die Delaunays waren fasziniert von den Ideen der Bewegung und Dynamik und strebten danach, Gemälde zu schaffen, die die Vielfalt und Komplexität der modernen Welt einfangen. Sie experimentierten mit der Überlagerung von Formen, der Verschmelzung von Farben und der Verwendung von gestischen Pinselstrichen, um eine neue Art der räumlichen Darstellung zu erreichen, die die traditionellen Grenzen der Malerei sprengt.

Einflüsse aus der zeitgenössischen Musik, insbesondere dem Orphismus, waren ebenfalls prägend für den Orphismus und trugen zur Entwicklung seiner einzigartigen Ästhetik bei. Die Delaunays waren fasziniert von den Ideen der Musik und sahen in ihr eine Möglichkeit, die visuelle Sprache der Malerei zu erweitern und neue Formen des Ausdrucks zu erforschen. Sie betrachteten Malerei als eine Art musikalische Komposition, bei der Farben, Formen und Linien wie Noten in einer Partitur angeordnet sind, um eine harmonische und ausgewogene Komposition zu schaffen.

Der Orphismus hatte einen tiefgreifenden Einfluss auf die Entwicklung der modernen Kunst des 20. Jahrhunderts und hat bis heute eine vielfältige und nachhaltige Wirkung auf die zeitgenössische Kunstwelt. Seine innovativen Ideen, seine lebendige Farbpalette und seine dynamische Komposition haben eine ganze Generation von Künstlern und Denkern inspiriert und einen tiefgreifenden Einfluss auf die Entwicklung der modernen Kunst des 20. Jahrhunderts ausgeübt. Bis heute bleibt der Orphismus ein faszinierendes und inspirierendes Beispiel für die Kraft der künstlerischen Vorstellungskraft und die Möglichkeiten der kreativen Selbstentfaltung.

Kubistische Collagen von Schwitters
Kurt Schwitters, ein bedeutender Vertreter der Dada-Bewegung und des Konstruktivismus, war ein deutscher Künstler, der für seine einzigartigen kubistischen Collagen bekannt ist. Geboren am 20. Juni 1887 in Hannover, Deutschland, war Schwitters ein vielseitiger Künstler, der in verschiedenen Medien wie Malerei, Skulptur, Grafikdesign und Poesie arbeitete. Seine kubistischen Collagen sind jedoch besonders bemerkenswert für ihre innovative Verwendung von Materialien und ihre experimentelle Herangehensweise an die Kunst.

Schwitters' kubistische Collagen entstanden während der Zeit des Ersten Weltkriegs, einer Periode des Umbruchs und der Turbulenzen in Europa. In dieser Zeit experimentierte Schwitters mit neuen künstlerischen Techniken und Materialien und entwickelte seinen eigenen einzigartigen Stil, der als Merz bekannt wurde. Der Begriff "Merz" wurde von Schwitters selbst geprägt und bezeichnete eine künstlerische Methode, bei der Alltagsgegenstände und -materialien in künstlerischen Werken verwendet wurden.

Eine der bedeutendsten Innovationen von Schwitters war die Einführung von Collagen in die Welt der bildenden Kunst. Collagen sind Kunstwerke, die aus verschiedenen Materialien wie Zeitungsausschnitten, Papierfragmenten, Stoffen und anderen gefundenen Objekten zusammengesetzt sind. Schwitters nutzte diese Technik, um eine neue Art der visuellen Darstellung zu schaffen, die die traditionellen Grenzen der Malerei und Bildhauerei herausforderte.

Schwitters' kubistische Collagen zeichnen sich durch ihre fragmentierte Ästhetik, ihre abstrakten Formen und ihre vielschichtige Komposition aus. Er war fasziniert von den Ideen des Kubismus, einer künstlerischen Bewegung, die die traditionellen Konventionen der Malerei und Bildhauerei herausforderte und neue Wege der Wahrnehmung und Darstellung von Raum erforschte. Schwitters' Collagen reflektieren die kubistische Idee der simultanen Betrachtung und zeigen verschiedene Perspektiven und Ansichten desselben Objekts gleichzeitig.

Ein charakteristisches Merkmal von Schwitters' kubistischen Collagen ist ihre Verwendung von gefundenen Objekten und Materialien, die er in seinen Werken integrierte. Er sammelte Alltagsgegenstände wie Zeitungsausschnitte, Fahrkarten, Etiketten, Holzstücke und Draht und verwendete sie als Bausteine seiner Collagen. Durch die Verwendung dieser unkonventionellen Materialien brachte Schwitters eine neue Dimension der Realität in seine Kunstwerke und forderte die traditionellen Grenzen der Kunstproduktion heraus.

Ein weiteres wichtiges Merkmal von Schwitters' kubistischen Collagen ist ihre experimentelle Herangehensweise an die Komposition und Struktur. Er war bekannt für seine spontane und improvisatorische Arbeitsweise, bei der er die Materialien und Objekte intuitiv anordnete und manipulierte, um eine vielfältige und dynamische Komposition zu schaffen. Schwitters ließ sich von den Ideen des Dadaismus inspirieren, einer avantgardistischen Kunstbewegung, die die Konventionen der Kunst und Kultur in Frage stellte und neue Formen der künstlerischen Ausdrucksweise erforschte.

Schwitters' kubistische Collagen sind auch für ihre subtile Farbpalette und ihre raffinierte Komposition bekannt. Er experimentierte mit verschiedenen Farben, Texturen und Formen, um eine harmonische und ausgewogene Komposition zu schaffen, die die Vielfalt und Komplexität der modernen Welt einfängt. Seine

Collagen sind oft von einer gewissen Strenge und Klarheit geprägt, die eine klare Struktur und eine präzise Komposition aufweisen.

Einflüsse aus der zeitgenössischen Kultur und Gesellschaft sind in Schwitters' kubistischen Collagen deutlich erkennbar und tragen zur Entwicklung seiner einzigartigen künstlerischen Sprache bei. Er war fasziniert von den Ideen des Konstruktivismus, einer künstlerischen Bewegung, die die Verbindung zwischen Kunst und Technologie betonte und neue Formen der visuellen Kommunikation erforschte. Schwitters sah seine Collagen als Ausdrucksmittel für die modernen Lebenserfahrungen und setzte sie ein, um die Dynamik und Vielfalt der modernen Welt zu erfassen.

Schwitters' kubistische Collagen hatten einen tiefgreifenden Einfluss auf die Entwicklung der modernen Kunst des 20. Jahrhunderts und haben bis heute eine vielfältige und nachhaltige Wirkung auf die zeitgenössische Kunstwelt. Seine innovativen Ideen, seine experimentelle Herangehensweise und seine einzigartige künstlerische Sprache haben eine ganze Generation von Künstlern und Denkern inspiriert und einen tiefgreifenden Einfluss auf die Entwicklung der modernen Kunst des 20. Jahrhunderts ausgeübt. Bis heute bleiben Schwitters' kubistische Collagen ein faszinierendes und inspirierendes Beispiel für die Kraft der künstlerischen Vorstellungskraft und die Möglichkeiten der kreativen Selbstentfaltung.

Kandinskys abstrakte Kubismus
Wassily Kandinsky gilt als einer der Pioniere der abstrakten Kunst und sein Beitrag zum Kubismus ist von entscheidender Bedeutung für die Entwicklung der modernen Kunst im 20. Jahrhundert. Sein abstrakter Kubismus markiert einen Wendepunkt in seiner künstlerischen Karriere und hebt sich durch seine einzigartige Herangehensweise an Form, Farbe und Raum hervor. In dieser ausführlichen Zusammenfassung werden wir Kandinskys abstrakten Kubismus genauer betrachten, seine Einflüsse, seine wichtigsten Werke und seinen Beitrag zur modernen Kunst diskutieren.

Wassily Kandinsky wurde am 16. Dezember 1866 in Moskau, Russland, geboren. Er begann seine künstlerische Ausbildung erst im Alter von 30 Jahren, nachdem er eine erfolgreiche Karriere als Rechtsanwalt begonnen hatte. Er studierte zunächst Malerei in München und wurde später Mitglied der Künstlergruppe "Der Blaue Reiter", die eine wichtige Rolle in der Entwicklung des Expressionismus und der abstrakten Kunst spielte. Kandinsky war von den Ideen des Kubismus, einer künstlerischen Bewegung, die die traditionellen Konventionen der Malerei und Bildhauerei herausforderte und neue Wege der Wahrnehmung und Darstellung von Raum erforschte, stark beeinflusst.

Kandinskys abstrakter Kubismus entwickelte sich in den frühen Jahren des 20. Jahrhunderts, als er begann, abstrakte Formen und geometrische Muster in seine Gemälde zu integrieren. Er war fasziniert von der Idee, dass Kunst nicht die sichtbare Welt abbilden müsse, sondern vielmehr die inneren Empfindungen und Emotionen des Künstlers ausdrücken könne. Sein Ziel war es, eine neue visuelle Sprache zu schaffen, die über die Grenzen der traditionellen Malerei hinausging und eine direkte Verbindung zwischen dem Künstler und dem Betrachter herstellte.

Einflüsse aus der zeitgenössischen Kunstszene, insbesondere des Kubismus, waren in Kandinskys abstraktem Kubismus deutlich erkennbar. Er war fasziniert von den Ideen der kubistischen Maler wie Pablo Picasso und Georges Braque, die traditionelle Formen und Objekte in abstrakte geometrische Muster und Formen aufbrachen. Kandinsky war besonders von der Idee der "synthetischen Kubismus" inspiriert, die verschiedene Perspektiven und Ansichten desselben Objekts gleichzeitig zeigt und eine neue Art der Raumwahrnehmung und -darstellung einführt.

Ein charakteristisches Merkmal von Kandinskys abstraktem Kubismus ist seine Verwendung von geometrischen Formen und abstrakten Mustern, um eine vielschichtige und dynamische Komposition zu schaffen. Er nutzte verschiedene geometrische Formen wie Kreise, Quadrate, Dreiecke und Linien, um eine abstrakte Landschaft zu schaffen, die die Vielfalt und Komplexität der modernen Welt einfängt. Kandinsky war besonders von der

Idee der "inneren Notwendigkeit" inspiriert, bei der die Formen und Farben eines Kunstwerks nicht durch äußere Einflüsse, sondern durch die inneren Empfindungen und Emotionen des Künstlers bestimmt werden.

Ein weiteres wichtiges Merkmal von Kandinskys abstraktem Kubismus ist seine Verwendung von Farbe als Ausdrucksmittel für Emotionen und Gefühle. Er war fasziniert von der Wirkung von Farben auf die menschliche Psyche und glaubte, dass bestimmte Farben bestimmte Emotionen und Stimmungen hervorrufen könnten. In seinen Gemälden verwendete er daher lebendige und kontrastreiche Farben, um eine emotionale Resonanz beim Betrachter zu erzeugen und eine direkte Verbindung zwischen dem Künstler und dem Betrachter herzustellen.

Kandinskys abstrakter Kubismus war auch von einer starken spirituellen Dimension geprägt, die sich in seinen Werken deutlich zeigt. Er war ein Anhänger des Mystizismus und glaubte an die spirituelle Kraft der Kunst, die eine direkte Verbindung zwischen dem Materiellen und dem Spirituellen herstellen könne. In seinen Gemälden verwendete er abstrakte Formen und geometrische Muster, um eine metaphysische Realität zu erfassen, die über die Grenzen der sichtbaren Welt hinausgeht und eine spirituelle Erfahrung beim Betrachter hervorruft.

Kandinskys abstrakter Kubismus hatte einen tiefgreifenden Einfluss auf die Entwicklung der modernen Kunst des 20. Jahrhunderts und hat bis heute eine vielfältige und nachhaltige Wirkung auf die zeitgenössische Kunstwelt. Seine innovativen Ideen, seine experimentelle Herangehensweise und seine einzigartige künstlerische Sprache haben eine ganze Generation von Künstlern und Denkern inspiriert und einen tiefgreifenden Einfluss auf die Entwicklung der modernen Kunst des 20. Jahrhunderts ausgeübt.

Bis heute bleiben Kandinskys abstrakte Kubismuswerke ein faszinierendes und inspirierendes Beispiel für die Kraft der künstlerischen Vorstellungskraft und die Möglichkeiten der kreativen Selbstentfaltung.

Die literarische Einflüsse auf den Kubismus
Die literarischen Einflüsse auf den Kubismus waren von entscheidender Bedeutung für die Entwicklung dieser avantgardistischen Kunstbewegung, die zu Beginn des 20. Jahrhunderts in Paris entstand. Der Kubismus, der von Künstlern wie Pablo Picasso und Georges Braque vorangetrieben wurde, revolutionierte die traditionelle Kunstwelt, indem er neue Wege der Wahrnehmung und Darstellung von Raum, Form und Perspektive erforschte. Während visuelle Künstler zweifellos die Hauptakteure des Kubismus waren, spielten auch Schriftsteller und Dichter eine wichtige Rolle bei der Formulierung seiner Ideen und Prinzipien. Diese literarischen Einflüsse reichten von philosophischen und ästhetischen Texten bis hin zu literarischen Werken, die den Kubismus in seinen verschiedenen Ausprägungen inspirierten und unterstützten.

Um die literarischen Einflüsse auf den Kubismus zu verstehen, ist es wichtig, einen Einblick in die kulturelle und intellektuelle Atmosphäre des frühen 20. Jahrhunderts zu erhalten. Diese Zeit war geprägt von einem intensiven intellektuellen und künstlerischen Austausch, bei dem verschiedene kulturelle Strömungen und Ideen aufeinander trafen und sich gegenseitig beeinflussten. In diesem Kontext wurden Schriftsteller und Dichter zu wichtigen Wegbereitern des Kubismus, indem sie neue Ideen und Konzepte entwickelten, die den Künstlern als Inspirationsquelle dienten.

Einflussreiche literarische Werke, die den Kubismus beeinflussten, waren unter anderem philosophische Texte über die Natur der Wahrnehmung und des Bewusstseins. Schriftsteller wie Henri Bergson und William James untersuchten die Funktionsweise des menschlichen Geistes und argumentierten, dass unsere Wahrnehmung der Welt nicht linear oder objektiv ist, sondern vielmehr von subjektiven Erfahrungen und Interpretationen geprägt wird. Diese Ideen fanden Widerhall im Kubismus, der darauf abzielte, die Vielschichtigkeit und Komplexität der menschlichen Wahrnehmung darzustellen, indem er Objekte aus verschiedenen Blickwinkeln und Perspektiven zeigte.

Ein weiterer wichtiger literarischer Einfluss auf den Kubismus waren die Schriften der Symbolisten und Surrealisten. Symbolistische Dichter wie Stéphane Mallarmé und Arthur Rimbaud experimentierten mit neuen Formen der Poesie, die die Grenzen zwischen Realität und Imagination verwischten und eine Vielzahl von Bedeutungen und Assoziationen hervorriefen. Diese Ideen des Symbolismus fanden Eingang in den Kubismus, der sich ebenfalls um die Vermittlung abstrakter Bedeutungen und Emotionen bemühte, indem er formale und symbolische Elemente in seine Werke integrierte.

Der Surrealismus, eine avantgardistische Kunstbewegung, die in den 1920er Jahren entstand, war ebenfalls ein wichtiger literarischer Einfluss auf den Kubismus. Surrealistische Dichter wie André Breton und Guillaume Apollinaire experimentierten mit automatischem Schreiben und anderen Techniken, um das Unbewusste freizusetzen und neue Formen der kreativen Ausdrucksweise zu erforschen. Diese Ideen des Unterbewusstseins und der Intuition fanden Eingang in den Kubismus, der sich ebenfalls um die Darstellung innerer Realitäten und psychischer Prozesse bemühte.

Einflussreiche literarische Bewegungen wie der Futurismus und der Dadaismus waren ebenfalls wichtige Wegbereiter des Kubismus. Der Futurismus, der von Künstlern wie Filippo Tommaso Marinetti und Umberto Boccioni vorangetrieben wurde, betonte die Dynamik und Geschwindigkeit des modernen Lebens und forderte eine radikale Erneuerung der künstlerischen Ausdrucksformen. Diese Ideen fanden Eingang in den Kubismus, der sich ebenfalls um die Darstellung von Bewegung und Energie bemühte, indem er formale und rhythmische Elemente in seine Werke integrierte.

Der Dadaismus, eine avantgardistische Kunstbewegung, die in den 1910er Jahren entstand, war ebenfalls ein wichtiger literarischer Einfluss auf den Kubismus. Dadaistische Schriftsteller wie Tristan Tzara und Hugo Ball experimentierten mit dem Zufall, der Absurdität und der Ironie, um die traditionellen Konventionen der Kunst und Kultur in Frage zu stellen. Diese Ideen des Dadaismus fanden Eingang in den Kubismus, der sich ebenfalls um die

Dekonstruktion traditioneller Formen und Konzepte bemühte, indem er formale und inhaltliche Elemente in Frage stellte und neu interpretierte.

Einflussreiche literarische Persönlichkeiten wie Guillaume Apollinaire waren auch direkte Förderer des Kubismus und unterstützten die Arbeit von Künstlern wie Picasso und Braque. Apollinaire, ein französischer Dichter und Kritiker, prägte den Begriff "Kubismus" und veröffentlichte eine Reihe von Essays und Artikeln, in denen er die Ideen und Prinzipien dieser neuen künstlerischen Bewegung erläuterte und verteidigte. Seine Schriften trugen wesentlich zur Verbreitung und Anerkennung des Kubismus bei und festigten seine Position als eine der bedeutendsten Kunstbewegungen des frühen 20. Jahrhunderts.

Insgesamt waren die literarischen Einflüsse auf den Kubismus vielfältig und weitreichend und trugen wesentlich zur Entwicklung und Ausprägung dieser avantgardistischen Kunstbewegung bei. Schriftsteller und Dichter aller Richtungen experimentierten mit neuen Formen der Sprache und des Ausdrucks und inspirierten Künstler wie Picasso, Braque und viele andere dazu, neue Wege der Wahrnehmung und Darstellung von Raum, Form und Perspektive zu erforschen. Diese enge Verbindung zwischen Literatur und Kunst prägte den Kubismus maßgeblich und hinterließ eine dauerhafte Wirkung auf die Entwicklung der modernen Kunst des 20. Jahrhunderts.

Surrealismus

Der Surrealismus war eine einflussreiche künstlerische und intellektuelle Bewegung, die sich in den 1920er Jahren in Europa entwickelte. Sie betonte das Unbewusste, die Träume und die Fantasie als Quellen kreativer Inspiration und forderte die traditionellen Vorstellungen von Realität und Rationalität heraus. Die Bewegung begann offiziell im Jahr 1924 mit der Veröffentlichung des "Surrealistischen Manifests" durch den französischen Schriftsteller André Breton und erreichte ihren Höhepunkt in den 1930er Jahren. Surrealistische Künstler wie Salvador Dalí, René Magritte, Max Ernst und Joan Miró schufen Werke, die von halluzinatorischen Bildern, traumhaften Landschaften und irrationalen Welten geprägt waren. Der Surrealismus umfasste verschiedene Medien, darunter Malerei, Bildhauerei, Literatur, Fotografie und Film, und hatte einen tiefgreifenden Einfluss auf die gesamte künstlerische Produktion des 20. Jahrhunderts. Obwohl der Surrealismus als formelle Bewegung in den 1940er Jahren nachließ, blieb sein Einfluss auf die Kunst und Kultur dauerhaft und inspirierte Generationen von Künstlern auf der ganzen Welt.

Dalís Traumwelten
Salvador Dalí, einer der bedeutendsten Künstler des 20. Jahrhunderts, ist für seine surrealistischen Werke und seine einzigartige Interpretation der Realität bekannt. Seine Kunstwerke entführen den Betrachter in eine faszinierende Welt voller unheimlicher Symbolik, traumhafter Landschaften und bizarrer Figuren. Dalís Traumwelten sind geprägt von seiner tiefen psychischen Verbundenheit mit dem Unterbewusstsein und seiner Fähigkeit, die Grenzen zwischen Realität und Fantasie zu verwischen.

Geboren am 11. Mai 1904 in Figueres, Katalonien, Spanien, entwickelte Dalí schon früh ein Interesse an Kunst und Malerei. Er studierte an der Kunstakademie in Madrid und wurde von verschiedenen Stilen beeinflusst, darunter Kubismus, Futurismus und Dadaismus. Sein eigener Stil begann sich jedoch zu formen, als er dem Surrealismus begegnete, einer künstlerischen

Bewegung, die das Unterbewusstsein erforschte und die Grenzen der Realität auslotete.

Dalís Traumwelten sind geprägt von surrealen Landschaften, verfremdeten Objekten und unheimlichen Figuren, die aus dem Reich der Fantasie zu stammen scheinen. Seine Bilder sind oft von einem verzerrten Raumgefühl, surrealen Proportionen und einer unwirklichen Atmosphäre geprägt, die den Betrachter in eine Welt jenseits der Rationalität entführt. Dalí verwendete verschiedene Techniken, um seine Traumwelten zu schaffen, darunter die Verwendung von symbolischen Motiven, ungewöhnlichen Perspektiven und einer lebendigen Farbpalette.

Ein Schlüsselaspekt von Dalís Traumwelten ist seine Verwendung von Symbolen und Metaphern, um komplexe psychologische und philosophische Ideen zu vermitteln. Er verwendete oft wiederkehrende Motive wie Uhren, Schmetterlinge, Elefanten und Schädel, die eine Vielzahl von Bedeutungen und Assoziationen haben können. Diese Symbole dienen dazu, das Unterbewusstsein des Betrachters anzusprechen und ihn auf eine introspektive Reise durch seine eigenen Träume und Ängste zu führen.

Ein bekanntes Beispiel für Dalís Traumwelten ist sein Gemälde "Die Beständigkeit der Erinnerung" aus dem Jahr 1931. Das Bild zeigt eine surreale Landschaft mit weichen Uhren, die wie geschmolzenes Wachs über Bäume und Felsen hängen. Diese ungewöhnliche Darstellung der Zeit vermittelt ein Gefühl der Unbeständigkeit und Unsicherheit, das den Betrachter in eine Welt der Träume und Phantasie entführt. Das Bild ist ein klassisches Beispiel für Dalís Fähigkeit, die Grenzen zwischen Realität und Illusion zu verwischen und den Betrachter in seine eigene Welt der Fantasie einzuladen.

Dalís Traumwelten sind auch von seiner eigenen tiefen psychischen Verbundenheit mit dem Unterbewusstsein geprägt. Er war fasziniert von den Werken des Psychoanalytikers Sigmund Freud und seiner Theorie des Unbewussten, die eine zentrale Rolle in der surrealistischen Kunst spielte. Dalí nutzte verschiedene Techniken, um das Unterbewusstsein zu erkunden, darunter Traumdeutung, automatisches Schreiben und Hypnose. Diese Methoden halfen ihm, seine eigenen inneren Konflikte, Ängste und Obsessionen zu erforschen und in seinen Kunstwerken auszudrücken.

Ein weiteres wichtiges Merkmal von Dalís Traumwelten ist seine Faszination für die Welt der Träume und des Unbewussten. Er glaubte, dass Träume eine direkte Verbindung zum Unterbewusstsein herstellen und uns tiefe Einblicke in unsere innersten Gedanken und Gefühle bieten können. Dalí verwendete verschiedene Techniken, um die Welt der Träume in seinen Kunstwerken einzufangen, darunter die Verwendung von verzerrten Perspektiven, surrealen Motiven und einer intensiven Farbpalette. Seine Gemälde sind oft von einem unnatürlichen Licht und Schatten geprägt, die eine traumähnliche Atmosphäre erzeugen und den Betrachter in eine Welt der Phantasie und Illusion entführen.

Dalís Traumwelten sind auch von seiner eigenen turbulenten Psyche und seinem exzentrischen Charakter geprägt. Er war bekannt für sein exzentrisches Verhalten, seine provokanten Aussagen und seine kontroverse Persönlichkeit, die oft von einer tiefen Unsicherheit und Angst vor dem Tod geprägt war. Diese inneren Konflikte und Ängste spiegeln sich in seinen Kunstwerken wider und verleihen ihnen eine emotionale Tiefe und Intensität, die den Betrachter auf einer tiefen emotionalen Ebene anspricht.

Insgesamt sind Dalís Traumwelten ein faszinierendes Beispiel für die künstlerische Genialität und psychische Tiefe eines der bedeutendsten Künstler des 20. Jahrhunderts. Seine Bilder sind voller Symbolik, Metaphern und surrealer Elemente, die eine breite Palette von Themen und Emotionen darstellen, darunter Zeit, Identität, Tod, Sexualität und Spiritualität. Dalí war ein Meister der Illusion und des Unheimlichen, der es verstand, den Betrachter in seine eigene Welt der Fantasie und Phantasie zu entführen und ihn dazu zu bringen, die Grenzen zwischen Realität und Illusion zu hinterfragen. Seine Traumwelten sind ein bleibendes Erbe, das die Menschen auch heute noch fasziniert und inspiriert und einen tiefen Einblick in die menschliche Psyche und die Natur der Realität bietet.

Magrittes surrealistische Bilderwelten
René Magritte, einer der prominentesten Vertreter des Surrealismus des 20. Jahrhunderts, schuf eine faszinierende Welt voller rätselhafter und überraschender Bilder. Seine surrealistischen Werke zeichnen sich durch eine einzigartige Kombination von Realismus und Traumwelt aus und haben einen nachhaltigen Einfluss auf die Kunst des 20. Jahrhunderts ausgeübt. Magrittes surrealistische Bilderwelten sind geprägt von seiner Fähigkeit, das Unbekannte und Unheimliche zu erkunden und den Betrachter dazu zu bringen, die Grenzen zwischen Realität und Fantasie zu hinterfragen.

Geboren am 21. November 1898 in Lessines, Belgien, begann Magritte bereits in jungen Jahren mit dem Malen und Zeichnen. Er studierte an der Akademie der Schönen Künste in Brüssel und wurde von verschiedenen künstlerischen Strömungen beeinflusst, darunter Kubismus, Futurismus und Dadaismus. Sein eigener Stil begann sich jedoch zu formen, als er dem Surrealismus begegnete, einer künstlerischen Bewegung, die das Unbewusste erforschte und die Grenzen der Realität auslotete.

Magrittes surrealistische Bilderwelten sind geprägt von seiner einzigartigen Fähigkeit, das Alltägliche auf ungewöhnliche und unerwartete Weise darzustellen. Er schuf eine Reihe von ikonischen Bildern, die scheinbar vertraute Objekte in neuen Kontexten und Zusammenhängen präsentieren und so eine Atmosphäre der Verfremdung und Überraschung erzeugen. Magrittes Bilder sind oft von einer nüchternen und präzisen Malweise geprägt, die einen starken Kontrast zu den fantastischen und surrealen Motiven bildet, die er darstellt.

Ein charakteristisches Merkmal von Magrittes surrealistischen Bildernwelten ist seine Verwendung von Bilderrätseln und visuellen Täuschungen, um den Betrachter dazu zu bringen, die Welt um ihn herum in Frage zu stellen. Er schuf eine Reihe von Bildern, die scheinbar unmögliche Szenen und Situationen darstellen, wie zum Beispiel einen Apfel, der das Gesicht eines Mannes verdeckt, oder eine Pfeife, unter der steht "Ceci n'est pas une pipe" (Dies ist keine Pfeife). Diese scheinbaren Widersprüche zwischen Bild und Text fordern den Betrachter dazu auf, die Natur der Realität und die Bedeutung von Bildern zu hinterfragen.

Ein bekanntes Beispiel für Magrittes surrealistische Bilderwelten ist sein Gemälde "Die Laufmaske" aus dem Jahr 1928. Das Bild zeigt eine realistisch gemalte Männerfigur, die ein Stofftuch über dem Gesicht trägt, das seine Augen, Nase und Mund verdeckt. Diese ungewöhnliche Darstellung eines verhüllten Gesichts erzeugt eine Atmosphäre der Verfremdung und Beklemmung, die den Betrachter dazu bringt, die Bedeutung von Identität und Selbstwahrnehmung zu hinterfragen. Magrittes Laufmaske ist ein faszinierendes Beispiel für seine Fähigkeit, das Unbewusste und Unheimliche zu erforschen und in seinen Kunstwerken auszudrücken.

Ein weiteres wichtiges Merkmal von Magrittes surrealistischen Bilderwelten ist seine Verwendung von wiederkehrenden Motiven und Themen, um komplexe Ideen und Konzepte darzustellen. Er schuf eine Reihe von Bildern, die scheinbar unzusammenhängende Objekte und Symbole miteinander verbinden, um neue Bedeutungen und Assoziationen zu erzeugen. Zu seinen wiederkehrenden Motiven gehören unter anderem Wolken, Vögel, Vorhänge, Spiegel, Züge und Bäume, die eine breite Palette von Themen und Emotionen darstellen, darunter Freiheit, Einsamkeit, Isolation und Sehnsucht.

Ein bemerkenswertes Beispiel für Magrittes surrealistische Bilderwelten ist sein Gemälde "Der Sohn des Mannes" aus dem Jahr 1964. Das Bild zeigt einen Mann in einem Anzug und Hut, der ein grünes Apfel vor seinem Gesicht hält, das seine Augen verdeckt. Im Hintergrund ist ein wolkenverhangener Himmel zu sehen, der eine Atmosphäre der Isolation und Geheimnis um den Mann erzeugt. Magrittes Sohn des Mannes ist ein ikonisches Bild, das eine Reihe von Interpretationen und Deutungen zulässt und den Betrachter dazu einlädt, über die Natur von Identität, Selbst und Realität nachzudenken.

Magrittes surrealistische Bilderwelten sind auch von seiner tiefen psychischen Verbundenheit mit dem Unbewussten geprägt. Er war fasziniert von den Werken des Psychoanalytikers Sigmund Freud und seiner Theorie des Unbewussten, die eine zentrale Rolle in der surrealistischen Kunst spielte. Magritte nutzte verschiedene Techniken, um das Unbewusste zu erforschen, darunter Traumdeutung, automatisches Schreiben und Hypnose. Diese Methoden halfen ihm, seine eigenen inneren Konflikte, Ängste und Obsessionen zu erkunden und in seinen Kunstwerken auszudrücken.

Insgesamt sind Magrittes surrealistische Bilderwelten ein faszinierendes Beispiel für die künstlerische Genialität und psychische Tiefe eines der bedeutendsten Künstler des 20. Jahrhunderts. Seine Bilder sind voller Symbolik, Metaphern und surrealer Elemente, die eine breite Palette von Themen und Emotionen darstellen, darunter Identität, Zeit, Tod, Sexualität und Spiritualität. Magrittes surrealistische Bilderwelten sind ein bleibendes Erbe, das die Menschen auch heute noch fasziniert und inspiriert und einen tiefen Einblick in die menschliche Psyche und die Natur der Realität bietet.

Die Automatismus-Technik der Surrealisten
Die Automatismus-Technik der Surrealisten ist eine künstlerische Methode, die eng mit der surrealistischen Bewegung des 20. Jahrhunderts verbunden ist. Diese Technik basiert auf der Idee des automatischen Schreibens und Zeichnens, bei dem der Künstler bewusst auf rationales Denken und Kontrolle verzichtet und stattdessen dem Unterbewusstsein freien Lauf lässt. Die Surrealisten glaubten, dass durch den Einsatz von Automatismus verborgene Gedanken, Emotionen und Fantasien ans Licht gebracht werden könnten, die normalerweise vom rationalen Verstand unterdrückt werden.

Die surrealistische Bewegung entstand in den 1920er Jahren in Europa als Reaktion auf die traumatischen Erfahrungen des Ersten Weltkriegs und die gesellschaftlichen Umbrüche der Zeit. Die Surrealisten, angeführt von André Breton, verfolgten das Ziel, das Unterbewusstsein zu erforschen und die Grenzen zwischen Traum und Realität aufzulösen. Sie glaubten, dass der Schlüssel zur

Befreiung des Geistes darin lag, das Bewusstsein zu umgehen und direkten Zugang zum Unterbewusstsein zu erlangen.

Die Automatismus-Technik war eine der wichtigsten Methoden, die von den Surrealisten verwendet wurde, um dieses Ziel zu erreichen. Die Künstler praktizierten automatisches Schreiben, Zeichnen und Malen, bei dem sie ohne bewusste Kontrolle oder Zensur arbeiteten und stattdessen ihren Gedanken und Gefühlen freien Lauf ließen. Diese Technik wurde oft in Gruppenübungen praktiziert, bei denen die Künstler zusammenkamen und sich gegenseitig inspirierten, um neue Ideen und Bilder zu schaffen.

Ein prominentes Beispiel für die Anwendung der Automatismus-Technik ist das Spiel "Exquisite Corpse" (Exquisites Kadaver), bei dem mehrere Künstler abwechselnd Teile eines Bildes oder Textes zeichnen oder schreiben, ohne die Arbeit der anderen zu sehen. Das Ergebnis ist ein surrealistisches und oft überraschendes Werk, das verschiedene Stile und Ideen miteinander verbindet und eine neue Form der kollektiven Kreativität ermöglicht.

Die Automatismus-Technik eröffnete den Surrealisten einen Weg, um auf tiefere Schichten des Bewusstseins zuzugreifen und verborgene Wünsche, Ängste und Fantasien zu erkunden. Indem sie sich vom rationalen Denken befreiten und stattdessen dem Fluss des Unbewussten folgten, konnten sie eine Vielzahl von Bildern und Symbolen hervorbringen, die eine direkte Verbindung zum Unterbewusstsein herstellen. Diese Bilder waren oft surreal, unheimlich und verstörend, aber auch faszinierend und inspirierend.

Ein bemerkenswertes Beispiel für die Anwendung der Automatismus-Technik ist das Werk des französischen Surrealisten André Masson. Masson war einer der ersten Künstler, der automatische Zeichentechniken in der surrealistischen Kunst einsetzte und damit einen wichtigen Beitrag zur Entwicklung der Bewegung leistete. Seine Bilder sind geprägt von wirbelnden Linien, organischen Formen und symbolischen Motiven, die eine Vielzahl von Emotionen und Bedeutungen darstellen. Massons

Werk zeigt deutlich die kreative Kraft des Unbewussten und die Fähigkeit des Künstlers, neue Wege des Ausdrucks zu finden.

Die Automatismus-Technik wurde auch von anderen prominenten Surrealisten wie Max Ernst, Joan Miró und Salvador Dalí verwendet, die sie in ihren eigenen Werken weiterentwickelten und verfeinerten. Jeder dieser Künstler brachte seine eigene einzigartige Perspektive und künstlerische Sensibilität in die surrealistische Bewegung ein und trug dazu bei, ihre Vielfalt und Vitalität zu fördern.

Die Automatismus-Technik hatte einen nachhaltigen Einfluss auf die Kunst des 20. Jahrhunderts und darüber hinaus. Sie öffnete neue Wege des Ausdrucks und ermöglichte es den Künstlern, das Unbewusste als Quelle der Inspiration und Kreativität zu nutzen. Die surrealistische Bewegung revolutionierte die Art und Weise, wie Kunst geschaffen und interpretiert wurde, und hinterließ ein bleibendes Erbe, das bis heute weiterlebt und inspiriert.

Insgesamt ist die Automatismus-Technik der Surrealisten ein faszinierendes Beispiel für die kreative Kraft des Unbewussten und die Fähigkeit des Menschen, neue Wege des Ausdrucks zu finden. Durch den bewussten Verzicht auf Kontrolle und Zensur konnten die Surrealisten eine Vielzahl von Bildern und Symbolen hervorbringen, die eine direkte Verbindung zum Unterbewusstsein herstellen und eine neue Form der künstlerischen Freiheit und Experimentierfreude ermöglichen. Die Automatismus-Technik bleibt ein wichtiges Erbe der surrealistischen Bewegung und ein faszinierendes Beispiel für die unbegrenzten Möglichkeiten der menschlichen Vorstellungskraft.

Die Collagen von Ernst
Die Collagen von Max Ernst gehören zu den bedeutendsten Werken des Dadaismus und des Surrealismus des 20. Jahrhunderts. Ernst war einer der einflussreichsten und experimentierfreudigsten Künstler seiner Zeit und seine Collagen sind bekannt für ihre innovative Verwendung von Bildern und ihre unkonventionellen Techniken. Durch die Kombination verschiedener Bilder, Materialien und Techniken schuf Ernst eine

faszinierende Welt voller Rätsel und Überraschungen, die die Grenzen zwischen Realität und Fantasie verwischten und neue Möglichkeiten des künstlerischen Ausdrucks eröffneten.

Max Ernst wurde am 2. April 1891 in Brühl, Deutschland, geboren und studierte zunächst Philosophie an der Universität Bonn, bevor er sich der Kunst zuwandte. Er war ein autodidaktischer Künstler, der sich früh für avantgardistische Strömungen wie Dadaismus und Surrealismus interessierte. Ernst war ein Pionier in der Verwendung von Collagen als künstlerisches Medium und entwickelte eine Vielzahl von Techniken, um neue Wege des Ausdrucks zu erkunden.

Die Collagen von Max Ernst sind geprägt von ihrer Vielfalt und Experimentierfreude. Ernst verwendete eine breite Palette von Bildern und Materialien, darunter Zeitungsausschnitte, Werbematerialien, Fotografien, Stoffe, Federn, Blätter und andere Fundstücke. Diese Materialien wurden oft zerschnitten, zerrissen, umgestaltet und neu angeordnet, um neue Bedeutungen und Assoziationen zu schaffen.

Ein charakteristisches Merkmal von Max Ernsts Collagen ist ihre surrealistische und oft unheimliche Atmosphäre. Ernst war fasziniert von der Welt des Unbewussten und der Traumlandschaften und verwendete Collagen, um seine innersten Gedanken, Gefühle und Fantasien auszudrücken. Seine Collagen sind oft von surrealen Motiven und Symbolen geprägt, die eine breite Palette von Themen und Emotionen darstellen, darunter Identität, Sexualität, Tod, Angst und Einsamkeit.

Ein bekanntes Beispiel für Max Ernsts Collagen ist sein Werk "Une Semaine de Bonté" (Eine Woche der Güte), eine Serie von fünf Büchern mit über 200 Collagen, die zwischen 1933 und 1934 entstanden. Diese Collagen sind ein faszinierendes Beispiel für Ernsts innovative Verwendung von Bildern und seine Fähigkeit, surreale Welten zu schaffen, die die Grenzen zwischen Realität und Fantasie verwischen. Die Collagen von "Une Semaine de Bonté" sind voller mysteriöser und unheimlicher Bilder, die eine Vielzahl von Themen und Emotionen darstellen und den Betrachter dazu einladen, über die Natur von Identität, Selbst und Realität nachzudenken.

Ein weiteres wichtiges Merkmal von Max Ernsts Collagen ist ihre politische und gesellschaftskritische Dimension. Ernst war zeitlebens ein politisch engagierter Künstler, der sich gegen den Krieg, den Faschismus und die Unterdrückung engagierte. In seinen Collagen verarbeitete er oft politische und gesellschaftliche Themen und verwendete sie als Mittel zur Kritik und Aufklärung. Seine Collagen sind oft von politischen und sozialen Kommentaren geprägt, die eine Vielzahl von Themen und Problemen darstellen, darunter Krieg, Gewalt, Unterdrückung, Ungerechtigkeit und Ausbeutung.

Ein bemerkenswertes Beispiel für Max Ernsts politische Collagen ist sein Werk "Europe After the Rain II" (Europa nach dem Regen II) aus dem Jahr 1940-42. Das Bild zeigt eine zerstörte Landschaft, in der unheimliche Wesen und verfremdete Objekte zu sehen sind, die eine Atmosphäre der Verwüstung und Verzweiflung erzeugen. Ernst verarbeitete in diesem Werk seine eigenen Erfahrungen des Zweiten Weltkriegs und seine Ablehnung von Krieg und Gewalt.

Max Ernsts Collagen sind auch von seiner eigenen tiefen psychischen Verbundenheit mit dem Unbewussten geprägt. Er war fasziniert von den Werken des Psychoanalytikers Sigmund Freud und seiner Theorie des Unbewussten, die eine zentrale Rolle in der surrealistischen Kunst spielte. Ernst nutzte verschiedene Techniken, um das Unbewusste zu erforschen, darunter Traumdeutung, automatisches Schreiben und Hypnose. Diese Methoden halfen ihm, seine eigenen inneren Konflikte, Ängste und Obsessionen zu erkunden und in seinen Collagen auszudrücken.

Insgesamt sind die Collagen von Max Ernst ein faszinierendes Beispiel für die künstlerische Genialität und Experimentierfreude eines der bedeutendsten Künstler des 20. Jahrhunderts. Seine Collagen sind voller Innovation, Kreativität und Überraschungen, die die Grenzen zwischen Realität und Fantasie verwischen und neue Möglichkeiten des künstlerischen Ausdrucks eröffnen. Max Ernsts Collagen bleiben ein wichtiges Erbe der Dadaismus und des

Surrealismus und ein faszinierendes Beispiel für die unbegrenzten Möglichkeiten der menschlichen Vorstellungskraft.

Die Skulpturen von Giacometti
Die Skulpturen von Alberto Giacometti gehören zweifellos zu den bedeutendsten und einflussreichsten Werken des 20. Jahrhunderts. Giacometti, geboren am 10. Oktober 1901 in Borgonovo, Schweiz, entwickelte im Laufe seiner Karriere einen einzigartigen und fesselnden Stil, der seine Skulpturen zu ikonischen Meisterwerken der modernen Kunst machte. Seine Werke sind geprägt von einer starken Sensibilität für Form, Raum und Bewegung und haben einen tiefgreifenden Einfluss auf die moderne Kunst ausgeübt. Sie stehen als lebendige Zeugnisse seiner tiefgründigen Auseinandersetzung mit existenziellen Themen und einer unvergleichlichen Fähigkeit, menschliche Erfahrungen in abstrakten Formen auszudrücken.

Giacomettis künstlerische Reise begann in seiner Jugend, als er von seinem Vater, einem renommierten Postimpressionisten, beeinflusst wurde. Obwohl er in den ersten Jahren seines Schaffens verschiedene Stile und Techniken erkundete, entwickelte er bald seine eigene unverwechselbare Ästhetik. Sein künstlerisches Schaffen wurde von seiner Auseinandersetzung mit den künstlerischen Strömungen seiner Zeit, insbesondere dem Surrealismus, beeinflusst. Während seiner Zeit in Paris schloss er sich der surrealistischen Bewegung an und arbeitete mit Künstlern wie André Breton, Joan Miró und Salvador Dalí zusammen. Obwohl er später von der surrealistischen Bewegung abrückte, blieb er zeitlebens ein innovativer und experimentierfreudiger Künstler.

Giacomettis Skulpturen sind bekannt für ihre einzigartige Stilistik, die dünnen, langgestreckten Figuren und ihre einzigartige Formensprache. Seine Figuren erscheinen oft in einer fragilen Menschlichkeit und drücken eine tiefe existenzielle Einsamkeit aus. Ein charakteristisches Merkmal seiner Arbeit ist die Reduktion und Abstraktion der Formen, die eine unverwechselbare Ästhetik schaffen. Giacomettis Figuren wirken oft wie Fragmente, die eine intensive emotionale Resonanz beim Betrachter hervorrufen. In ihnen spiegeln sich universelle menschliche Erfahrungen wider, wie die Suche nach Identität, die Angst vor Einsamkeit und die existenzielle Suche nach Bedeutung.

Eine der bekanntesten Serien von Giacometti ist die der "Stehenden Frauen", die er in den 1950er Jahren schuf. Diese Skulpturen zeigen dünnwandige, langgestreckte Figuren, die isoliert und verloren wirken und eine tiefe existenzielle Einsamkeit ausstrahlen. Giacomettis "Stehende Frauen" sind ein faszinierendes Beispiel für seine einzigartige Formensprache und seine Fähigkeit, komplexe emotionale Zustände in abstrakte Formen zu übersetzen. Sie laden den Betrachter ein, über die Natur von Identität, Selbst und Existenz nachzudenken.

Ein weiteres wichtiges Merkmal von Giacomettis Skulpturen ist ihre einzigartige Beziehung zum Raum um sie herum. Giacometti war fasziniert von der Idee des Raumes als lebendigem und dynamischem Element und schuf Skulpturen, die eine tiefe Verbindung zwischen Figur und Raum herstellen. Seine Figuren scheinen oft in den Raum hinein zu wachsen oder sich von ihm zu entfernen, was eine dynamische Spannung erzeugt, die den Betrachter in den Bann zieht. Die skulpturale Arbeit von Giacometti zeigt eine beeindruckende Beherrschung des Raumes und eine feine Balance zwischen Figur und Umgebung.

Giacomettis Skulpturen sind auch von seiner eigenen tiefen psychischen Verbundenheit mit dem Unbewussten geprägt. Er war fasziniert von den Werken des Psychoanalytikers Sigmund Freud und seiner Theorie des Unbewussten, die eine zentrale Rolle in der surrealistischen Kunst spielte. Giacometti nutzte verschiedene Techniken, um das Unbewusste zu erforschen, darunter Traumdeutung, automatisches Schreiben und Hypnose. Diese Methoden halfen ihm, seine eigenen inneren Konflikte, Ängste und Obsessionen zu erkunden und in seinen Skulpturen auszudrücken.

Giacomettis einzigartige Beiträge zur modernen Kunst haben seinen Ruf als einer der einflussreichsten Bildhauer des 20. Jahrhunderts gefestigt. Seine Skulpturen sind nicht nur technisch beeindruckende Meisterwerke, sondern auch tiefgründige Reflexionen über die menschliche Existenz und die Suche nach

Bedeutung in einer ungewissen Welt. Sie haben einen bleibenden Eindruck hinterlassen und inspirieren weiterhin Künstler und Betrachter auf der ganzen Welt. Insgesamt sind Giacomettis Skulpturen ein faszinierendes Beispiel für die künstlerische Genialität und die tiefgründige Suche nach Bedeutung und Identität, die das Herz seiner Arbeit ausmachen.

Die surrealistische Literatur von Breton
Die surrealistische Literatur von André Breton steht als ein zentrales Werkzeug in der Entwicklung und Ausgestaltung der surrealistischen Bewegung des 20. Jahrhunderts. Als Gründer und führender Kopf der surrealistischen Bewegung prägte Breton nicht nur die künstlerische Richtung maßgeblich, sondern auch die literarische Ausdrucksform, die sich durch ihre innovative Nutzung von Träumen, des Unterbewusstseins und der Automatismus-Technik auszeichnete. In seiner Literatur suchte Breton nach einer neuen Form des Ausdrucks, die die traditionellen Grenzen zwischen Realität und Fantasie, zwischen Bewusstsein und Unbewusstsein, aufhebt. Seine Werke, angeführt vom bahnbrechenden Manifest "Surrealismus und Malerei", führten nicht nur zu einer literarischen Revolution, sondern trugen auch entscheidend dazu bei, die surrealistische Bewegung als kulturelle Kraft zu etablieren, die die Grenzen des Möglichen neu definierte.

André Breton wurde am 19. Februar 1896 in Tinchebray, Frankreich, geboren und wuchs in einer intellektuellen Umgebung auf. Er studierte Medizin und Psychiatrie, bevor er sich ganz der Literatur und Kunst widmete. Während des Ersten Weltkriegs lernte Breton viele Künstler und Schriftsteller kennen, darunter Guillaume Apollinaire und Tristan Tzara, die später zu wichtigen Einflüssen auf seine Arbeit werden sollten. Nach dem Krieg schloss er sich der Dada-Bewegung an, deren radikaler Ansatz zur Kritik der etablierten künstlerischen Konventionen Bretons Denken und Schreiben stark beeinflusste.

Breton war entscheidend daran beteiligt, die surrealistische Bewegung ins Leben zu rufen und zu formen. 1924 veröffentlichte er das erste surrealistische Manifest, das die Grundprinzipien der Bewegung festlegte, darunter die Überwindung des rationalen

Denkens zugunsten des Unbewussten, die Nutzung der Automatismus-Technik und die Suche nach einer höheren Realität jenseits der Oberfläche des Alltäglichen. In seinem Manifest forderte Breton die Künstler auf, die Grenzen des Bewusstseins zu überschreiten und ihre Arbeit von den irrationalen Kräften des Unterbewusstseins leiten zu lassen. Diese Ideen sollten einen starken Einfluss auf Bretons literarisches Schaffen haben und seine Werke zu wegweisenden Beiträgen zur surrealistischen Literatur machen.

Ein zentrales Merkmal von Bretons literarischem Schaffen ist die Verwendung der Automatismus-Technik, eine Methode, bei der der Künstler bewusst auf jegliche Kontrolle oder Zensur verzichtet und stattdessen dem Fluss seiner Gedanken und Gefühle freien Lauf lässt. Diese Technik, die stark von den Ideen des Psychoanalytikers Sigmund Freud beeinflusst ist, ermöglichte es Breton, direkt auf das Unbewusste zuzugreifen und neue Formen des Ausdrucks zu finden. Seine Texte sind oft geprägt von surrealen Bildern und Traumsequenzen, die eine breite Palette von Themen und Emotionen darstellen, darunter Liebe, Tod, Sexualität und Spiritualität.

Ein herausragendes Beispiel für Bretons Verwendung der Automatismus-Technik ist sein Werk "Nadja" aus dem Jahr 1928, das als eines der bedeutendsten Werke der surrealistischen Literatur gilt. In diesem autobiografischen Roman beschreibt Breton seine Begegnung mit einer jungen Frau namens Nadja, die eine mysteriöse und faszinierende Figur ist. Das Buch ist geprägt von surrealen Bildern und unerwarteten Assoziationen, die eine tiefe emotionale Resonanz beim Leser erzeugen. Durch die Verwendung von Automatismus ermöglichte es Breton, die Grenzen zwischen Realität und Fantasie aufzuheben und eine neue Form des Erzählens zu entwickeln, die die traditionellen Konventionen der Literatur sprengt.

Breton war auch ein Meister des poetischen Ausdrucks und schuf eine Vielzahl von Gedichten, die die Prinzipien des Surrealismus auf innovative Weise umsetzten. Seine Gedichte sind oft geprägt von surrealen Bildern und ungewöhnlichen Metaphern, die eine breite

Palette von Emotionen und Stimmungen darstellen. Ein bekanntes Beispiel für Bretons surreale Poesie ist sein Gedicht "Free Union" aus dem Jahr 1931, das die Idee der Liebe als eine Verschmelzung von Körper und Geist erkundet. Das Gedicht ist geprägt von freien Assoziationen und unerwarteten Bildern, die eine tiefe emotionale Wirkung erzeugen.

Bretons literarisches Schaffen war eng mit seiner politischen Überzeugung verbunden, und viele seiner Werke enthalten eine deutliche soziale und politische Botschaft. In den 1930er Jahren wurde Breton zunehmend politisch aktiv und engagierte sich in der kommunistischen Bewegung. Seine politischen Überzeugungen fanden Eingang in seine Literatur, die oft soziale Ungerechtigkeiten und politische Unterdrückung thematisierte. Ein bemerkenswertes Beispiel für Bretons politische Literatur ist sein Essay "Was ist Surrealismus?" aus dem Jahr 1934, in dem er die Verbindung zwischen Surrealismus und Marxismus hervorhebt und den Surrealismus als eine radikale künstlerische Praxis der Befreiung von den Fesseln des Kapitalismus definiert.

Bretons literarisches Schaffen hatte einen tiefgreifenden Einfluss auf die Entwicklung der surrealistischen Bewegung und auf die moderne Literatur im Allgemeinen. Seine Werke sind nicht nur wegweisende Beiträge zur surrealistischen Literatur, sondern auch zeitlose Meisterwerke, die die Grenzen des Möglichen neu definieren. Bretons Verwendung der Automatismus-Technik und seine innovativen Ansätze zur literarischen Darstellung haben eine ganze Generation von Schriftstellern und Künstlern inspiriert und dazu beigetragen, den Surrealismus als eine der wichtigsten künstlerischen Bewegungen des 20. Jahrhunderts zu etablieren.

Insgesamt ist die surrealistische Literatur von André Breton ein faszinierendes Beispiel für die kreative Genialität und Experimentierfreude eines der bedeutendsten Schriftsteller des 20. Jahrhunderts. Seine Werke sind geprägt von einer starken Sensibilität für die menschliche Erfahrung und eine tiefe Auseinandersetzung mit den großen Themen des Lebens. Bretons Literatur ist nicht nur ein Zeugnis seiner eigenen geistigen Reise, sondern auch ein Spiegelbild der tiefgreifenden Veränderungen und

Herausforderungen, denen die Gesellschaft seiner Zeit gegenüberstand. Seine Werke bleiben auch heute noch relevant und inspirierend und laden den Leser ein, über die Natur der Realität, des Bewusstseins und der Kreativität nachzudenken.

Tanguys imaginäre Landschaften
Die imaginären Landschaften von Yves Tanguy stehen als herausragende Beispiele surrealistischer Malerei des 20. Jahrhunderts und repräsentieren eine faszinierende Reise in die Tiefen des Unbewussten. Tanguy, ein Meister des surrealen Realismus, schuf mit seinen Gemälden eine einzigartige Welt voller bizarrer Formen, rätselhafter Landschaften und schwebender Objekte, die den Betrachter in eine surreal verzauberte Dimension entführen. Seine Werke zeugen von einer unerschöpflichen Vorstellungskraft, einer präzisen Technik und einem tiefen Verständnis für die verborgenen Räume des Geistes. Durch die Verbindung von Traum und Realität, von Abstraktion und Präzision schuf Tanguy Gemälde, die den Betrachter dazu einladen, seine eigene Vorstellungskraft zu entfalten und die Grenzen der Wahrnehmung zu überschreiten.

Yves Tanguy wurde am 5. Januar 1900 in Paris, Frankreich, geboren und entwickelte früh eine Leidenschaft für Kunst und Malerei. Sein Stil wurde stark von seiner Begegnung mit dem Surrealismus geprägt, nachdem er 1923 auf den Schriftsteller und Dichter André Breton traf, der zu einem engen Freund und Förderer wurde. Unter dem Einfluss von Breton und anderen surrealistischen Künstlern wie Salvador Dalí und Max Ernst entwickelte Tanguy seinen eigenen einzigartigen Stil, der von Träumen, Zufall und der freien Assoziation geprägt war.

Die Gemälde von Yves Tanguy zeichnen sich durch ihre unnatürlichen Landschaften und seltsamen Formen aus, die oft an außerirdische Welten oder die Tiefen des Ozeans erinnern. Seine Bilder sind bevölkert von schwebenden Objekten, organischen Formen und surrealen Architekturen, die eine rätselhafte und gleichzeitig faszinierende Atmosphäre erzeugen. Tanguy war ein Meister der suggestiven Komposition, der es verstand, mit wenigen

Elementen eine starke emotionale Wirkung zu erzielen und den Betrachter in eine Welt jenseits der Realität zu entführen.

Ein charakteristisches Merkmal von Tanguys Gemälden ist die präzise Technik und die sorgfältige Ausführung, die seinen Werken eine unglaubliche Lebendigkeit und Detailgenauigkeit verleihen. Trotz ihrer abstrakten Natur wirken seine Bilder oft äußerst realistisch und wirken wie fotorealistische Darstellungen imaginärer Landschaften. Diese Mischung aus Abstraktion und Realismus verleiht Tanguys Gemälden eine einzigartige visuelle Anziehungskraft und macht sie zu faszinierenden Studien der menschlichen Vorstellungskraft.

Ein herausragendes Beispiel für Tanguys surrealistische Landschaften ist sein Gemälde "Indefinite Divisibility" (1942), das zu seinen bekanntesten Werken gehört. Das Bild zeigt eine surreale Landschaft mit schwebenden Felsen, seltsamen Strukturen und einer unbestimmten Horizontlinie, die eine endlose Weite suggeriert. Die Landschaft wirkt unwirklich und traumhaft, als ob sie aus den Tiefen des Unterbewusstseins entsprungen wäre, und lädt den Betrachter dazu ein, in die rätselhafte Welt von Tanguys Vorstellungskraft einzutauchen.

Ein weiteres wichtiges Merkmal von Tanguys Gemälden ist ihre tiefgreifende emotionale Resonanz, die sie beim Betrachter hervorrufen. Seine Bilder strahlen oft eine Aura der Einsamkeit, des Geheimnisvollen und des Unheimlichen aus, die den Betrachter dazu einlädt, über die Natur des Unbewussten und die verborgenen Räume des Geistes nachzudenken. Tanguy war fasziniert von der Idee des Unterbewusstseins als einer Quelle der Kreativität und der Inspiration und schuf Gemälde, die diese Idee auf eindringliche Weise erforschten.

Die surrealen Landschaften von Yves Tanguy sind auch von seiner eigenen tiefen psychischen Verbundenheit mit dem Unbewussten geprägt. Er war fasziniert von den Werken des Psychoanalytikers Sigmund Freud und seiner Theorie des Unbewussten, die eine zentrale Rolle in der surrealistischen Kunst spielte. Tanguy nutzte verschiedene Techniken, um das Unbewusste zu erforschen, darunter Traumdeutung, automatisches Schreiben und Hypnose. Diese Methoden halfen ihm, seine eigenen inneren Konflikte, Ängste und Obsessionen zu erkunden und in seinen Gemälden auszudrücken.

Insgesamt sind die imaginären Landschaften von Yves Tanguy ein faszinierendes Beispiel für die künstlerische Genialität und Experimentierfreude eines der bedeutendsten Künstler des 20. Jahrhunderts. Seine Gemälde sind voller Innovation, Kreativität und Überraschungen, die die Grenzen zwischen Realität und Fantasie verwischen und neue Möglichkeiten des künstlerischen Ausdrucks eröffnen. Tanguys surreale Landschaften sind nicht nur visuell beeindruckende Werke, sondern auch tiefgründige Reflexionen über die Natur des Unbewussten, der menschlichen Vorstellungskraft und der verborgenen Räume des Geistes.

Die Photographie der Surrealisten
Die Photographie der Surrealisten ist eine faszinierende und einflussreiche Bewegung innerhalb der Kunstgeschichte des 20. Jahrhunderts. Die surrealistischen Fotografen, inspiriert von den Ideen des Unbewussten, der Traumdeutung und der freien Assoziation, schufen Bilder, die die Grenzen der Realität sprengten und eine neue Form des visuellen Ausdrucks entwickelten. Diese Fotografien, die oft surreal, traumhaft und verstörend sind, sind nicht nur ästhetisch ansprechend, sondern werfen auch wichtige Fragen über die Natur der Wirklichkeit, der Identität und der menschlichen Existenz auf. Im Laufe der Zeit haben die surrealistischen Fotografen einen tiefgreifenden Einfluss auf die Entwicklung der Fotografie als Kunstform ausgeübt und eine Vielzahl von Themen und Techniken erkundet, die bis heute von Bedeutung sind.

Die Wurzeln der surrealistischen Fotografie lassen sich bis in die frühen Jahre des Surrealismus zurückverfolgen, als die Bewegung in den 1920er Jahren in Paris entstand. Die Gründung des Surrealismus als literarische Bewegung durch André Breton im Jahr 1924 schuf eine fruchtbare Atmosphäre für die Entwicklung neuer künstlerischer Ausdrucksformen, darunter auch die Fotografie. Die surrealistischen Fotografen teilten die Überzeugung der surrealistischen Schriftsteller und Künstler, dass das Unbewusste eine reiche Quelle der Kreativität und Inspiration darstellt, und suchten nach Wegen, dieses Unbewusste in ihren Bildern zu erkunden.

Einflussreiche Fotografen wie Man Ray, Marcel Duchamp und Raoul Ubac waren Pioniere der surrealistischen Fotografie und schufen einige der ersten und bekanntesten Werke auf diesem Gebiet. Man Ray, einer der bedeutendsten Fotografen des 20. Jahrhunderts, war bekannt für seine experimentellen Techniken und seine Fähigkeit, den Alltag in surreale und traumhafte Bilder zu verwandeln. Seine berühmte Fotografie "Le Violon d'Ingres" (1924) ist ein herausragendes Beispiel für sein Talent, Alltagsobjekte in surreale Kunstwerke zu verwandeln, indem er die Formen des Körpers und des Instruments miteinander verschmilzt.

Ein weiterer bedeutender Beitrag zur surrealistischen Fotografie kam von Claude Cahun, einer französischen Fotografin und Schriftstellerin, die für ihre experimentellen Selbstporträts und Collagen bekannt war. Cahun war eine wichtige Figur in der Pariser Avantgarde-Szene der 1920er Jahre und pflegte enge Beziehungen zu anderen surrealistischen Künstlern wie André Breton und Man Ray. Ihre Fotografien, die oft von Themen wie Identität, Geschlecht und Selbstbildnis handeln, sind geprägt von einer einzigartigen Mischung aus Intimität, Surrealismus und politischer Botschaft.

Die Fotografien der Surrealisten zeichnen sich oft durch ihre experimentellen Techniken und ihre unkonventionelle Herangehensweise an das Medium aus. Viele surrealistische Fotografen nutzten Techniken wie Doppelbelichtung, Solarisation und Montage, um surreale und traumhafte Effekte zu erzielen, die die Grenzen der Wahrnehmung verwischen. Diese experimentellen Techniken ermöglichten es den Fotografen, die Realität auf neue und aufregende Weise zu interpretieren und das Unbewusste in ihren Bildern zum Ausdruck zu bringen.

Ein zentrales Motiv in der surrealistischen Fotografie ist das Unheimliche, das Gefühl des Fremden und Unbekannten, das den Betrachter gleichzeitig fasziniert und erschreckt. Viele surrealistische Fotografien zeigen ungewöhnliche und verstörende Szenen, die eine Atmosphäre der Unsicherheit und Spannung erzeugen. Diese Bilder fordern den Betrachter auf, seine eigenen Vorstellungen von Realität und Fantasie zu hinterfragen und die verborgenen Schichten des Unbewussten zu erkunden.

Die surrealistische Fotografie war auch eng mit anderen Bereichen der surrealistischen Kunst verbunden, darunter Malerei, Literatur und Film. Surrealistische Fotografen arbeiteten oft mit surrealistischen Malern und Schriftstellern zusammen, um gemeinsam neue Formen des künstlerischen Ausdrucks zu erforschen und zu entwickeln. Diese interdisziplinäre Zusammenarbeit trug dazu bei, die Grenzen der Kunst zu erweitern und neue Möglichkeiten der kreativen Zusammenarbeit zu erforschen.

Trotz ihrer Innovationskraft und ihres Einflusses auf die Entwicklung der Fotografie als Kunstform wurde die surrealistische Fotografie oft von Kritikern und Traditionalisten abgelehnt, die sie als zu radikal und zu experimentell empfanden. Viele der surrealistischen Fotografen wurden von den etablierten Institutionen und Galerien gemieden und mussten ihre Werke in alternativen Räumen und Publikationen präsentieren. Dennoch hatten sie einen tiefgreifenden Einfluss auf die Entwicklung der Fotografie und trugen dazu bei, das Medium als eine ernsthafte Form der künstlerischen Ausdrucks zu etablieren.

Insgesamt sind die Fotografien der Surrealisten ein faszinierendes Beispiel für die kreative Genialität und Experimentierfreude einer der bedeutendsten künstlerischen Bewegungen des 20. Jahrhunderts. Ihre Bilder sind nicht nur ästhetisch ansprechend, sondern werfen auch wichtige Fragen über die Natur der Wirklichkeit, der Identität und der menschlichen Existenz auf. Die surrealistische Fotografie hat einen tiefgreifenden Einfluss auf die Entwicklung der Fotografie als Kunstform ausgeübt und eine Vielzahl von Themen und Techniken erkundet, die bis heute von Bedeutung sind.

Die surrealistischen Filme von Buñuel

Die surrealistischen Filme von Luis Buñuel sind Meisterwerke des surrealen Kinos und haben einen tiefgreifenden Einfluss auf die Entwicklung des Films als Kunstform ausgeübt. Buñuel, ein spanischer Filmemacher und einer der führenden Köpfe des Surrealismus im Kino, schuf eine Reihe von Filmen, die durch ihre künstlerische Innovation, ihre subversive Botschaft und ihre radikale Experimentierfreude gekennzeichnet sind. Seine Filme erkunden die Abgründe des menschlichen Unterbewusstseins, brechen mit den Konventionen des narrativen Kinos und stellen die Realität auf den Kopf. Durch seine einzigartige Vision und seinen unverwechselbaren Stil hat Buñuel das Medium Film neu definiert und eine Generation von Filmemachern inspiriert.

Luis Buñuel wurde am 22. Februar 1900 in Calanda, Spanien, geboren und studierte zunächst Ingenieurwissenschaften, bevor er sich der Filmkunst zuwandte. In den 1920er Jahren zog er nach Paris, wo er mit führenden Köpfen der surrealistischen Bewegung wie André Breton, Salvador Dalí und Man Ray in Kontakt kam. Diese Begegnungen hatten einen tiefgreifenden Einfluss auf Buñuel und prägten seine künstlerische Entwicklung entscheidend.

Buñuels erster surrealistischer Film war "Ein Chien Andalou" (1929), den er zusammen mit Salvador Dalí schuf. Der Film, der als eines der Schlüsselwerke des surrealen Kinos gilt, ist eine wilde und verstörende Collage von Bildern und Symbolen, die die Grenzen der Wahrnehmung und des Verständnisses herausfordern. "Ein Chien Andalou" ist berühmt für seine radikale Montagetechnik, seine traumhaften Bilder und seine provokative Darstellung von Sexualität und Gewalt.

Buñuels nächster Film, "L'Age d'Or" (1930), setzte die surrealistische Exploration der menschlichen Psyche fort und stieß dabei auf heftige Kontroversen. Der Film, der von Buñuel und dem Dichter und Drehbuchautor Salvador Dalí geschaffen wurde, ist eine scharfe Satire auf die bürgerliche Gesellschaft und eine bissige Abrechnung mit den kulturellen und religiösen Normen der Zeit. "L'Age d'Or" wurde von den Behörden verboten und löste einen Skandal aus, der Buñuel zwang, Frankreich zu verlassen und nach Spanien zurückzukehren.

In den 1940er Jahren ging Buñuel nach Mexiko, wo er eine Reihe von bedeutenden Filmen drehte, die sein Vermächtnis als einer der bedeutendsten Filmemacher des 20. Jahrhunderts begründeten. Zu seinen wichtigsten Werken aus dieser Zeit gehören "Los Olvidados" (1950), ein schonungsloser Blick auf das Elend und die Verzweiflung in den Slums von Mexiko-Stadt, und "Nazarín" (1959), eine kontroverse Meditation über religiöse Hingabe und moralische Verantwortung.

Buñuels surrealistische Filme zeichnen sich durch ihre innovative Erzählweise, ihre radikale Experimentierfreude und ihre subversive Botschaft aus. Er nutzte eine Vielzahl von filmischen Techniken, um das Unbewusste zu erkunden und die verborgenen Wünsche, Ängste und Obsessionen seiner Charaktere zum Ausdruck zu bringen. Seine Filme sind oft geprägt von surrealen Bildern, unerwarteten Wendungen und einer unerbittlichen Kritik an den sozialen und politischen Normen der Zeit.

Ein Schlüsselelement in Buñuels surrealistischer Ästhetik ist die Verwendung von Traumsequenzen, die eine wichtige Rolle in vielen seiner Filme spielen. Diese Traumsequenzen sind oft geprägt von surrealen Bildern und Symbolen, die die Grenzen zwischen Realität und Fantasie verschwimmen lassen und eine unheimliche und faszinierende Atmosphäre erzeugen. Durch die Verwendung von Traumsequenzen ermöglichte es Buñuel, das Unbewusste seiner Charaktere zu erforschen und neue Formen des filmischen Ausdrucks zu entwickeln.

Ein weiteres wichtiges Merkmal in Buñuels surrealistischen Filmen ist die Verwendung von Symbolen und Metaphern, die eine tiefere Bedeutungsebene enthüllen und den Betrachter dazu einladen, über die Natur der Realität und die verborgenen Kräfte des Unbewussten nachzudenken. Viele seiner Filme sind voller rätselhafter Symbole und Allegorien, die verschiedene Interpretationen zulassen und den Betrachter dazu herausfordern, über die Grenzen der Wahrnehmung und des Verständnisses hinauszudenken.

Buñuels surrealistische Filme sind auch für ihre politische und soziale Botschaft bekannt, die oft subtil, aber dennoch unerbittlich ist. Buñuel war ein engagierter Humanist und ein scharfer Kritiker der sozialen Ungerechtigkeit und politischen Unterdrückung. Viele seiner Filme enthalten eine deutliche politische Botschaft und nehmen Themen wie Armut, Ungleichheit und Autoritarismus auf eine provokative und herausfordernde Weise auf.

Ein herausragendes Beispiel für Buñuels politische Satire ist sein Film "Der diskrete Charme der Bourgeoisie" (1972), der eine scharfe Kritik an den bürgerlichen Normen und Werten der westlichen Gesellschaft ist. Der Film, der von einer Gruppe wohlhabender Bürger erzählt, die ständig von merkwürdigen und surrealen Ereignissen gestört werden, stellt die Absurdität und Heuchelei der bürgerlichen Lebensweise bloß und fordert den Betrachter dazu auf, die gesellschaftlichen Konventionen zu hinterfragen.

Buñuels surrealistische Filme sind nicht nur Meisterwerke des surrealen Kinos, sondern auch wichtige Beiträge zur Entwicklung des Films als Kunstform. Sein einzigartiger Stil und seine radikalen Experimente haben eine ganze Generation von Filmemachern inspiriert und die Grenzen des filmischen Ausdrucks neu definiert. Durch seine visionäre Ästhetik und seine subversive Botschaft hat Buñuel das Medium Film nachhaltig geprägt und seine Bedeutung als eine ernsthafte Form der künstlerischen Ausdrucksweise gestärkt. Sein Vermächtnis lebt weiter in den Werken von Filmemachern auf der ganzen Welt, die von seiner kreativen Genialität und seinem unermüdlichen Geist der Innovation inspiriert sind.

Surrealistische Architektur und Design
Die surrealistische Architektur und das Design sind faszinierende Manifestationen der surrealen Kunstbewegung des 20. Jahrhunderts. Geprägt von den Ideen des Unbewussten, der Traumdeutung und der freien Assoziation, stellen sie eine radikale

Abkehr von den traditionellen Konventionen der Architektur und des Designs dar und erforschen neue Möglichkeiten der Formgebung, des Raumes und der Funktion. Die surrealistische Architektur und das Design sind Ausdruck einer tiefen Sehnsucht nach Freiheit, Innovation und Individualität und haben eine Vielzahl von Künstlern und Designern inspiriert, neue Wege der kreativen Selbstentfaltung zu erkunden.

Die Wurzeln der surrealistischen Architektur und des Designs lassen sich bis zur surrealistischen Bewegung in den 1920er Jahren zurückverfolgen, als Künstler wie André Breton, Salvador Dalí und Max Ernst eine neue Form des künstlerischen Ausdrucks suchten, die die Grenzen zwischen Realität und Fantasie, Traum und Wachheit verschwimmen ließ. Die surrealistische Architektur und das Design waren Teil dieser Bewegung und stellten eine radikale Herausforderung der bestehenden Vorstellungen von Raum, Form und Funktion dar.

Einflussreiche Architekten und Designer wie Frederick Kiesler, Antoni Gaudí und Claude Parent waren Pioniere der surrealistischen Architektur und des Designs und schufen einige der bahnbrechendsten und innovativsten Werke auf diesem Gebiet. Frederick Kiesler, ein österreichisch-amerikanischer Architekt und Designer, war bekannt für seine visionären Entwürfe, die die Grenzen zwischen Architektur, Skulptur und Installation verwischten. Sein berühmtestes Werk, der "Endless House" (1959), war ein radikaler Versuch, einen Raum zu schaffen, der keine klaren Grenzen zwischen Innen und Außen, oben und unten hatte und den Bewohnern ein Gefühl von unendlicher Freiheit und Bewegung vermittelte.

Antoni Gaudí, ein katalanischer Architekt und einer der führenden Vertreter des Modernisme, einer katalanischen Version des Jugendstils, war ein weiterer wichtiger Pionier der surrealistischen Architektur und des Designs. Seine Werke, darunter die berühmte Basilika Sagrada Família in Barcelona und der Park Güell, sind bekannt für ihre organischen Formen, ungewöhnlichen Strukturen und bunten Mosaike, die eine surreale und traumhafte Atmosphäre schaffen. Gaudís Architektur war eine Fusion aus Natur und

Fantasie, die die Grenzen der traditionellen Architektur sprengte und neue Möglichkeiten der Formgebung und Gestaltung eröffnete.

Claude Parent, ein französischer Architekt und Theoretiker, war ein weiterer wichtiger Vertreter der surrealistischen Architektur und des Designs. Seine Entwürfe, darunter das Maison de la Culture in Firminy und das Centre Pompidou in Paris, waren bekannt für ihre ungewöhnlichen Formen, schrägen Winkel und unkonventionellen Materialien, die eine surreale und futuristische Ästhetik verkörperten. Parent war ein Verfechter der Idee der "Funktionalen Obsoleszenz", die besagt, dass Architektur und Design nicht nur funktional sein sollten, sondern auch eine ästhetische und emotionale Wirkung auf den Betrachter haben sollten.

Die surrealistische Architektur und das Design sind geprägt von einer Vielzahl von Themen und Motiven, die die Grenzen der Wahrnehmung und des Verständnisses herausfordern. Viele surrealistische Architekten und Designer waren fasziniert von der Idee des Unbewussten als einer Quelle der Kreativität und Inspiration und suchten nach Wegen, dieses Unbewusste in ihren Werken zum Ausdruck zu bringen. Surrealistische Gebäude und Objekte sind oft geprägt von ungewöhnlichen Formen, surrealen Materialien und rätselhaften Symbolen, die den Betrachter dazu einladen, über die Natur der Realität und die verborgenen Räume des Geistes nachzudenken.

Ein Schlüsselelement in der surrealistischen Architektur und im Design ist die Verwendung von Symbolen und Metaphern, die eine tiefere Bedeutungsebene enthüllen und den Betrachter dazu einladen, über die Oberfläche hinauszudenken und die verborgenen Schichten des Unbewussten zu erkunden. Viele surrealistische Gebäude und Objekte sind voller rätselhafter Symbole und Allegorien, die verschiedene Interpretationen zulassen und den Betrachter dazu herausfordern, seine eigenen Vorstellungen von Raum, Form und Funktion zu hinterfragen.

Ein weiteres wichtiges Merkmal der surrealistischen Architektur und des Designs ist ihre innovative Verwendung von Materialien und Techniken, die neue Möglichkeiten der Formgebung und

Gestaltung eröffnen. Viele surrealistische Architekten und Designer experimentierten mit unkonventionellen Materialien wie Beton, Glas und Stahl und nutzten moderne Techniken wie 3D-Druck und digitale Modellierung, um ihre visionären Entwürfe zum Leben zu erwecken. Diese Experimente trugen dazu bei, die Grenzen der traditionellen Architektur und des Designs zu erweitern und neue Wege der kreativen Selbstentfaltung zu erforschen.

Die surrealistische Architektur und das Design hatten einen tiefgreifenden Einfluss auf die Entwicklung der Kunst und des Designs im 20. Jahrhundert und haben bis heute eine vielfältige und nachhaltige Wirkung auf die zeitgenössische Kultur. Ihre innovativen Ideen, experimentellen Techniken und subversiven Botschaften haben eine ganze Generation von Künstlern und Designern inspiriert und neue Wege der kreativen Selbstentfaltung eröffnet. Durch ihre einzigartige Ästhetik und ihre radikalen Experimente haben die surrealistische Architektur und das Design das Medium der Architektur und des Designs neu definiert und eine neue Ära der künstlerischen Innovation eingeleitet.

ENDE